本书为国家社科基金特别委托项目的资助成果（项目号：14@ZH020）

比较政治与中国社会科学话语体系研究书系

主编◎杨光斌

中国民主

轨迹与走向（1978—2020）

杨光斌　等◎著

中国社会科学出版社

图书在版编目（CIP）数据

中国民主：轨迹与走向：1978—2020 / 杨光斌等著. —北京：中国社会科学出版社，2015.11

（比较政治与中国社会科学话语体系研究书系）

ISBN 978-7-5161-6847-9

Ⅰ.①中… Ⅱ.①杨… Ⅲ.①社会主义民主—建设—研究—中国（1978—2020） Ⅳ.①D621

中国版本图书馆 CIP 数据核字（2015）第 225602 号

出 版 人	赵剑英
责任编辑	王　茵
特约编辑	王　衡
责任校对	朱妍洁
责任印制	王　超

出　　版	中国社会科学出版社
社　　址	北京鼓楼西大街甲 158 号
邮　　编	100720
网　　址	http://www.csspw.cn
发 行 部	010-84083685
门 市 部	010-84029450
经　　销	新华书店及其他书店

印　　刷	北京君升印刷有限公司
装　　订	廊坊市广阳区广增装订厂
版　　次	2015 年 11 月第 1 版
印　　次	2015 年 11 月第 1 次印刷

开　　本	710×1000　1/16
印　　张	20
插　　页	2
字　　数	278 千字
定　　价	75.00 元

凡购买中国社会科学出版社图书，如有质量问题请与本社营销中心联系调换
电话：010-84083683
版权所有　侵权必究

中国社会科学：从"游离中国"到"回到中国"

——《比较政治与中国社会科学话语体系研究书系》总序

杨光斌

中国自古以来只有"国学"即人文、国粹而无社会科学。张灏先生把1895—1925年称为中国政治思想的"转型时代"，即西方的各种思想、概念开始抢滩中国思想市场，中国传统政治思想式微。不仅如此，中国的思想之神被妖魔化，而外来先贤则被神圣化，"中国"成为中国社会科学的"他者"。以至于，中国社会科学很可能成为中国历史上乃至世界历史上的大笑话！当中国即将实现民族的伟大复兴的时候，因为没有自己的话语权，很多人依然在按照"先生"的"标准答案"来对照中国，依然在说中国是一个错误的国家。我们现在面临的真问题是，如果"标准答案"错了，学生怎么做都被认为是错的。是时候放弃某些标准答案而寻求自己的答案了。

在中国思想界，已经不约而同地出现了这样的政治共识：中国需要由自己的"新概念新范畴新表述"而构成的社会科学话语体系。建设中国的社会科学话语体系，并不意味着要与既有的话语体系决裂和割舍，事实上没有必要也做不到,只能在对话基础上兼容并蓄,形成"以中国为中心"的说话方式和思维方式。不可思议的是,在社会科学已经"去中国化"百年之后,在只有西方中心主义而看不到中国影子的中国比较政治学,有"普世情怀"的学者则立志要"淡化中国"。这种学术方向的研究成果最终必然是"叫好不叫座",只不过是延续了目前美国政治学的游戏学术套路而已。当政治学变成学术游戏的时候,其生命便走到了尽头。

"以中国为中心"的社会科学工程迫切且重要。原因在于,国际社会科学的性质决定了既有的、流行的话语体系已经不能解释中国的经验;而中国社会科学的"去中国化"历程决定了既有的中国社会科学理论不但不能指导中国的实践,甚至不能解释中国的经验。因此中国社会科学的前途只能是"回到中国",在中国历史文化中汲取营养,在中国实践中重新定位。作为社会科学最古老也是最基础的学科政治学,有着不容推脱的责任为重述、重建中国社会科学做出自己的学科性贡献。

◇一　社会科学的性质与中国经验的挑战

我一直认为,由政治学、经济学和社会学组成的社会科学理论体系,是先贤们对特定国家的、特定历史时期的、特定经验的观念化建构,而且冷战时期的国际社会科学更是直白的意识形态学,东西方莫不如此。这样,问题来了,如何解释今天的中国?

中国取得的成就有目共睹,但如何判断中国的成就,目前的理论现状大致有两类。在不少人看来,中国错了,原因是不符合自己所熟悉的一套观念;另一派认为中国是对的,需要解释但理论上又无力解释,这同样是因为我们观念、话语的短板和欠缺。因此,社会科学范式重建是我们关心的问题。

我把社会科学话语体系分为两大类：一类是以个人权利和社会权利为中心的社会中心主义；另一类是以官僚制为中心的国家中心主义。在两套话语体系中，社会中心主义基本上是英国、美国经验的产物，其中个人权利和社会权利的核心是商业集团。英国建国有两个因素：战争和贸易，其中海外贸易是一个最重要的作用。美国从最早的十三州到西进运动，离不开实业家集团的力量。所以，在英、美等国家的形成过程中，商业集团起到了决定性的作用。在美国，当他们认为需要政府的时候，这些实业家集团加入联邦政府。在这个过程中，医院、学校、教会等先建立起来，最后才是建立政府。因此，英、美的经验突出了个人权利和社会权利至上。这就是我们通常所说的以个人权利为核心的自由主义理论体系。

国家中心主义的话语体系，比如法国、德国依靠国家组织自上而下的推动，是"战争制造的国家"。法国、德国和日本是一套组织体系，这些国家官僚制非常发达。建构能力特别强大的德国人，从黑格尔到马克斯·韦伯，建构了一套主要以德国经验为核心的理论即国家中心主义。

我们的问题是，政党在哪里？现代化是分批次的，第一波是英国和美国；第二波是19世纪六七十年代的德国、日本、俄国等。这些国家的现代化起点都有标志性事件，例如日本的明治维新、俄国的废除农奴制改革、德国的统一战争等。如果说第一波现代化国家是靠商业集团来推动，第二波是靠官僚制为中心的国家来主导，那么这些后发国家，比如中国，谁来组织这个国家？这种组织既不是商业集团，也不是官僚制（当时国家的官僚制体系已经崩溃了）。俄国在1917年"二月革命"的时候，国家组织瘫痪了，而国家又需要组织起来，国家组织者就是政党——布尔什维克。从此，政党组织国家就成了第三波现代化国家的一个基本路径。

在整个社会科学话语体系当中，只有第一波和第二波现代化的经验，没有后发国家现代化的话语经验。在第二次世界大战后的现代化研究年代，第三波现代化国家，即后发国家的经验需要基于第一波、第二波现代化国家的话语和理论来解释，结果，文不对题，无论怎么解释，发展中国家都是错的。

因此，中国的社会科学需要特别重视政党研究，为此我曾提出过政党中心主义的概念。政党中心主义是个历史范畴和客观存在，不能因为其过去出现的问题而否认其价值，正如国家中心主义，不能因为其在实践中出现过问题而否认它的历史价值和现实意义。因此，相对于社会中心主义和国家中心主义，政党中心主义的内核是什么？逻辑是如何构成的？这些都不是简单提出问题就算完成任务了，需要建构。不同于西方的一人一体系，中国形成一个体系需要若干代人的努力，比如儒学的形成。

我们的研究发现，很多西方概念的流行并不是因为它们有多好，而是因为国家强大，观念是物质实力的副产品。如果流行的概念、观念真的很好也很有用，为什么很多发展中国家因此而陷于发展的泥淖而难以自拔？从摩根索到亨廷顿，他们是坚决反对普世价值之说的。

学者中存在很多"观念战士"，他们习惯使用书本概念比照现实的对与错。所谓知识分子，首先应该是有知识的，但是很多学者只知道来自西方经验的书本知识，而对与中国更有可比性的发展中国家视而不见，或者根本不了解。在这种情况下，什么话都敢说，什么判断都敢下。这种现象，是中国社会科学现状的必然结果。

◇二　中国政治思想百年：从"游离中国"到"回到中国"

这里谈的政治思想，不是官方的意识形态，而是基于社会科学研究而提出的种种思想。从张灏先生划分的"转型时代"算起，中国开始引进、发展社会科学就是100年的事。以30年左右为周期，我把中国社会科学

100 年大致划分为三个时期。

第一个 30 年：初步西学期（西学化 1.0 版），即从晚清到民国时期。这个时期除了中国人的个别概念，如费孝通的"差序格局"，基本上都是西方社会科学的初步学习者，或者说并不是合格的学生。因此，这一时期有很多国学大师，如清华大学的"四大教授"，北京大学的梁漱溟、冯友兰、熊十力等，但社会科学意义上的大师是谁？都是到国外走马观花，然后回国介绍一些政治社会方面的逸闻趣事。这一时期的社会科学教授与其说是学问家，不如说是政治活动家，因为关系到中国向何处去的大问题。正因为如此，西学中的各种思想在中国可谓百花齐放、百家争鸣，既有德国人的马克思主义，也有德国的法西斯主义，还有英国式的多元主义如基尔特社会主义，因此这里的"西学"是一个笼统的说法，其中包含着彼此冲突的思想和学说。在政治意义上，马克思主义最成功，即其解决了中国革命道路上的马克思主义中国化问题。但是，这一时期的共产党毕竟不是主导性的，主导性的还是留学生们介绍给官府的西方思想，反正没有自己的社会科学。

第二个 30 年：全盘苏联化时期（1949—1980）。这一时期不存在严格意义上的社会科学，有的只是马克思主义的三大学说，即哲学、经济学和科学社会主义，而这些思想成果无疑都是来自苏联的，因此是典型的全盘苏化时期。最典型的是，在这一时期，几乎所有的主要社会科学工作者都是苏联专家在中国人民大学培养出来的，无论是北京大学的赵宝煦教授还是中国人民大学的高放教授，更不用说很多著名的经济学教授。在这一时期，对经典作家能诠释好的就是大教授，"文化大革命"中能生存下来就很不容易。因此，我们不能苛求这一时期的理论工作者。

第三个 30 年：全盘西化时期（西学化 2.0 版）。改革开放不但是政策上的，必然伴随着思想上的。因为在过去 30 年中没有自己的思想和社会科学，改革开放 30 多年的社会科学曾全盘西化，这一时期成长起来的学者都是"留学生",要么在西方读学位、进修,至少读的基本上是西方社会科学和政治思想的书,西方几乎所有代表性著作都翻译到中国了,真是开了中国人的眼界。比较而言,这个 30 年社会科学的西方化程度远远高于第一时期,第二个 30 年中的一些思想遗产在这一时期勉强生存,而经济学则几乎全盘美国化。

这就是中国社会科学百年的历史和现状,没有用自己的概念、理论、方法构成的"话语权",是中国社会科学的总体性特征,而这一特征也意味着中国思想的贫困,思想的贫困导致国家安全危机。但是,主管者没有意识到的是,目前的社会科学管理方式正在强化着这种危机。

如何拯救、谁能拯救并复兴中国社会科学?按照目前中国的社会科学管理方式,似乎只有用英文发表文章和讲英文的教授能够充当中国社会科学的救世主,这真是给中国社会科学雪上加霜啊!要知道,不同于自然科学,人文社会科学的"语言"本身就是意义,就是目的。这是学术意义上的语言的意义。更重要也是常识性的知识是,语言是一个民族之所以是这个民族的重要特征之一。所以,在社会科学研究中,英语是重要的,但充其量是一个工具理性,而不能本末倒置地当作价值理性。

第四个 30 年:在中国社会科学已经他国化 100 年之后,自主性的中国社会科学时代应该到来了,"游离中国"的社会科学应该"回到中国"了!这是我期许的中国社会科学下一个 30 年即第四个 30 年的基本方向和定位!相对于张灏先生所说的"转型时代",中国思想的"新转型时代"即自主性社会科学的时代已经到来。自主性的中国社会科学无疑是沟口雄三所说的"作为方法的中国"即以中国为中心的取向,中国与世界的关系是"中国的世界"而不再是"世界的中国"。其实,"以中国为中心"的研究方法,早在 20 世纪 40 年代就被毛泽东提出来了,事实上他也是这么做的。在《如何研究中共党史》中他这样说:"我们研究中国就要拿中国做中心,要坐在中国的身上研究世界的东西。我们有些同志有一个毛病,就是一切以外国为中心，作留声机，机械地生吞活剥地把外国的东西搬到中国来，不研究中国的特点。不研究中国的特点，而去搬外国的东西，就不能解决中国的问题。"① 重读这段话，不知道中国社会科学界该做何种感想？毛泽东的理论自信来自其领导的中国革命的实践；同样，中国建设实践的伟大成就就不能给我们理论自信吗？

◇三 作为社会科学知识交汇点和知识增长点的比较政治研究

提出问题只是解决问题的第一步。但是，如何解决问题？首先要认识到，这无疑是一项世代工程，不是几个人在几年时间内能很好地完成的工程，任何人的工作都是这个"新转型时代"的一个分母。

政治学应该是一个大写的分母。我们知道，社会科学由政治学、经济学和社会学三大基础学科构成；而在这三大学科中，政治学产生于古典时期，经济学则是工业革命的产物即诞生于18世纪，而社会学来得更晚，是为了应对工业革命所带来的社会问题，因此诞生于19世纪。英雄不问出处，晚到的经济学已经形成"帝国主义"的架势，其对西方政治学和社会学的影响无处不在，甚至都经济学化了。但是，那种以个体权利为本位的经济学，毕竟不能回答人类的整体性利益和整体性难题，而政治学的天职则是回答和解决"共同体之善业"。这并不意味着政治学还停留在古典时期，还停留在孔子和亚里士多德的时代，无论是政治经济学、比较政治经济学、政治社会学还是历史社会学，都是一种社会科学一体化的学问，是政治学不容缺失的组成部分。因此，虽然我们的学科身份决定了必然要从政治学

---

① 《毛泽东文集》（第二卷），人民出版社1993年版，第407页。

出发而研究社会科学话语体系,但这里的政治学无疑是吸纳了经济学和社会学的大政治学科。

在政治学科中,对发展社会科学最有价值但在中国发展得最不好的则是比较政治研究。比较政治学与政治学理论、本国政治和国际政治的关系不待多言,很容易理解。为国内学术界所忽视的是,西方政治思想史乃至政治哲学到底是怎么来的?难道是"先验"的吗?即使是先验的,也是奥克肖特所说的"先前经验的理论化"。我们应该清楚的是,从亚里士多德到西塞罗,从马基雅维利到孟德斯鸠,从托克维尔到马克思,以及近代的白芝浩与威尔逊,这些"政治思想史上最杰出的思想家向来都是比较政治学者"[①],他们都是针对他们时代的重大政治问题的。因此我们切不可把这些人的思想视为哲学中的"先验",它们其实是历史语境中的"先验"即先前的经验。这就需要我们对"先前经验"(相对于比较政治研究的当下经验)有系统的理解与研究,从而才有能力做到甄别、放弃与吸纳,否则我们的政治思想史研究乃至政治哲学研究就永远停留在翻译、引介和诠释水平,诠释完一线思想家如柏拉图、亚里士多德、霍布斯、洛克、卢梭、马克思等,再诠释二线思想家如美国开国之父们,然后就是形形色色的三线乃至不上线的思想家。这种仅仅基于文本的思想解读陷入了社会科学的一元化思维,即从概念到概念,从思想到思想。社会科学至少是二维的,即理论与现实或者理论与历史。这里的现实或历史就是比较政治的经验研究。

另外,研究者如果熟悉比较政治研究中的比较政治经济学,就应该知道,很多古典思想需要得到反思甚至重构。这是因为,我们所处的社会结构既完全不同于政治化的古典城邦,也不同于近代洛克笔下的二元化结构即政治—社会,今天是政治—经济—社会的三元化结构。这就是说,"利

---

① [美]霍华德·威尔亚达等:《比较政治研究的新方向》,台北韦伯文化公司2005年版,第4页。

维坦"不但是政治的、国家的，还有资本权力这个"利维坦"。考虑到这样完全不同的社会结构，无论是古典思想本身，还是基于文本解读而发展出来的新古典思想如保守主义政治哲学或者新共和主义等思潮，我们都需要更谨慎地对待，因为很多关于政治、关于国家、关于人性的古典命题都没有考虑到资本权力这个"利维坦"或波兰尼所说的"市场化社会"。在我看来，没有研究方法上的"新路径"，国内的政治思想史研究和政治哲学研究，就只能停留在引介与诠释阶段。要真正复兴国内的政治学理论，回到源头，即一开始比较政治研究与政治哲学就不分家的传统，或许是一个好的选择和好的路径。这也是美国政治学者阿普特（David Apter）所呼吁的。

简单地梳理这些学科之间的关系，人们应该相信比较政治学是政治学乃至整个社会科学的知识增长点。

比较政治研究的发现对既有的社会科学命题很有冲击力。在很多人的观念中，"历史终结"了，即自由民主已经彻底胜利了。但现实世界如何呢？世界上人口过亿的国家是12个，其中有3个是早工业化国家——美国、日本和俄罗斯。这3个国家靠掠夺和战争才得以发展，比如美国对印第安人的灭绝式掠夺，日本和俄罗斯就更不用说了，而其他9个是发展中大国，即中国、印度、孟加拉国、巴基斯坦、印度尼西亚、菲律宾、墨西哥、巴西、尼日利亚。在这9个国家当中，除中国实行民主集中制之外，其他8个国家都是代议制民主即自由民主。这9个国家有相同的地方，即曾经都是西方国家"分而治之"的殖民地。当殖民者撤出之后，这些地方的社会力量比较强大，国家力量较弱。而实行代议制民主更加地去国家化。所有的后发国家是需要组织化的，只有中国共产党的民主集中制政体能把整个国家有效地组织和统一起来。结果如何呢？难道不是明摆着的吗？其他8个国家在治理上能和中国相提并论吗？因此，代议制民主政体和民主集中制政体都需要重新研究。

放眼广大发展中国家，应该看到，很多国家有了经过党争民主而获得的授权及所谓的合法性，但国家治理得如何？有的甚至因选举而使得国家分裂、社会分裂。很多国家也有了宪法法院，但有宪政主义吗？很多国家的宪法法院不但不能维护民主，反而是反民主的，甚至是动乱之源。

与合法性理论密切相关的是，流行的西方治理理论给出的"善治"标准就是社会参与、公开透明、责任和合法性。这个药方具有道德上的优势，谁能否定公共参与和公开透明以及由此而达成的合法性的价值呢？但是，价值之善就一定是实践之福吗？在价值定位上，还有哪家价值比共产主义更有道德优势？还是看看世界政治的境况吧，世界上很多欠发达或发展中国家确实按照世界银行的标准去治理了，公民社会活跃起来且无比发达了，结果如何呢？地方自治需要负责任的公民社会，但林林总总的公民社会的关系之和就必然是善的吗？难道不需要强大的有责任的政府去协调公民组织吗？具体到中国，美国人孔飞力在《中国现代国家的起源》中这样说中国的地方自治：一旦超出县域范围，自治的乡绅们便不再合作。了解印度发展中的情况更让人慎思。根据张千帆教授主编的法政科学丛书中的《印度民主的成功》和《论拉美的民主》中的说法，恰恰是在印度民主社会最发达的二十几年来，印度的治理变得更差了，出现了奇怪的"托克维尔悖论"："1947年的最初几年里，民主政府运转顺畅，恰恰因为它不是发生在一个民主社会中；随着民主社会的慢慢出现，加上真正的政治平等意识的传播，它已经使民主政府的运转更加困难。"[①] 这实在是我们不愿意看到的结论，但却不是局限于印度的发展中国家的普遍现象：当一个群体最终安定下来并决定按规则行事时，其他新兴的鲁莽群体则以平等的名义公然违抗规则。或许正是因为这样的非西方性的"非守法性"文化，即使在已经发生民主转型并得以巩固的拉丁美洲国家，行政权远远大于议会的权力，

---

① [美]科利：《印度民主的成功》，牟效波等译，译林出版社2013年版，第266页。

通常的做法是以行政法令绕开宪法,而且这是所有政党的惯例。① 更严重的是,民主化之后的巴西、墨西哥,依然有高达75%的百姓相信警察是为有钱人服务的,随时可能对百姓滥用暴力。

其实,关于公民社会的理论早就告诉我们,比如托克维尔的"民情说"和普特南的"强公民社会—弱公民社会"的区分,同样都叫公民社会,但"质"并不一样,而质具有多样性,有好的公民社会,还有意大利南部的坏公民社会,而在发展中国家更多的是印度式的碎片化公民社会、菲律宾式的封建制公民社会、尼日利亚的部族式公民社会,结果导致"无效的民主"。鉴于此,曾经放言"历史的终结"的福山,最近则在著名的《民主杂志》上发表《为何民主表现得如此差劲》,反思治理理论中的社会参与—公开透明的无效性问题,而绩效上的无效性必然伤害民主政治的合法性。而在我看来,一定程度的地方自治不但重要而且必须,但地方政治公共性之和并不等于全国政治的公共性,而将地方自治协调起来并变为行动能力的,非强大而有责任的政府不可。

这就是比较政治研究要告诉我们的,观察中国,不要眼睛只盯着那几个发达国家,还要了解更多的发展中国家。要知道,世界上有70%的人口生活在代议制民主政治之中,过得好的不过就是32个国家、地区,人口不到10%,而其余的60%呢?

因此,"回到中国"的社会科学不但要通过理论"重述"而重新理解和建构既有的社会科学命题,更要通过比较政治研究尤其是可比较的发展中国家研究而更新我们的知识。中国社会科学过去几十年的一个大问题就是美国化的问题,很多人的问题意识都是假的,中国社会科学需要转型升级,需要自主性。当大部分人跳出了美国化的社会科学话语体系之时,理论转型就已经完成了。

---

① [美]史密斯:《论拉美的民主》,谭道明等译,译林出版社2013年版,第194—199页。

最后要说的是，本套丛书在中国社会科学出版社出版最合适不过，对此本人深感荣幸。中国社会科学出版社已经是中国哲学社会科学出版重镇，而且赵剑英社长一直怀着不变的使命、坚强的定力去振兴中国社会科学。这套书系将是一种"世代过程"，由不同的主题构成，每个主题由几本书构成一个分论丛，首个分论丛（第一辑）将是人们熟悉而又陌生的"民主新论"。

2015 年 9 月
于中国人民大学

第一辑——"民主新论"推介

杨光斌

《比较政治与中国社会科学话语体系研究书系》按主题分类由若干系列构成，第一辑便是"民主新论"系列。称为"新论"，自然有理论上的道理，而不是为了吸引眼球。读者是蒙蔽不了的，很多读者有火眼金睛，有强大的鉴别能力。这一系列包括四本书，分别是杨光斌教授的《观念的民主与实践的民主：比较历史视野下的民主与国家治理》、曾毅博士的《政体新论：破解民主—非民主二元政体观的迷思》、张飞岸博士的《被自由消解的民主：民主化的现实困境与理论反思》以及杨光斌等著的《中国民主：轨迹与走向（1978—2020）》。

◇ 一 《观念的民主与实践的民主》：发掘民主的新常识

我把自己这些年的民主研究称为清理民主的常识，清理旧常识，发掘新常识。常识还有"新""旧"之分吗？先让我们从常识的概念说起吧。

给"常识"一个准确界定并不容易，首先是因为常识的说法实在是太流行，如犯常识性错误、连常识都不懂等，越是流行的概念越难以界定，日常生活中流行的说法就更难以界定。生活包罗万象，不同的领域有不同的常识，潘恩的"常识"是指人与生俱来的政治权利，而牛顿的万有引力则是自然界的常识。

尽管各个领域有各自的常识，但是常识都是被建构出来的。因此，所谓常识，就是对常在道理的发现并使之成为普遍观念的共享知识。成为常识的知识，事实上包括三部曲，第一是"常在性道理"即客观的潜在存在；第二是"发现"即建构，流行的常识尤其是观念上的常识都是对"常在"的发现；第三是传播"发现"，使之成为流行的观念即所谓的"共识"。

除了日常生活常识如社会规范是习惯习俗的产物，思想意义上的、学科意义上的"常识"都是对常在道理的发现、传播的结果。人类的进步形式就表现为对常在道理的认识和发现。所谓常在道理，就是客观事物运行的潜在道理就在那里，看你能不能发现，对常在道理的发现就是一项重大发现。千百年来无数农夫躺在苹果树下，苹果掉下来就吃掉了事，但牛顿却从中发现了万有引力。因此，发现"常识"是重大发现。

同样，犯常识性错误也是大错误。既然常识是人类对常在即客观事物的认识和发现，相当于人类运动的规律，违背规律必然导致灾难。"大跃进"式地进入共产主义社会，就是有违常识的灾难。当有军事评论员看到美军四辆战车进军巴格达而在电视上焦虑地呼喊"为什么不把它们吃掉"时，其实也犯了常识性错误，他不知道伊拉克人固然厌恶美军，但他们也早已受够了萨达姆的残忍统治，这就是为什么萨达姆政权不堪一击。没有认识到这一点，就是犯了常识性错误。

然而，既然"常识"是发现和建构而来，流行的常识就并不都是理所当然的正确，并非神圣到不可挑战的地步，尤其是一些政治常识。政治常识是对常在观念化加工的产物，而观念化加工就难免存在基于政治利益基础上的主观偏见，或者说这种偏见是为了保护特定利益的。但是，因为观念加工能力的不同，即西方人的概念化、科学化能力太过强大，把产生于特定国家、特定时期、特定历史经验的概念和观念，推广为普遍化的东西，即我们所说的常识。

即使是自然科学意义上的常识并非都是不容置疑的，近代以来的伪科学很常见，更何况社会科学意义上的常识？社会科学被称为"科学"，其实是人类面对科学革命的压力而不得已的妥协。社会科学必然带有观念偏见和利益分野，其科学性远不如自然科学那么可信。何况，我们所知道的社会科学基本上都是盲人摸象式的碎片化知识，是简约论的产物。以复杂性理论来看，即从概念的多样性、质的多样性、层次多样性、角度多样性、事物发生的时间性等视野看问题，很多流行的知识即常识都需要被重新认识。

遗憾的是，在政治生活中，很多人被简约论套牢，把碎片化知识甚至没有历史基础的知识视为常识，甚至当作信仰，以为自己之所读所知就是世界的全部，就是世界的规律。把知识转化为信仰并不容易，但靠谱的信仰至少应该建立在相对可靠的知识谱系上。

回到关于民主的常识问题。我们都熟悉的民主，是社会科学中的一个流行概念，很多人视之为信仰。关于民主的流行性认识即常识无外乎人民主权意义上的社会权利—个人权利，其实现形式就是选举式民主和社会自治的公民社会理论。这些固然是民主的常识，但绝对不是整全知识意义上的常识，因而不是不可以置疑的。把民主当作信仰值得称道，但问题是信仰基于什么知识基础之上。

近代以来，当我们谈论民主的时候，不是在简单的个人权利意义上的谈论民主，更是在政体意义上谈论民主制度，即相对于君主制和贵族制的政治制度。既然是一种政治制度，民主政体就不单单是选举式民主和社会自治问题，这些都是社会权利层面的东西，而政体必然包括"官"即国家层面的要素。不讲国家权力而只讲个人权利的重要性，而且个人权利的实现形式就是所谓的选举式民主和社会自治，结果一个国家会变成什么样子？政治上一人一票的平等权实现了，但在社会保障的社会权利上和经济权利上陷入更加窘迫的境地，追求平等反而落得更不平等，出现了"民主回潮""无效民主"甚至"政治衰朽"。这就是第三波民主化以来发现的"新常识"。民主的"旧常识"实现了，却导致了难以逆转的灾难性后果。而要避免国家建设中的灾难，就必须把"国家"引入民主理论。

原因很简单，个人权利不只是政治上的，还有作为社会保障的社会权利和基本财产权的经济权利，而社会权利和经济权利的实现，不是公民社会能够自动实现的，也不是靠投票能够解决的，在后发国家只能靠国家去推动。比较世界各国，不同权利实现的"时间性"很重要，好的顺序都是先有经济权利；而对发展中国家而言，在没有经济权利和社会权利时有了政治权利，而政治权利的主要功能是搞财产再分配，结果必然使社会陷入难以逆转的僵局。"观念战士"的思维可以海阔天空，但"观念战士"应该考虑到大众的实际需求，也应该把握制度变迁的基本轨迹。把个人权利区分为经济权利、社会权利和政治权利，是社会学家 T. H. 马歇尔发现的事关民主的"新常识"；而个人能力的实现有赖于国家能力则是阿玛蒂亚·森的福利经济学所讲的民主的"新常识"。

历史很吊诡。历史上资本主义的第二次生命来自凯恩斯主义式"国家"进场即"罗斯福新政"；同样，作为资本主义副产品的民主的重生，也需要"国家"进场来拯救。这不是你喜欢不喜欢的选择，不管你是否喜欢"国家"，人类只能在成本与收益之间权衡。民主的生命力来自国家？看上去是一种悖论，却是一种历史真实，是绕不开的民主"新常识"。

国家的进场并不必然排斥被民主"旧常识"奉为圭臬的公民社会。但是，也不必迷信公民社会，有托克维尔笔下的好公民社会，也有大量的坏公民社会，如意大利南部的恩主庇护型、印度的碎片化型、中国的土围子型。公民社会有利于地方自治，但与整个国家治理的好坏没有必然联系。

信仰公民社会的人可能不愿意知道，德国、意大利的法西斯主义就是产生于发达公民社会基础之上。这在国际社会科学界已经是旧知识，但在中国则可以看成是关于公民社会的"新常识"。

关于民主的"新常识"远不止这些。西方早发达国家玩选举式民主还不错，为什么后来很多转型国家都不灵？我们常说的民主条件即旧常识太笼统了。比如，今天大家都热议的法治与民主的关系，就存在一个"旧常识"束缚问题，有些法学学者堂而皇之地说没有民主就没有法治，这样断言的西方文明史基础是什么？西方法制史基础又是什么？法治是西方3000年的传统，而大众民主则是100年的事。同样，热议的自由与民主的关系，西方自由至少是500年的历史。这样，一个简单的"新常识"就是，法治和自由都是民主的"历时性条件"，而没有这等条件的国家搞民主，必然是命运多舛。

更重要的是，西方选举式民主是发生在一族一国的"民族国家"之内，党争只不过围绕具体议程的哪个党得到多一些哪个党得到少一些的问题，这次不行下次再来。但是，对于后发国家而言，宗教冲突、种族冲突、根本信仰冲突，都是关乎一个国家的根本建制。在建国问题上搞党争，结果如何呢？就是无休止的内斗乃至国家分裂。这样，好民主需要"同质化条件"这个"新常识"。

以"同质化条件"去衡量美国，不得不说美国的民主正在变质，演变为福山所说的"否决型政体"。党派斗争极化，凡是民主党所主张的共和党都要反对，反之亦然。利益集团太多太活跃，而且能力有天壤之别，结果是有利于穷人、大众的根本利益的公共议题变不成政策，如控枪问题。

民主的"新常识"都是第三波民主化以来的故事给予我们的启迪，但却是被人忽视了的或者故意掩蔽的"常在道理"。不仅如此，民主的"新常识"还表现在对民主形式的认识上。西式民主把自由民主即选举式民主当作民主的唯一标尺，把代议制民主看做实现人民主权的唯一形式，这就是在故意掩蔽历史常在，或者说没有发现"常在"。比如，难道分权不是一种民主形式？要知道后发国家的建国路线首先是战争集权，然后才是分权化治理，这个过程就是民主化过程。原因很简单，不分权到地方政府、企业、社会组织乃至个人的话，人民主权就是一句空话，人民主权是通过分权来实现的。

如果西方人能把宪政作为民主形式即所谓的宪政民主，真正体现民主精神的分权更应该被视为一种民主形式。要知道，所谓的宪政，并不只是约束政府权力，首要的是约束大众的权利，比如美国宪法就是具有反民主性质的保护寡头利益的"宪政"。这就是西方人的高明之处，居然能把约束大众权利的宪法安排称为宪政。据此，那些能真正体现大众权利的制度安排为什么不能称为民主？分权是一种理所当然的民主形式。

和分权是一种民主形式一样，自由、自治都是民主固有的内涵和形式，只不过以前只谈选举而淡化了这些制度形式的民主性。

有了民主形式的"新常识"，对中国政治性质的认识也就完全不一样了。难道中国不是民主国家吗？没有民主哪里来的活力和奇迹？只不过中国人比较诚实，说出了一套不符合西式民主因而让西方人不爱听的理论来，如"人民民主专政"和"民主集中制"。其实，哪个国家不是以强制力政权为基础的？哪个国家的决策只有民主而没有集中？中国以自己的实实在在的民主形式而实现了民主政治的根本即"民享"。吵架是政治家和知识分子的事，而老百姓则要安居乐业，实实在在地拥有。我经常说，与人口过亿的其他八个发展中国家比较，尽管中国的难题很多，困难重重，但在治理意义上，中国输给了其他八个国家没有？我们不能只待在旧观念的笼子里而不放眼世界。

民主很重要，但更重要的还有"致治"即国家得到治理，"致治"让民主更实在、更饱满，也更可爱。没有治理的民主，民主最后必然被污名化，空喊民主最后反而败坏了民主的声誉。当然，为了让中国更美好，拿放大镜看中国问题也未必是一件坏事，执政者的治理能力也会因为社会压力的存在而得以提升。事实如此，执政者执政能力的一路提升，是应对一个又一个、一波又一波看似危机性质的事件的结果。

民主的"新常识"意味着民主并不是简单的事。民主本来就不简单，民主的简单化认识已经让众多国家陷入泥潭而难以自拔。还有难以回避的"新常识"是，近代以来，民主从自由主义的精英民主，催生了社会主义的大众民主，大众民主进而演变为民族主义民主、伊斯兰主义民主和民粹主义民主，民主与国内冲突和世界政治冲突如影随形，"文明的冲突"表现为民主的冲突。

选择已经摆在我们面前，到底要什么样的民主？不管你追求什么样的民主，大家应该明白这样一个道理，"道"可以不同，但中国只有一个，道不同者必须相谋。

二 《政体新论》：解构民主—非民主二元对立的政体观

读完《政体新论：破解民主—非民主二元政体观的迷思》，不管你信奉何种"主义"，大概都不得不停下来反思一下自己曾习以为常的、张口就来的"民主—非民主"二分法思维方式。能改变思维方式的作品，无疑是该领域的里程碑式的研究。

《政体新论》是曾毅博士的博士学位论文。对于这样的博士论文选题，当初很多人都不看好，不是题目不好，而是怀疑一个博士生如何驾驭这样一个政治学最古老、最根本也是最宏大的问题。结果让人喜出望外：匿名评审平均得分在 90 分以上，这在博士论文匿名评审中是罕见的。后来闲聊得知，复旦大学的陈明明教授是匿名专家之一，他说这么多年来很少读到这么博大精深的博士论文，因此毫不犹豫地写了长篇评论，并给出他评审史上的最高分。在博士论文答辩会上，来自北大、清华、人大和中央党校的大牌教授们都不再像往常那样吝啬自己的语言，思想力和语言力都极为强大的任剑涛教授评论说："这是以次级命题冲击了终极性问题"；中央党校党建部主任王长江教授的评价最生动也最意味深长：从知识上到思想上，这部作品都是一道"龙须菜"。

"龙须菜"是怎么做成的呢？我们常常教导学生要有"问题意识"，这是做好学问的第一步：提出好问题。但是，在我看来，看起来是第一步的"问题意识"其实只是结果，其前提则是"身份意识"和"时代意识"。也就是说，如果作者搞不清楚自己是谁，不清楚自己处于什么语境下，所谓的"问题意识"很可能是伪问题或者无聊问题。时代已经变化到今天，世界政治已经从城邦国家走向现代国家，中国政治已经对全能主义进行全方位的变革，但是关于政体的话语还在亚里士多德那里，甚至还不如亚里士多德，中国政治依然被标示为各色各样的"威权主义"。

也就是说，流行的关于政体理论以及由此而导致的观念（思维方式）是与时代完全错位的。不仅如此，现代人比起古典时期，甚至变得更加懒惰。我们知道，古典时期的政治共同体的结构简单得不能再简单，但是亚里士多德依然区分出三种正宗政体、三种变态政体以及由此而衍生出的20多种亚政体，而且各种政体之间是随着条件的变化而可以相互转换的，在施特劳斯看来，亚里士多德的各政体处于一个连续光谱上。但是，随着古典政体向依赖军事权力的帝国政体演变，再到中世纪的以文化权力为主的教会政体，以及中世纪后期的彰显经济权力的封建制政体，更别说我们今天的超大规模的、由多民族构成的现代国家政制了，其中不但有传统上的政治权力这个"利维坦"，更有无处不在的资本权力这个"利维坦"。相对于政治利维坦，资本利维坦对人们的影响乃至宰制更是让人避之唯恐不及。在这样一个完全"质变"的政治社会结构中，权力关系的维度乃至权力的性质也都发生了质变，研究政体怎么能不研究中央—地方关系？怎么能回避得了政治—经济关系？但遗憾的是，流行的政体理论就是视而不见！

这就是作者的"时代意识"而推演出来的"问题意识"。

那么，从什么角度来驾驭这样一个纵观古今的大问题？做学问的人都知道，越是大问题越重要，但也越难以驾驭，很多人因此却步、放弃。因此，驾驭大问题一定要有好角度，否则就会失控而失去写作的意义。有很多驾驭大问题的好标本，比如诺斯从国家理论（即政治）、产权理论（即经济）和意识形态（即文化）这三个概念解释了西方世界的兴起和世界经济史，林德布洛姆也是从政治、经济、文化的三大角度（即强制、交换和规训）比较了资本主义政治和共产主义政治。

《政体新论》的角度则如其副标题，从政治科学方法论的角度而"重述"政体理论。我们将指出，这本身就是该书的研究路径或方法论上的贡献。政治学方法论具有典型的时代性，不同的时代有不同的方法论即所谓的"新政治学"，因而其对那个时代的政治学根本问题即政体的看法也是时代性的。在正确的路子上研究重要问题，便有了一系列新的发现。

在古典政体理论即"谁统治"的基础上，政治学到了旧制度主义时期，建构的政体理论是"如何统治"，典型的政体概念有代议制下的议会制和总统制，更有美国建国之父用于解决建国规模问题的联邦制，用于解决前所未有的中央—地方关系。后来的单一制、联邦制都是回答规模问题。我们看到，政体理论已经从单纯的横向政治结构发展到回答纵向结构的权力关系。可见，从古典政体理论到近代的旧制度主义政体理论，都是真正的科学理论，即描述问题、解决问题。

但是，到了标榜"科学"的行为主义时期，西方政治学则变成了"冷战学"下的意识形态学，其中表现在政体理论上，越来越复杂的政治社会结构却被越来越简单化，而且完全的二元对立化，仅以竞争性选举而衡量政体的民主—非民主性质，其中无处不在地影响政治权力的资本权力被

"闲置"起来。也就是说,二分法政体观完全有违现代社会尤其是西方社会的基本权力关系。当事实性权力关系被掩蔽而又变成了流行的观念而改造他国之时,便立刻有了结构性后果,那就是民主回潮而导致的政治衰败。对此,自由民主理论家说有了竞争性选举的转型国家是"竞争性威权主义""选举式威权主义"等,这其实是标志着以竞争性选举为标志而划分政体理论的破产。破产是必然的,因为其只顾一个维度上的权力关系即国家—社会关系上的选举,而不顾其他权力关系如中央—地方关系、政治—经济关系,这样的建国方案焉能不败?

这种发现来自比较政治经济学的方法论。而与比较政治经济学具有高度契合性的历史制度主义,其"否决点"理论的发现是,议会制国家之间的差别甚至大过议会制与总统制之间,而且民主国家与非民主国家之间的政治过程也有很大的相似性,或者说其差别并不像行为主义政治学所建构的差别那么大。历史制度主义的政体发现几乎是颠覆性的。不是吗?沿着历史制度主义的线索,福山说美国是"否决型政体",是不是比自由民主政体更接近政治真相?历史制度主义不仅是一种方法论,而且是世界观和认识论,而既是世界观又是方法论的方法论少之又少。

政治学方法论在经历了"正反合"后,从意识形态回到了科学。如果说旧制度主义是科学,行为主义政治学则是以科学为标签的观念学,而其后的比较政治经济学和历史制度主义则是以探究真相为使命的科学。作者的结论是,当我们谈论政体时,事实上存在两种语境和两种场域,是意识形态的还是事实性科学的?就同一种政体而言,不同的场域具有完全不同的意义。研究方法变了,世界观变了,即观察问题的角度和层次变了,结论也就不一样了。

在概述完《政体新论》后,读者是不是觉得作者对政体的"重述"使政体有了完全不同的意义?国人一直把政体当作政治哲学或思想史中的问题加以处理,研究数不胜数,但一直难有异于西方学术界的成就。在我看来，只有回到研究政体的本来语境，才能对政体理论研究有突破性贡献。政体一开始就是如何"建国"，而如何建国则一直是比较政治研究的重要范畴。因此，在比较政治学的路径上研究政治哲学或思想史上的重大命题，更有可能取得突破性成就。其实，这只是研究方法上的回归。无论是古典时期还是旧制度主义时期，政治学家们都是在比较政治意义上建构政体理论的。

在正确的路径上研究重大问题以取得突破性进展，这其实是一种抽象的经验总结。如何做得到？这不但需要研究者长期的知识积累，更需要研究者对学术的信念、对自己事业的信仰。从本科到硕士研究生再到博士生，曾毅博士一直在人民大学接受正统的或者说正宗的政治学专业训练。《政体新论》是能够代表中国人民大学博士生水准的，那些能改变人们思维方式的研究无疑是中国社会科学的傲人成就。

◇三 《被自由消解的民主》：第三波民主化 为什么没有带来平等

《被自由消解的民主：民主化的现实困境与理论反思》，不但会让一般读者读后大有斩获，相信功成名就之士读后也定会眼前一亮，必然会有"后生可畏"之欣慰感！我的极具战略智慧的同事黄嘉树教授在张飞岸的博士论文答辩会上如是说："从来没有读过语言如此有力量的论文，男生都写不出来。"中央党校政法部前主任李良栋教授则断言：张飞岸很可能成为民主理论大家。如此纯净的语言既让为师骄傲，也看成是对自己的激励。

张飞岸博士性格鲜明，看不惯不平等、不公正现象，更不能忍受虚伪的政治理论。其博士论文就是这种性情的产物，用她自己的话说：流行的自由民主理论事实上是为了遏制大众的利益，这个发现"让我接近于愤怒，不是因为它的邪恶，而是因为它的虚伪"，立志"把自由民主请下神台"。

《被自由消解的民主：民主化的现实困境与理论反思》的第一个贡献是基本完成了对自由民主理论的解构，进而回答了为什么以追求平等为宗旨的第三波民主化非但没有带来平等，反而陷入更不平等的境地。如本书的历史分析径路上的论证，第一波、第二波民主化都是社会主义运动和大众运动的产物，不仅带来了社会的平等化，也带来了财产关系的变化即无产者第一次在政治上有了再分配财富的权利，西方以社会保障为中心的社会权利就是这样来的。因为民主化带来了财产关系即社会结构的变化，民主化不仅仅是普选权为标志问题，第一波民主化才显得如此漫长。相对于第一波民主化运动，以竞争性选举即普选权为标志的第三波民主化虽然很迅猛，但是什么都没有改变，不仅如此，社会反而更不平等了。

根本原因何在？就在于民主的去社会主义化，即过去的第一、第二波次的民主都是社会主义的社会民主，而当社会民主直接威胁到既定制度时，即 20 世纪 70 年代社会民主在西方达到高峰时，亨廷顿等人写出了《民主的危机》，认为民主需要降温；达尔写出了《多元民主的困境》，开始建构以竞争性选举为标准的自由民主理论；以捍卫自由而非民主为宗旨的萨托利的《民主新论》在冷战高峰时期如期出版。也正是在这种被我们忽视的语境下，自由民主理论成为社会民主的替代品。所谓的自由民主只是在以"民主"的话语追求"自由"，自由民主的实质是自由而非民主。

这样的理论又被 1980 年以来西方的语境所坐实，那就是撒切尔主义、里根主义所实现的哈耶克式新自由主义。我们都知道，新自由主义的核心就是市场自由化和财产私有化，事实上是一种市场原教旨主义运动。在滚滚向前的资本浪潮中追求民主？民主必然被吞噬！所以，以民主化之名而行自由化之实，民主化的结果之一倒是最终消解了政府，为资本自由流动即自由掠夺打开了方便之门。不是吗？20 世纪 90 年代，无论是叶利钦时代的俄罗斯，还是南美，赢家都是资本集团，输家都是追求民主的大众。结果，深受新自由主义之害的大众反过来就成了民粹主义者，曾经追求民主的俄罗斯人转而呼唤强人普京，南美则普遍是左翼政党当家，新自由主义与查韦斯式政治家的出现有着直接的因果关系。

《被自由消解的民主：民主化的现实困境与理论反思》的第二个贡献则是回答了西方民主巩固理论为什么失效。在第三波民主转型国家，成功者寥寥无几，原因何在？为此西方政治学界如同其前辈在冷战时期的使命性表现一样，要回答民主如何巩固即民主为什么失败或无效民主这样重大的现实问题，其中学究气的探讨有文化主义的、理性选择主义的，还有制度主义的（国内学术界也基本上是跟着西方学术界走，说难听点就是"拾人牙慧"），只有戴蒙德（Larry Diamond）的"非自由的民主"影响最大，即成功的民主都是自由的民主，而很多竞争性威权主义的产生如俄罗斯的普京、伊朗的内贾德和委内瑞拉的查韦斯是因为缺少自由。那么，自由到底是什么？难道仅仅是戴蒙德所说的我们习以为常的言论自由、结社自由吗？难道有竞争性多党制就没有这些自由吗？在《被自由消解的民主：民主化的现实困境与理论反思》这里，最重要的还是洛克式财产自由这样的根本性经济结构和社会结构问题。也就是说，如果民主巩固理论不涉及这样的根本问题，其理论本身就毫无意义。在作者看来，民主不但是政治权力结构的变化，即所谓的普选权问题，更重要的是社会结构问题。而自由民主的核心即竞争性选举追求的仅仅是政治结构的变化，而无视甚至刻意回避社会结构问题，结果，在不变的社会结构上到来的民主，最终都是失败的民主或无效的民主。

且不说第三波民主转型国家的状况，在印度这样的老牌民主国家为什么也是无效的民主？关键在于其古老的不变的社会结构。结果，在封建制社会结构内玩选举民主，社会变得更不平等，因为少数人的特权以大众选举授权的方式获得了更大的合法性，不平等得以固化甚至恶化！这就是国内很多人口口声声授权的重要性，认为没有选举授权就没有政治合法性。

到底是纸面上的理论重要还是活生生的现实更有说服力！被国内很多人认为是有合法性的印度民主政权，在著名的印裔美籍政治评论家扎克里亚看来却是千真万确的"强盗式民主"。

与第二个贡献相关，《被自由消解的民主：民主化的现实困境与理论反思》还论及了所谓的威权政权的合法性来自绩效、民主政府的合法性来自选举制度程序这样的老生常谈却被当作"真理"的说法，不能提供基本的公共服务的民选政府有什么合法性？伊拉克民选政府有什么合法性？只不过，"党争民主"是一条不归路，一旦走上了，就永无回头的可能了，老百姓也只得认栽了，难道这就是所谓的合法性？不得不说，国内学术界关于合法性的认识还非常肤浅，总是把美丽的概念与美丽的结果相联系。

谈论民主不能不涉及"治理"，这是自20世纪90年代以来国际社会上最流行的两个概念或范式。与消解政府作用的民主化相呼应，西方人的治理概念即社会治理、非政府组织的治理结果如何虽然不是该文的重点，但《被自由消解的民主：民主化的现实困境与理论反思》还是给予了深刻的剖析，指出以社会为中心的治理理论，如同以选举为核心的民主理论一样，都是祸害落后国家的坏东西。我们知道，习惯于忘却历史的世界银行经济学家们发现，联合国援助项目由社会组织管理比政府管理更有效，由此搞出一个当代的治理概念（其实这个概念在16世纪的英国就有了，指的是国家的统治权）。这到底是无知还是故意陷害发展中国家？第一，谁是世界银行项目的最好完成者？当然是中国，是中国政府，因为中国政府受世行援助最多，也是做得最好的，怎么能说社会组织就比政府做得好？第二，在无数的发展中国家，由于长期被殖民的历史，国家力量被消解了，培育了贵族、地主、军阀等社会力量，在这些国家还强调所谓的社会作用而抑制政府的作用，不是落井下石吗？其实，也不奇怪，这一时期的民主化理论和治理理论都是新自由主义的不同形式。写到这里，不得不佩服中国人与生俱来的智慧，中国人谈的治理更多的是国家治理，即由国家（政府）主导、社会参与的治理，本质上还是如何实现公共善的治国理政之道！

至此，读者应该产生更强烈的愿望去读此书，我相信读者一定会被此书的思想和语言所吸引。正本清源的使命感、深邃的思想关怀、有力的语言表达、明确的价值取向，是我对该书的总体印象。

最后要指出的是，民主不但是一个观念上的大问题，更是一个制度问题，既然是制度问题，就需要在国家建设和国家治理的维度上去研究民主，这样关于民主的认识将会更深刻，也更有针对性。国家建设—国家治理的维度是复杂而多样的，而民主制度只是其中的一个维度而已。我相信在国家建设—国家治理维度上研究民主，必然能形成不同于流行的民主理论的新概念、新话语。在我们这个大时代，因为没有自己的话语而简单地用别人的话语来"观照"中国，中国如此伟大的实践和成就却被认为是错误的，被认为不具有合法性，还有什么比这更让人担忧的呢？

◇四 《中国民主》：在建设民主中推进国家治理现代化

中国民主的历史已经有了一个世纪。无论是孙中山还是毛泽东领导的革命，都是在民主的旗帜、民主的理想之下推动的，因此中国人对民主的热情大概在世界上是最高的。就新中国而言，毛泽东奠定了社会主义民主的基本制度和框架，即以民主集中制为原则的人民代表大会制度，而1978年以来的改革开放不但是经济上的，更是政治社会上的深刻的结构性变化，其中民主政治的成长更值得书写。

中国制度变迁的前提往往是观念的酝酿和观念的指导。就民主观念而言，从官方到学术界，都有一个从简单化到复杂化的过程，从一种民主形式到多种民主形式的认知过程的演变。这个知识论意义上的变化往往与政治实践分不开，而这个政治实践不但是自己的，还包括其他国家民主政治的经验教训对中国人的启示。也正是在世界政治的场景下看中国政治，看中国的民主政治，很多极大的变化才能得到理解。

具体而言，中国民主观念，从20世纪八九十年代的单维度的选举论，演变为21世纪之后的国家建设语境下的民主形式多元化的多维度论，我们熟悉的自由、自治、法治、分权、参与、协商等，都是民主政治的应有之义或"原本形态"。这看上去是"量"的变化，其实是"质"的变化，即涉及中国政治的属性问题。按照以竞争性选举为根本标识来划分民主与非民主，中国显然不是自由民主意义上的民主；而按照多维度论来审视中国政治，中国当然属于民主政治。多维度的民主观，恰恰是符合大国国家建设复杂性的特性。试想，如此大的国家，以一个维度来衡量政治性质即政治的好与坏，完全不符合国家建设要处理的多维度的复杂关系，一个大国怎么可能一选了之？其实，也正是因为把单维度的民主形式等同于一切，甚至代替了复杂性的国家建设，很多发展中国家就因此而难以自拔，我们熟悉的印度、巴基斯坦、孟加拉国等，莫不如此。

所以，观念很重要，而变成思维方式的观念更重要。中国的实践，第三波民主化之后，尤其是"阿拉伯之春"之后的世界政治实践，都使得很多中国人的民主观念开始复杂化起来，也可以认为是开始成熟起来。不知不觉中，中国人的民主观念发生了"巨变"。

观念的巨变主要来自中国政治的实践。一个有趣的发现是，自改革开放以来，如果以十年为一个政治周期，每一个十年都有标志性的、新的民主形式出现，并累积而成包容性的社会主义民主政治制度。

第一个十年即从1978年到整个80年代，主要的民主形式是选举民主，并培育了协商民主。1979年修改的选举法，旨在落实差额选举。在思想解放运动的推动下，差额选举成为80年代最引人注目的民主形式。到1986年换届选举时，全国绝大多数副省级职位的产生都实行了差额选举，而且中央委员会的选举也第一次实行了差额并延续至今。在实行选举民主的同时，也在培育协商民主。那时还没有协商民主这个词，但中共十三大明确提出建立社会协商对话机制，以此来纾解社会矛盾。这个理念在当时是很先进的，"社会协商对话机制"其实就是我们今天所熟悉的协商民主概念。

第二个十年即20世纪90年代，主要的民主形式则是基层民主即村民自治。1983年人民公社体制解体以后，农村曾一度处于一种"无政府"状态，社会秩序很乱，费税收不上来。怎么办？广西的农民自发地、首创性地搞出了一套自我管理的村民自治制度。按照中国政治发展的经典逻辑，即先实验后推广，村民自治制度成为20世纪90年代官方和学术界的显学，政治学不研究村民自治似乎就没有了出路。所以有这样的宰制地位和乐观主义情绪，是按照英国式民主的逻辑来看中国政治，即先有村镇民主，再逐渐往上推演。到了21世纪，村民自治研究开始式微，因为中国政治不但没有按研究者预期的逻辑去发生，就是在实行了基层民主的农村，反而出现了普遍性的村政衰败现象。内在原因何在？其中固然有村与政治环境的关系，更重要的是有村民的民主选举而无村民的民主自治，即选举完没有治理权，选举上来的村官乱政现象必然出现——何况选举本身都是可以被操作的。在我这个没有研究过农民选举的农村出身的政治学学者看来，基层民主的未来之路不但要有村民的民主选举，更要有村民的民主自治和民主监督，没有村民自治和监督的村民选举不会使基层政治变得更好。不得不说一句，虽然村民选举是一种自发的制度创新，但并不是没有历史基因的，要知道在宋朝开始就有了村规民约的传统，皇权不下县也一直到晚清。

第三个十年即2000—2010年，"网络民主—党内民主—协商民主"齐头并进。制度变迁充满非预期性，谁也想不到1992年开放的互联网平台在十年之后变成了互联网民主，这是中国民主前所未有的课题和挑战，当然也是机遇。互联网民主让民意直达中南海，互联网再度复活了因疆域和空间而消失的直接民主。技术改变了民主形式，改变了政治生态。与此同时，作为一种前所未有的新民主，其挑战性当然也是来势汹汹，一个又一个的网络事件直指中国共产党的所谓合法性问题，而"秦火火们"则指望用互联网压垮执政者。在经历了十年的挑战之后，目前执政者基本适应了这种新型政治生态，由此可见中共的适应性能力。

如果说互联网民主是一种技术革命带来的直接民主形式的社会民主，是一种自发而非预期的民主政治，但党内民主则是一种顶层设计和民主建构。从乡镇直选实验到乡镇公推公选，再到各级党委的民主测评，都是执政者在2004年即党的十六届四中全会之后的制度设计，即以党内民主来面对执政危机感，党的十六届四中全会明确提出党的执政地位可得可失，为此期望以党内民主来应对三个深刻变化：社会结构发生了深刻变化、利益结构发生了深刻变化、观念发生了深刻变化。

党内民主原则伴随着整个党史，其间有好有差，而这一时期党内民主则变成了选拔干部的一种普遍制度，其积极性毋庸置疑。问题是，由于唯票论人，必然减弱了干部做事的勇气和创新的动力。因此，用人上的唯票论必然被纠正。

伴随着互联网民主和党内民主，一个新的民主概念引入中国，那就是被中国人转化为协商民主的"审议民主"。中国人兴奋地发现，被外国人奉为一种民主理论和民主形式的审议民主，其实就是中国一直有的协商政治，比如"三三制"、群众路线以及广义上的统一战线，而且协商政治正是共产党取得胜利的法宝。理论上有说法，历史上有实践，从此协商民主成为中国民主建设的显学，党的十八届三中全会决定在中国建设全方位、多层次的协商民主。但是，怎么衡量协商民主的进程，即一个单位的用人过程、决策过程到底体现了什么量级的协商民主，依然是一个有待回答的问题。

第四个十年即2012—2022年，推进国家治理现代化。在过去30多年的民主实践中，该有的民主形式都有了，其中有的民主形式当然需要得到完善。但是，即使在形式上所有的民主形式都很完善了，就意味着解决政治中的所有问题了吗？我们看到的普遍性的世界政治现象是，很多国家的民主形式越发达，问题和难题反而越多。原因在于，尽管民主是一种价值，民主毕竟还有工具性属性，工具性属性甚至大于价值属性；作为一种工具，民主是用来搞利益分配的，其间必然是政治斗争乃至流血的斗争。

由此给我们的启示是，民主是重要的，但更重要的则是国家治理。具有正常的实践理性和实践智慧传统的中国人认识到，形式是重要的，但更重要的还是本质和目的。为此，在党的十八届三中全会的《中共中央关于全面深化改革若干重大问题的决定》中，明确提出了"国家治理体系和治理能力的现代化"，即作为第五个现代化的"国家治理现代化"。国家治理体系的现代化当然包括现代性政治的一些基本特征，比如民主问责、权力有限、大众参与、自由、市场与法治等，但这些形式的现代化说到底要通过治理能力来实现，否则发达的政治形式只是治理的羁绊，而治理能力现代化则要求中国这样的巨型国家必须有很多发展中国家所没有的强国家能力。因此，用学术语言来概括，中国的改革是要以"有能力的有限政府"来推进国家治理现代化。

这就意味着，未来改革即到2020年的方向是：国家有能力，权力有边界，权力受约束。我们应该认识到，有能力的有限政府其实就意味着权力的人民性和治理主体的人民性，因为权力有边界和权力受约束就意味着人民与市场主体的权利范围更大了、人民的自主性事实上也更强了。

目 录

前言:民主与中国道路的实践与未来 …………………… 杨光斌(1)

改革开放以来中国民主观念的变迁 …………………… 黄　晨(9)

20世纪80年代:推动选举民主,培育协商民主 …………… 叶麒麟(81)

20世纪90年代:自发的基层民主 ……………………… 李　龙(113)

21世纪:党内民主、协商民主和网络民主的权力图景 ………… 毛启蒙(155)

被忽视的民主形式:自由、分权、法治与自治 ……………… 严海滨(196)

不仅仅是民主:推进国家治理现代化 ………………… 杨光斌(226)

前言:民主与中国道路的实践与未来

杨光斌[①]

◇◇ "党争民主"祸患无穷

以"党争民主"为核心的西式民主到了人人喊打的地步。经济学家斯提格利茨提出美国已经是1%美国人的"民治、民有、民享"而引导了占领华尔街运动；福山提出美国政治制度的"政治衰朽"和"否决型政体"；《经济学人》发表广为流传的"西方民主怎么了"；普林斯顿大学的研究报告以控枪等80多项公共政策议题为例，指出美国不再是一个民主国家，而是寡头国家；正在风靡全球的皮迪克的《21世纪的资本论》更是资本主义的釜底抽薪。可见，西方主流思想界对自己曾宣称的"历史的终结"的自由民主理论正在进行大反思甚至是否定性批判。与此同时，乌克兰悲剧、泰国动乱以及"阿拉伯之春"以"阿拉伯之冬"收场，都让我们看到"党争民主"的祸害无穷。与西方国家治理困境和转型国家的难堪相比，中国的国家治理让人刮目相看，以至于曾经认为"历史终结"的福山把中国当作世界的希望之窗，是西方的榜样。

但发达国家问题、转型国家困境和中国成就的反差，并不意味着民主

[①] 中国人民大学政治学教授。

本身过时了，更不意味着中国可以不发展民主、不重视民主。我们应该认识到，这种巨大的反差根源于"党争民主"这个祸害，在于这些国家是否搞了"党争民主"。不仅如此，我们更应该强调，中国的成就恰恰来自30多年来民主实践的多层次性和民主形式的多样性。

让全世界不同国家、不同文化、不同传统的民众，都过一样的政治生活即"党争民主"，实在是匪夷所思的景象。其前提和基础是同质化社会，即基于同一个民族、共同信仰以及平等化社会结构的社会。在一个异质化社会搞"党争民主"，结果必然是南辕北辙，重度危害是国家分裂，如苏联、南斯拉夫、乌克兰等，中度危害是周期性政治动荡，如泰国和不少非洲国家，而轻度危害也是无效治理，如印度、墨西哥、菲律宾、中国台湾地区等。

为此，异质化社会决不能轻易搞"党争民主"，异质化的发展中国家搞"党争民主"更是祸害无穷。这是因为，基于竞争性选举的西式民主的一个重要功能是利益分配而不是发展。因此，当一个国家处于贫穷落后阶段就搞起党争民主，在贫困状态下搞分配，结果必然是国家的厄运，遭殃的是人民。

◇◇ 政治生活的多层次性与功能多样性

"党争民主"的危害性已经很清楚了。但是，"党争民主"只是民主的一种形式而已，是西式民主中一种纵向的和国家层面的民主形式。不能因为规避"党争民主"的危害而回避民主本身，更不能因噎废食。要知道，政治生活具有多样性，政治实践是多层次的，民主形式自然也应该是分层的、多样性的。

在层次上，政治生活分层为纵向的国家层次、纵向的地方层次、横向的生活层面即我们所生活的"单位"及社区。政治生活的层次性并不是问题的全部，政治还有非层次性的功能区分，如立法功能、决策功能、监督功能等。也就是说，多层次的政治生活的政治功能必然是多样化的。

由不同层次和不同功能而构成的政治实践，自然应该有相应的不同形式的制度安排和政治生活。在当下的时代，不论什么样的制度安排和政治生活，大概都不能缺少"民主"这个关键词，因为民主不仅是现代政治的最重要特征，也是中国共产党赖于起家、壮大和执政的旗帜。但是，我们又不能像西式民主理论那样，一说民主就是竞争性选举即"党争民主"。

我们反对选票至上，但应该认识到而且必须承认，不同层次、不同功能的政治生活需要相应的民主制度安排。不仅如此，我们更要从政治生活的常识出发，厘清哪种层次、哪种功能的政治最需要民主政治以及何种民主形式。

在笔者看来，一方面，中国老百姓对县以上的政治并没有直接的感觉，或者说县以上的政治与其利益并没有直接的相关性，因此，国内外的历次民意测评表明，中国老百姓对党中央、对政府的信赖度在全世界处于最高行列。这也就意味着，中国老百姓对执政党是满意的。另一方面，中国老百姓又有很多怨言，甚至常常以"群体性事件"的方式表达怨言和利益诉求。笔者认为，这是对纵向的基层政治不满，对横向的单位生活和社区生活不满，对政治功能不受控制不满。如果这种判断是大致正确的，那么可以认为，不满的人既有草根阶层，又有所谓的精英阶层即哈佛大学—北京大学联合调查中所说的既得利益阶层，而且既得利益阶层的不满远远大于草根阶层。因为草根阶层发动的"群体性事件"主要是因为其经济利益在程序上受到侵害，一旦得到补偿矛盾就得到化解；比较而言，既得利益阶层的不满具有相对的长期性。根据笔者对中国政治的观察和理解，既得利益者的不满主要来自横向层面的单位中的问题和功能层面的权力滥用而对自己利益的侵害。

可见，无论是层次上的问题还是政治功能上的问题，说到底都是对具体的人的利益构成了侵害。为此，执政党和政府历年来才反复强调，事关百姓生活和利益关切的政策，一定要事先征得百姓的意见，要有百姓的参与。百姓参与、征求百姓的意见，其实就是民主问题。

◇中国民主实践的多样性与世界性贡献

如果说我们找到了问题的根源，就应该对症下药，即以相应的民主制度、民主形式去解决问题，化解矛盾。我们常说的民主形式有选举民主、协商民主和参与式民主，这些都是政治生活中的民主形式。除此之外，还有社会生活的民主问题即社会民主。不仅如此，在中国，程序民主和社会民主都是下位概念，上位概念即指导性的民主形式则是笔者所称谓的"民本民主"（the people-centered democracy）。因此，就应该把这些不同的民主形式运用在不同层次、不同功能的政治社会生活上，或者是一种民主形式对应一种层次和功能，或者多种民主形式对应一种层次和政治功能。

社会自治。中国人所熟悉的美国实用主义哲学大师杜威说，任何国家都存在专断，也都有民主，民主是一个多少问题，而不是有无问题。杜威应该是在社会自治意义上谈民主。确实，任何国家都有自己的"原发性民主"（proto-democracy），如自由和社会自治。商会自治和家族性自治是中国一种古老的社会自治形式，因此谈社会自治大可不必与所谓的公民社会这样的外生性概念联系起来。有意思的是，正如哈佛大学中国史教授孔飞力在《中国现代国家的起源》中所言，中国社会自治的范围不超过县域范围，县之外社会组织之间便很难合作。或许是因为，中国的社会自治是以家族为基础的，而大家族影响范围少有突破一个县的。其实，中国的故事，当然还有很多国家如印度、菲律宾、意大利南部等的故事告诉我们，社会自治是重要的，也很必要；但社会自治是地方的公共性问题，而地方的公共性总和并不必然等于全国的公共性即全国性的民主政治，这是因为地方利益之间是有张力甚至是冲突性的。这是就社会自治与全国性民主政治的关系而言。尽管如此，我们还是要大力建设社会自治，因为再聪明、再勤政的政府都管不好老百姓的日常社会生活。为此，本次全面深化改革的内容之一便是改革对民间组织的管理方式，除特定类型的中间组织如政治类、宗教类、民族类和法律类，其他类型的社会组织从过去的审批制改为等级制。我们相信，这种改革将会巨大地推动社会组织的成长，因而对社会的自我管理和社会治理将有难以估量的意义。

选举民主。我们反对选票至上，但并不意味着选票不再重要，选举毕竟是民主的最原始、最重要的形式之一。但是，选举民主如何运用？如前，百姓不满来自纵向的基层政治、横向的社区政治及政治功能上的问题。对于解决政治功能问题（如权力滥用、乱立项乱花钱等），选举民主就无能为力——西方国家也不是靠选举民主来规范权力的。但是，在基层单位和社区层面，选举民主就是重要的，因为大家彼此了解，如果上级强行任命一个德才上都有问题的人，人们的不满是自然的；而且不满的人们会迁怒于体制和执政党，认为因为有了这样的制度才有带病上岗的单位领导。同样，在人们生活的社区，居民委员会本来是为社区居民服务的，但是作为事实上的一级政府组织，它们又要有所作为，如完成上级交代的丰富社区文化生活的任务，搭台唱戏放电影，这些活动在农村或许是必要的，在城市社区就变成了扰民。鉴于此，社区选举也是重要的，选举出不唯上而唯民的真正为居民服务的居民委员会。

协商民主。中央关于全面深化改革的决定指出，要建立全方位、多层次的民主协商制度，实在是明智之举。在笔者看来，如果说在横向层面的基层单位——社区亟须选举民主，政治功能层面则亟须协商民主。政治功能其实也是分层次的，比如事关日常生活的居住环境问题，社区和街道建设问题，以及知识界——媒体所关心的没有预算法而各个部门浪费性预算、无效预算、非生产性预算，都需要协商民主制度。由于政府占有的资源太多而又没有预算法，政府部门乱立项乱花钱所带来的危害有目共睹，有的政府部门巧立名目而搞的政绩工程就是为了更多的部门预算。为此，就需要有协商民主的形式来抑制政府部门的预算冲动，这里既需要与专家协商论证，更需要与人民代表大会中的专门委员会协商，而不能政府部门想当然，不能想干什么就干什么。其实，在事关百姓利益上，有的地方已经建立起好的协商民主形式，如青岛市城阳区的"市民议事会"，凡事关居民生活的政策和项目都需要通过"市民议事会"；还有实行多年的温岭市乡镇一级预算协商制度。地方和基层的协商民主已经有了实践甚至是成型的模式，亟待建设的是政府部门决策中的协商民主制度。

参与式民主。从本质上说，选举民主和协商民主都是参与民主，但是它们并不能解决所有层次和所有功能上的问题，而把余下空间的百姓的参与归类为参与式民主。参与式民主主要适用于纵向层次的政治生活，既包括基层政治中的政治参与，也包括中观层面的利益集团的活动，还有全国层面的政治参与。具体形式有上访、听证会、意见表达以及利益集团的游说活动等。其中，上访是因为百姓的个人利益受到侵害，听证会是关乎群众的切身利益如物价问题，而意见表达则是知识分子特有的关心国家大事、国家前途的表现。这样，本来适用于纵向层次的参与式民主则有了最多层次的色彩，既有个人利益和群体利益，还有全国性利益和公共利益，可谓民主形式的多样性所体现出的政治生活的生动性。百姓有参与，政府有回应，正是民主政治的最生动体现，也是民主政治的最本质写照。正如习近平总书记在《中共中央关于全面深化改革若干重大问题的决定》的说明中所言，改革的顶层设计是对社会呼唤改革的回应。各家各派民主理论的一个共识是，回应性是民主的最重要方面。

"民本民主"。相对于选举民主、协商民主和参与式民主，笔者提出的

"民本民主"则是基于中国自己本土文化的民主政治形式。所谓"民本民主"就是基于"民本"思想而进行的群众路线的政治制度。相对于自下而上的参与式民主,以群众路线为核心的"民本民主"是自上而下的逆向民主。民主参与者在能力和愿望都是不平等的,有强有弱,因此参与式民主的结果并不必然是公正的;"民本民主"则可以弥补这一不足,尽量让公共政策和公共服务公正化。

体察民情、了解社情民意,从而为科学决策提供依据的群众路线,是中国革命和社会主义建设中的一大制度创新,它事实上就是我们常说的相对于"形式民主"的"实质民主",因此用民主话语、民主理论加以表达恰如其分,其所实现的民主性、民主程度并不比形式民主低。何况,正如萨托利在捍卫自由主义时这样说,"'民主'已经成为一个受到普遍吹捧的词,这似乎注定了无论我们走上什么道路,它都会跟我们结伴而行,我们不妨加入这个游戏。"[①] 民主话语的普遍化决定了我们需要把自己的本土资源,尤其是有民主特性的本土资源转化成民主理论。其实,"民本"就是具有西方人所说的民主的"民享"(for people),"为人民服务"的英文就是"serving for people"。长期研究中国民主政治的美国杜克大学教授史天健的田野调查也证明,中国的精英和民众也基本上是在"民本"意义上谈民主要民主,即都把民主当成实现富足公正生活的善业,是本质性民主而不是程序性民主。

总之,中国的民主实践不但有横向层面的社会自治、选举民主和协商民主,还有纵向层面的自下而上的参与式民主,以及中国独有的而且很可能是儒家文化圈以外的其他国家难以学习、难以模仿的自上而下的"民本民主"。"民本民主"不但是西方程序民主所难实现的本质民主,本身还是一种程序性的制度安排即自上而下的群众路线。为此,在民主政治问

[①] [美]乔万尼·萨托利:《民主新论》,冯克利、闫克文译,上海人民出版社2010年版,第429页。

题，中国没有什么好羞于示人的。正是因为中国自己的民主政治即"民本民主"指导下的民主形式的多样性，以及由此而带来的活力与创造力，才有中国今天的国家治理成就。因此，当我们旗帜鲜明地反对西式民主即党争民主的时候，我们同样要旗帜鲜明地建设多层次、多样化的民主形式；这不但是中国道路的重要组成部分，也是中国未来可持续性发展的出路所在。

改革开放以来中国民主观念的变迁

黄 晨[1]

"民主"可能是当代中国政治中最重要的关键词之一。谈起民主，或许每个人都略知一二，却少有人能摸清它在中国语境中的确切含义；我们常常看到官员和领袖高呼民主，不过他们的实际作为却千差万别；对整个中国的民主实践，可能赞扬和批评的声音都很多，但其中宣传和谩骂要远多于平实分析。造成这种情况的原因，一部分在于中国民主建设的缺陷，另一部分在于民主这套政治观念本身的复杂性。特别是，民主作为一个西方舶来的名词，它在当代中国的复杂变迁中是否已经扎下根来，有没有发生内涵上的变化，这些变化对未来中国发展有何影响。如不深入思想史和政治史的脉络，而停留在静态的理论辨析和表层的政治吁求中，这些问题恐怕永远难以解决。

当前学界对改革开放以来民主观念的研究，并不令人满意。问题之一是带意识形态色彩的宣传和批判远多于客观的学理分析。这里的"意识形态"不仅指主流话语的宣传灌输，也指那些批判者在西方话语的影响下，削足适履地考察中国——无疑这两种做法都是远离事情真相的。问题之二是宏大叙事和总体描述远多于对具体历史过程的考察。最热门的话题往往是"中国是否民主""中国人是否懂民主"或"中国何时民主化"，殊不知民主的传播和发展是一个漫长而复杂的过程，绝非某种静态的特征，亦非

---

[1] 中国人民大学政治系博士研究生。

在一个时间点就能发生突变的。海外中国研究界擅用理论和统计工具，或能做出更可靠的宏观描述，但他们对思想观念和政策形成过程却过于轻视，很多人在态度和资料上都落后于国内的历史学者。问题之三，即便是难得的思想史研究，学者们也对某几位精英人物和主流话语赋予了过分的重视，缺乏更大范围、对更多阶层观念的考察。这样以偏概全的叙述不足以称为"当代中国"的思想史，也很容易出现误判。一旦领导人和知识分子宣讲的"民主"根本就不是同一个东西，而普通百姓接受的"民主"又有所不同，我们将如何解释呢？

与这三个问题相对应，本文试图做到三方面：一是不预设某种特定含义的"民主"，一切解释都从思想史中呈现；二是尽可能利用当时的一手材料，还原每次争论的具体过程；三是综合中央政府、知识界和基层三个群体，考察群体内部的观念和群体之间的上下互动，以达至对中国思想较全面的再现。

◇一 20 世纪 80 年代——自上而下的观念更新

（一）思想解放与民主思潮的复苏

1978 年是改革开放公认的起点，也是各大思潮和观念或解禁或上位或重释的一个契机，民主观念就是其中之一。

这一年传遍全国的《实践是检验真理的唯一标准》一文可以说是思想解放的一个标志，此文的内容和意义无须赘言，这里更值得注意的是其背后的权力格局和观念格局。当时正值"凡是派"[①] 掌握着文宣大权，因此邓

[①] 传播最广的经典表述"凡是毛主席作出的决策，我们都坚决维护，凡是毛主席的指示，我们都始终不渝地遵循"，出自《人民日报》社论：《学好文件抓住纲》，《人民日报》1977 年 2 月 7 日。

小平等的观念表达难免要借助一些边缘的甚至社会性的渠道。《实践》一文本为南京大学教师胡福明应《光明日报》邀请所作，文章首先刊登到了中央党校内刊《理论动态》上，①第二天以"特约评论员"的身份发表在《光明日报》上，②此后才得到了新华社和其他重要媒体的传播。后来汪东兴的批判和邓小平等的支持，都已经是事后了，此时《实践》的观点已经在各地传播开来。③当时这种借助报刊、公开讨论的做法，一方面有利于党内改革派的斗争；另一方面在社会开创了一个较为良好的风气，因为观念是可以上传下达的。

到了1978年年末的十一届三中全会，改革派的路线开始占据主流，对民主真正意义上的讨论也开始复苏。邓小平的主题报告专辟一节讲"民主是解放思想的重要条件"，他明确表示："一个革命政党，就怕听不到人民的声音，最可怕的是鸦雀无声。"④这个表态为民主讨论的解禁开了口子。1979年1—4月，胡耀邦主持了全国理论工作务虚会，来自中央和各地理论宣传单位的数百人开始了进一步的讨论，其中不乏大胆之言。时任中国历史博物馆党史研究室主任、此后负责中宣部理论局的李洪林就是一例，他说："我们是社会主义国家，当家做主的是人民。人民会通过社会主义民主的程序，选出国家的领导人，不应由前任领袖指定后任领袖。"⑤李洪林的发言一年多后得以在《人民日报》上连载刊登⑥，同样在社会上引发了热议。

---

① 《实践是检验真理的唯一标准》，《理论动态》1978年5月10日第60期，后注"《光明日报》社供稿，本刊作了些修改"。
② 本报特约评论员：《实践是检验真理的唯一标准》，《光明日报》1978年5月11日。
③ 党内各领导对此文表态的记载和具体时间参见杨继绳《中国改革年代的政治斗争》，Excellent Culture Press 2004年版，第87—93页。
④ 邓小平：《解放思想，实事求是，团结一致向前看》，《邓小平文选》（第二卷），人民出版社1994年版，第144—145页。
⑤ 理论工作务虚会简报组编：《第二组简报》第36期。
⑥ 李洪林：《领袖和人民》，《人民日报》1980年9月18日、19日。

党的高层的表态和党内理论干部的带动，使沉寂多年党外知识分子也开始了尝试。但在最初几年，整个社会，包括知识界都尚未走出以意识形态为纲，行文政治化、口号化的风气。从讨论的内容上看，除了对中央政策的呼应，大部分言论都是借为近现代中国的重要人物和一些西方重要思想家"翻案"，来表达对民主和改革的诉求。哲学家贺麟终于可以为饱受批判的"唯心主义哲学家"辩护了，他论证费希特的人学其实是一种反压迫的民主思想;①而近代史家袁伟时试图摘掉评价孙中山的唯心主义帽子，认为其属于"为民主服务的唯物主义"②。思想的解禁已属不易，对民主的深入理解和建设性意见自然少之又少。当时对列宁的一个命题"民主是一种国家形态"曾有过一场争论③，如果我们照本宣科地搬用革命导师的那几句话，显然就会带来这样的认识：民主既然由国家的阶级属性决定，那要么就属于社会主义国家，要么属于资本主义国家，不存在中间状态，也不需要相互学习。而且照此看来，发展民主也只能通过阶级斗争了。后来有一些敏锐的学者从马列经典中发掘出了民主的另一面——"社会民主"或"非国家形态民主"④，埋下了观念革新的伏笔，但对具体理论和民主实践的深入探讨，仍有待一次新的思想启蒙。

在北京、上海这样的核心城市，民间的民主思潮也开始兴起。继"四五事件"中的天安门广场之后，"西单民主墙"成为传播民主观念另一个标

---

① 贺麟:《费希特的爱国主义和民主思想》，《哲学研究》1979年第5期。

② 袁伟时:《为民族民主革命服务的唯物主义一元论——试论孙中山哲学思想的性质》，《中山大学学报》（哲学社会科学版）1979年第4期。

③ 支持列宁者如新华社特约评论员《坚持社会主义民主的正确方向》，《人民日报》1980年1月21日；聂运林《列宁的民主概念不"全面"吗?》，《江汉论坛》1982年第6期。批判者如甘自恒《民主是国家形态吗?——关于民主概念的探讨》，《广西大学学报》（哲学社会科学版）1980年第2期。

④ 如刘德厚《对民主含义的历史唯物主义思考——兼论社会主义民主的社会本质》，《武汉大学学报》（社会科学版）1984年第6期；贠文贤《论非国家形态民主》，《理论学刊》1987年第10期。

志性平台。1978年，民主墙上的大字报很多都是要求给"四五事件"平反的，很多作者也是当年的积极分子，但对什么是民主涉及得并不多。① 年底中央给运动平反之后，一些人转而成立组织，创办民间刊物②，这才开始讨论和批评中国历史和现行政策。还有一些人本来就是大学生，他们回到学校，积极参加人大代表的选举。据亲历者吴伟统计，1979年务虚会上的发言，与民主墙上的文字"惊人地相似"，可见当时党内党外、会内会外是上传下达、相互促进的。③

不言而喻，一旦民间贴大字报成风，上面什么内容都会出现，尤其是对毛泽东等领导人的攻击和"实行资本主义"这样的词句，是高层所不能容忍的——无论是改革派还是"凡是派"。当时我党这样认为，"今年社会上也有股小小的思潮……有的举大标语游行，提出'反饥饿，反迫害，要民主，要自由'，和外国人挂钩，一谈四个小时……这些人的思想，是不是民主个人主义倾向？我们党提倡的是人民民主，是民主集体主义，或民主集中主义，反对民主个人主义。"④ 显然，民间思潮的冲击，反过来促使党内明确表态：改革是要有"底线"的，而且必须不断强调。

那么这一底线是什么呢？邓小平在1979年上半年多次发表讲话回答这个问题，其中最有代表性的当属3月30日在务虚会上所讲的《坚持四项基本原则》："第一，必须坚持社会主义道路；第二，必须坚持无产阶级专政；

---

① 对运动积极分子的回忆与介绍参见陈子明《历史大视野中的四五运动（七）：运动的产儿：思想解放运动与体制外力量》，http://www.aisixiang.com/data/62853.html?page=1。

② 主要有《四五论坛》《中国人权》《探索》《北京之春》《沃土》《人民之声》等。

③ 吴伟：《中国80年代政治改革的台前幕后》，新世纪出版社2013年版，第19页。

④ 《三中全会以来重要文献选编》（上），人民出版社1982年版，第61—62页。

第三，必须坚持共产党的领导；第四，必须坚持马列主义、毛泽东思想。"①这四条"并不是新的东西"，为什么又要重新强调呢？邓小平接着说道："因为现在一方面，党内有一部分同志还深受林彪、'四人帮'极左思潮的毒害……另一方面，社会上有极少数人正在散布怀疑或反对这四项基本原则的思潮，而党内也有个别同志不但不承认这种思潮的危险，甚至直接间接地加以某种程度的支持。"② 这就是说，"四项基本原则"既是改革开放在保守派面前的护身符，对于过激的人而言，又是一条不可触犯的底线。

符合四项基本原则的民主具体该如何引导呢？首要的一点就是必须符合现行社会秩序，这就要求人们与"文化大革命"时期的造反运动和"大民主"划清界限。在1980年2月的中共十一届五中全会上，中央决定向全国人大建议取消宪法中"大鸣、大放、大辩论、大字报"的第45条，③ 在9月的五届人大三次会议上，将其正式改为"言论、通信、出版、集会、结社、游行、示威、罢工的自由"，并向全国公布。④ 政府对出版、结社和游行的实际控制比宪法条款更为严厉，1981年2月，中共中央和国务院又联合发文，责令各级政府取缔所有违反四项基本原则的"非法刊物"和"非法组织"，⑤ 民主墙引发的风潮渐息。由此，党内高层的民主观念初具雏形并传达给了社会。民主要在"社会主义""法制"和"党"这三个前提下发展，这一思想可以说是高层改革力量的共识，直接支配了整个80年代的政治变迁。

---

① 邓小平：《坚持四项基本原则》，《邓小平文选》（第二卷），人民出版社1994年版，第164—165页。

② 同上书，第165—166页。

③ 《中国共产党第十一届中央委员会第五次全体会议公报》，《三中全会以来重要文献选编》（上），人民出版社1982年版，第410页。

④ 《关于修改〈中华人民共和国宪法〉第四十五条的决议》，《人民日报》1980年9月11日。

⑤ 《中共中央、国务院关于处理非法刊物非法组织和有关问题的指示》，《三中全会以来重要文献选编》（下），人民出版社1982年版。

（二）新启蒙：党外与党内

我们看到，在改革的最初几年，全社会用以讨论民主观念的知识基础和话语资源仍未超出旧意识形态。要走出这一牢笼，需要依靠新知识的输入。正是在这种背景下，80年代中期整个社会掀起了新一轮的启蒙运动。很多人认为，这一轮启蒙承接的是五四新文化运动未竟的任务，所以称为"新启蒙运动"。当时的思想旗手之一李泽厚提出了一个经典命题："救亡压倒启蒙"。也就是说，五四以来国家民族的外部危机日渐深重，使得自由、民主、权利等启蒙的主题被救亡这一"主旋律"压倒，启蒙的任务延宕至今。[①] 80年代对各种新思想近乎狂热的学习讨论，正是在这一目标下复兴的。

新启蒙运动掀起了几大热潮，如哲学热、文化热和"寻根"热，在当时的书报上和校园内外，也经常可以见到萨特、弗洛伊德等西方思想家的名字。不过，启蒙的广度与热度不等于研究的深度。当时哲学热衷的"哲学"、文化热衷的"文化"，其实都是很宽泛的概念，其中自由、平等、民主无所不包，很多论著中也是从古到今无所不谈。这种写作风格与新文化运动时期很相似，"主义"谈得比"问题"多，每个人都在呼吁民主，不过具体的理论和经验研究却很少。启蒙中的活跃人物甘阳曾做如下解释，一来西方意义上的社会科学尚未成形，二来当时的学者都有追寻宏大理论的理想，"文学的人比较肤浅，历史的人比较慢，哲学比较深刻嘛"[②]。至于认识的深度，另一位局中人陈丹青坦诚，当时"从19世纪的假想中被猛地扔到后现代"，后来才知道"我们从来没把西方弄清楚，不论是传统还是现代"[③]。无

[①] 李泽厚：《启蒙与救亡的双重变奏》，《走向未来》1986年创刊号。
[②] 查建英编：《八十年代——访谈录》，生活·读书·新知三联书店2006年版，第195页。
[③] 同上书，第91页。

疑，要求中国思想界在短短十年内理解从启蒙时代到后现代的西方知识是不可能的。因此，当时很多人并没有认识到，启蒙这一现代性的诉求，正在热议的后现代思想之间存有强烈的张力；在现代性价值内部，自由与民主之间也有着说不清的矛盾。海德格尔、萨特等对20世纪西方的观念和社会制度并不赞同，更不用说福柯、法兰克福学派这样的反对派了，也就是说，80年代引入的思想资源中是埋藏着"隐患"的，再进一步就会看见观念的分裂。当时的知识分子之间巨大的共鸣，并不在于自由或民主等某一种具体价值上，而是在一个共同的目标之上，即建成一个现代化的中国。重点在于"要启蒙"而非"怎样启蒙"，这可以称为一种"态度上的同一性"。[①]

对于政治观念而言，启蒙不能止于知识界内部的思想更新，同样重要的是知识界与党政高层间的互动。事实上，如果没有之前几年公开讨论思想、党内笔杆子带头的风气，党外知识分子也很难获得如此大的言论空间。如今中国经济学者们津津乐道的莫干山会议，就是当年这种风气的产物。据统计，近180名参会代表中，既有部委干部和地方首长，也有企业、媒体和科研院所中人，甚至不少在校研究生也获得了发言资格。[②] 会上讨论形成的"价格双轨制"等建议被直接上呈国务院领导人，也有很多参会的青年才俊如王岐山、孔丹、张维迎、周其仁等，后来成为政界和学界的领军人物。在当时思想解放而科研管理体制也未严密化的情况下，这种党内外、各阶层互相交流的情况相当常见。而在政治领域，对上层最有影响、最能推动观念上传下达的群体，首推"理论务虚会派"。这一名称得自1979年的"理论工作务虚会"，所以其成员基本上有一定的行政级别，而且负责的就是文宣部门，如周扬、胡绩伟、于光远等。他们在80年代中期最著名的

[①] 此语出自许纪霖、罗岗等《启蒙的自我瓦解：1990年代以来中国思想文化界重大论争研究》，吉林出版集团2007年版，第8—12页。

[②] 柳红：《历史之棱镜——莫干山会议三十周年再记》，《经济观察报》2014年9月8日。

贡献，就是1983年时任文联主席的周扬在纪念马克思逝世一百周年大会上的报告：《关于马克思主义的几个理论问题的探讨》。

在这篇长文中，周扬首先强调马克思主义是"发展的学说"，我们对它的正确把握必须通过具体实践，而不能靠教条或者"语录"。① 这实际上是对5年前《实践》一文的呼应。后半部分对人道主义的肯定是周扬真正的贡献，人的解放是马克思主义的最终目的，而解放的对立面就是所谓的"异化"。周扬举例说："由于民主和法制的不健全，人民的公仆有时滥用人民赋予的权力，转过来作人民的主人，这就是政治上的异化，或者叫做权力的异化。至于思想领域的异化，最典型的就是个人崇拜。"② 周扬此说其实已经超出了马克思的异化观，在哲学上并不严谨，③ 但他举的这些例子句句针砭时弊，直入人心。当时《人民日报》的几位负责人王若水、秦川等都是党内的开明派，周扬的话在他们心中也引发了共鸣，在秦川等的努力下，3月16日的《人民日报》用两个版面全文刊登了这篇报告。这样，一个官方报告成了整个社会的热点。与新引进西方思想相比，马克思主义内部的批判和修正或许更为重要，因为当时大部分干部和群众能听懂、能运用的知识资源，首先就是他们浸淫了数十年的马克思主义。周扬等的努力，使得"用民主克服异化"这样的字句在非知识分子中传播开来。

如果我们对新启蒙时期做一个自下而上的纵切，顺次呈现出来的是知识界、党内理论家和高层领导人，观念革新的强度依次减弱，但其政治影

---

① 周扬：《关于马克思主义的几个理论问题的探讨》，《人民日报》1983年3月16日。

② 同上。

③ 马克思所谓"异化"原指"工人在劳动中耗费的力量越多，他亲手创造出来反对自身的、异己的对象世界的力量就越强大，他本身、他的内部世界就越贫乏"这样一种规定性。即使讲得普遍一点，描述客观物反过来统治人本身，也应当符合这一规律。参见卡尔·马克思《1844年经济学哲学手稿》，《马克思恩格斯全集》（第四十三卷），人民出版社1979年版，第91页。

响力依次增强。如果说党外知识界更关心纯粹的理论话语,那么党内领导人要应对的则是写在宪法、党章和政府文件上的政治话语,而"理论务虚会派"这样的党内理论家起到的就是沟通理论话语和政治话语的作用。

80年代中期,随着经济的改革,政府简政放权、计委等部门职能转变等攻坚任务被提上日程,改革自此进入了政治领域。到1986年前后,政治改革成为邓小平等领导人谈话的核心内容,"现在经济体制改革每前进一步,都深深感到政治体制改革的必要性"①。一年后,党内理论班子的主要任务就是为年底的十三大起草政治报告等重要文件,这期间的重要谈话和文件有很多都进入了十三大。"中央政治体制改革研讨小组"② 起草了一篇著名的《政治体制改革总体设想》,十二届七中全会"讨论并原则同意"了,并决定"将这个文件的主要内容写入中央委员会向党的十三次全国代表大会的报告"③。在7月1日建党节这一天,各大媒体重新刊登了邓小平1980年的讲话《党和国家领导制度的改革》。除了这些重要文件,起草组还多次下发草案向党内征求意见,最终形成的成果就是十三大上的政治报告。

这篇报告首次专列了"关于政治体制改革"一节,详谈了党政分开、下放权力、改革政府工作机构、改革干部人事制度、建立社会协商对话制

---

① 邓小平:《关于政治体制改革问题》,《邓小平文选》(第三卷),人民出版社1993年版,第176页。

② 研讨小组和十三大报告起草小组的成员,有很多(如于光远、鲍彤等)是"理论务虚会派"的成员或持同样立场的理论工作者,这也证明他们在党内外观念互动方面的确作用巨大。成员名单参见吴伟《中国80年代政治改革的台前幕后》,新世纪出版社2013年版,第615—620页。

③ 《中国共产党第十二届中央委员会第七次全体会议公报》,《十二大以来重要文献选编》(下),人民出版社1988年版,第1474—1475页。不过要指出,"讨论并原则同意"这一提法说明党内还是有反对意见的,最终的十三大报告相关章节也的确没有像《总体设想》中那么具体。

度、完善民主建设、加强法制建设七点。① 不过可以看出，有些领域的说法很紧迫，如"建议国务院立即着手制定改革中央政府机构的方案"；有些领域则明确提出怎样改革，如建立公务员制度；在民主建设这一点上，显得相对保守，谈的还是"加强"人大、政协和群众团体的工作，并没有明确的指示。反倒是"协商对话制度"引人注目，这是党内高层在民主上的一大创新，报告没有将其列入"民主建设"中，或许正是为了突出其重要性。报告写道："当前首先要制定关于社会协商对话制度的若干规定，明确哪些问题必须由哪些单位、哪些团体通过协商对话解决。"而且，这种制度"应分别在国家、地方和基层三个不同的层次上展开"，并"通过各种现代化的新闻和宣传工具"加强公开报道。② 当时执政者已经注意到了外国的经验，即人均收入在1000—4000美元阶段是社会矛盾高发期，因此，执政党必须将不同集团的不同利益反映到党内来，通过协商予以解决。③ 在二中全会的报告上，我党将协商对话单列为一部分，强调"在当前和今后相当长的时期内"都要重视。④ 从这一创举可以看出，今天热议的协商民主已经有了萌芽。

不过总的来看，十三大提出的政治改革，其重点仍然在于跟经济发展配套的行政和计划领域。到了民主这样涉及国家制度的领域，具体设想就少得多。其实"研讨小组"和十三大后正式组建的政治体制改革研究室提出了不少具体方案，但大多没有了下文，或在最终文件中被缩略为简单几句，《总体设想》就是一例。民意调查是发展民主的一项基础工作，在当时也没得到太多重视，在上海市政府牵头的一次"关于市政府为人民办实事"

---

① 《十三大以来重要文献选编》（上），人民出版社1991年版。
② 同上书，第44页。
③ 转引自吴伟《中国80年代政治改革的台前幕后》，新世纪出版社2013年版，第292—293页。
④ 《党的建设》1988年第5期，第8页。

的民调中，有受访者感叹"三十多年来还是第一次"，① 这反过来说明具体的操作在当时有多么匮乏。

可以说，政治上"要改革"也只是高层的一种"态度共识"，而"怎么改""改到什么程度"是不确定的，甚至是浅尝辄止的——这与知识界的状况也颇为相似。那为什么会如此呢？十三大前后的政治改革将民主观念推进到了何种程度呢？这就需要进入当时"既反左，又反右"的思想语境。

（三）既反左，又反右：高层民主观的定型

很多研究者注意到，80年代的高层政治有某种不稳定性，经常是上半年推进改革，下半年清查批判。其背后的逻辑有二：其一，党内一直存在经济政策上的争论，邓小平等主张的改革以商品经济和市场调节为主轴，而有的主张计划经济为主、市场调节为辅的原有经验。② 双方都是改革开放的推动者，也很少直接对抗，只是对"怎么改"的设想不同。于是我们看到，当打破旧计划体系时是改革派唱主角，而每当市场和物价出现紊乱，保守派便会牵头搞"治理整顿"。其二，无论是改革派还是保守派领导人，都有共同的底线，尤其在政治和意识形态领域，四项基本原则是不可动摇的，资本主义国家政治体制的绝不可接受。可以说，四项原则在经济领域中可能比较"软"，某些市场化改革已经突破了原有的"社会主义"和"毛泽东思想"的框架，但在政治领域中是比较"硬"的，"党的领导"这一地

---

① 丁水木、陆晓文：《抽样问卷调查是发扬社会主义民主的好方法》，《社会科学》1987年第4期。

② 陈云自新中国成立以来就是这种"审慎的计划经济"的主导人物，其国营经济、计划生产和国家市场"三个主体"，个体经营、自由生产自由市场和"三个补充"的划分影响极大，参见陈云《社会主义改造基本完成后的新问题》，《陈云文选》（第三卷），人民出版社1995年版。

位和"人民民主专政"这一提法在当时是不可退让的。所以总的来看，80年代的"反左"是指旧经济观，而"反右"则是我党共同把控住思想政治观念的大局。

在这种格局下，邓小平为政治改革的标准定了调："我们评价一个国家的政治体制、政治结构和政策是否正确，关键看三条：第一是看国家的政局是否稳定；第二是看能否增进人民的团结，改善人民的生活；第三是看生产力能否得到持续发展。"[①] 实际上后两条都是为经济发展服务的，第一条则加上了一个秩序的框架，而类似理解在十三大前后曾多次出现在邓小平的讲话中，我们可以把它概括为"稳定+经济"——这就是当时政改的大前提。所以，十三大报告在论述基本路线时，就给民主加上了这项限制条件："必须以安定团结为前提，努力建设民主政治"，因为"在初级阶段，不安定因素甚多，维护安定团结尤为重要"。[②] 正是这个框架与启蒙思潮的碰撞，形塑了党内的民主观。

早在政治改革启动之前，周扬的报告就曾碰过红线。当年主持过"反修"的理论家邓小平一眼就看出周扬把异化讲得太宽："马克思在什么范围内讲这个，清清楚楚。"对他而言，周扬批得过火了："社会主义异化到哪里去？异化到资本主义？异化到封建主义？"因此，"这不是马克思主义，这是对社会主义没有信心，对马克思主义没有信心"[③]。终于，在10月的中共十二届二中全会上，邓小平发表了以胡、邓的起草为基础的重要讲话。在这篇讲话里，邓小平为人道主义明确划了界："宣传和实行社会主义的人道主义"当然应该，但离开具体情况讲"抽象的人"、讲"资本主义的人道

---

① 邓小平：《怎样评价一个国家的政治体制》，《邓小平文选》（第三卷），人民出版社1993年版，第213页。

② 《十三大以来重要文献选编》（上），人民出版社1991年版，第14页。

③ 同上。

主义"就不行了,"这实际上只会引导人们去批评、怀疑和否定社会主义"。① 除了人道主义,其他思想问题也应当这样思考,邓小平接下来就讲到了民主:"宣传抽象民主",或"把民主同党的领导对立起来"犯的都是同样的错误,背后都是对四项基本原则"抱怀疑态度"。② 二中全会可以说将胡、邓等保守派的想法统一成了全党的共识,纪委、文宣部门、团中央和各大媒体迅速反应③,"清除精神污染"运动由此而来。直至12月,胡耀邦等担心影响到经济和科技领域,运动才逐渐平息。

1986年的精神文明建设是"反左"与"反右"的又一次碰撞,如果说在"清污"中民主观念只是作为人道主义和异化论的附属品有所涉及的话,那么在这一次旨在全面部署,抓四个现代化的"另一只手"④的行动中,"民主"二字就开始成为主题词了。9月的十二届六中全会通过了《中共中央关于社会主义精神文明建设指导方针的决议》(以下简称《决议》),其中一节名为"加强社会主义民主、法制、纪律的教育",明确将"民主"分为"资产阶级民主"和"社会主义民主"两种观念,前者是在反对封建主义的斗争中成长起来的,"是为维护资本主义制度服务的";而后者是在批判资本主义的斗争中更进一步,才是"消灭阶级压迫和剥削"的根

---

① 邓小平:《党在组织战线和思想战线上的迫切任务》,《邓小平文选》(第三卷),人民出版社1993年版,第41—42页。

② 同上书,第42页。

③ 例如《人民日报》就连续发表评论员文章:《高举社会主义文艺旗帜坚决防止和清除精神污染》,《人民日报》1983年10月31日;《清除精神污染也是一种思想解放》,《人民日报》1983年11月12日;《建设精神文明反对精神污染》,《人民日报》1983年11月16日。

④ "精神文明"和"经济建设"是四个现代化"两手",是邓小平在1986年初的说法,参见邓小平《在中央政治局常委会上的讲话》,《邓小平文选》(第三卷),人民出版社1993年版,第154页。

本手段。① 这无疑是一种线性进步的观念史，在这个发展轴中，从"社会主义民主"向"资本主义民主"倒退，自然是一种反动，是"根本违背人民利益和历史潮流"的"资产阶级自由化"。②

《决议》打下了限制民主的思想基础，到1986年底，学潮的爆发刺激政府把思想宣传变成了实际的批判行动。这个时候，一方面由于经济社会矛盾不断显现，另一方面也由于重提政治改革，环境比较宽松，大学和知识界的言辞越来越激烈。他们的主要观点可以总结为"四个不满"：对改革进展缓慢不满；对民主权利太少不满；对党内腐败不满；对知识分子政策落实状况不满。由此又生出了"四个反思"：反思中国革命，认为没有经过资本主义的充分发展；反思社会制度，认为社会主义制度在经济上比资本主义落后，在政治上不如资本主义民主；反思传统文化，认为中国文化应当学习西方；反思教条主义的马克思主义。③ 应当说，这些不满和反思都是有一定道理的，是党内可以协商、引导并批判吸收的，而且像"先经过资本主义发展，再进入社会主义"这种观念，正是基于马克思主义的线性思维，在知识型的意义上与高层是一致的，这恰好证明了这几十年思想教育的一种体现。但把矛头直接指向我党和社会主义观念本身，必然会触及"坚持四项基本原则"这条红线。

当观念表达的形式从演讲、讨论转变为游行和法律已经取缔了的大字报，发生冲突和误解的可能就更大了。12月初，由于对地方人大选举中的某些不民主的做法不满，合肥的大学生率先开始贴大字报和游行，数日之内，北京、上海、武汉等核心城市的大学纷纷响应，讨论变成了学潮。在学潮的冲击下，邓小平与12月30日约见了胡耀邦等主要领导人，态度强硬

---

① 《中共中央关于社会主义精神文明建设指导方针的决议》，《十二大以来重要文献选编》（下），人民出版社1988年版，第1183页。

② 同上书，第1184页。

③ 船夫：《十年学潮纪实》，北京出版社1990年版，第138页。

地发表了又一篇著名演说:《旗帜鲜明地反对资产阶级自由化》。邓小平虽然认为学生"大事出不了",但背后的思想性质是"很重大的"。什么思想出了问题?他谈的主要就是民主:"我们讲民主,不能搬用资产阶级的民主,不能搞三权鼎立那一套。"而出现这种认识的根源,就在于"几年来反对资产阶级自由化思潮旗帜不鲜明、态度不坚决"①。这样一来,资产阶级的民主观念和对其民主制度学习的大门被正式关闭,因为这是造成动荡的根源。②

作为对中央决定的回应,各级政府一方面迅速制定维护秩序的法令;③另一方面,在思想领域再次强调"反对资产阶级自由化"。知识界同样反应迅速,我们可以看到,在1987年初的正式报刊上,学者们几乎异口同声,讲民主的时候头一句都是区分"社会主义民主"和"资本主义民主"。④王若水、张显扬被勒令退党,苏绍智、孙长江被撤职。

1987年中起草的十三大报告,正是在这种"既反左又反右"的大气候定型之后,《党和国家领导制度的改革》一文的重刊和宣传也是到了此时才启动,这也并非巧合。邓小平曾对草案提出要求:"我们不照搬三权分立,你们也没有写要三权分立,但是是不是也搬了一点?主要问题是使行政机构能够有效地工作……这是我们的优势……不能迁就要求

---

① 邓小平:《旗帜鲜明地反对资产阶级自由化》,《邓小平文选》(第三卷),人民出版社1993年版,第194—195页。

② 当然还有经济矛盾等其他原因,邓小平也并未轻视过。但值得注意的是,邓小平在以"反自由化"为主题的讲话中往往做一种较单一的归因,很少提及经济原因。

③ 如《北京市关于游行示威的若干暂行规定》,1986年12月26日北京市八届人大常委会第三十三次会议通过,1986年12月27日起施行,http://law.npc.gov.cn:87/home/begin1.cbs。

④ 如李稼蓬《树立正确的社会主义民主观念》,《学术界》1987年第1期;徐育苗《科学地比较两种民主制度》,《社会主义研究》1987年第3期;许明龙《从选举制度看法国的资产阶级民主》,《世界历史》1987年第3期。

民主化的情绪。"① 这一要求也限制住了民主党派分权的念头,其中一位领导甚至认为他们的政治参与"有无法律约束力"不重要,重要的是"批评、建议本身的质量,是否切合实际,是否能解决问题"②。这些话典型地反映了当时民主党派守好政治界限的心态,当年那种企图分权的"政治设计院"③绝对不会出现了。这就是十三大报告的"民主"板块以改良现有制度为主,而创新只有一段"协商对话制度"的背后逻辑。

　　这种民主观对全社会产生了深远的影响,包括处于新启蒙运动之中的知识界。80年代后期流行起来的"新权威主义"学说,与其说是学者们的创造,不如说是他们对高层理念的总结或对接。新权威主义的一些代表人物,本身就是党内知识分子,例如,以一篇《新权威主义述评》④引起学界热议的吴稼祥当时就在中央办公厅任职,而同样强调"政治稳态"⑤的王沪宁则在几年后调入中央政策研究室任政治组组长。这些学者或分析现状,或引述国外理论,或评说历史,但其核心主张十分明确,在逻辑上由两个方面组成:第一,要在稳定的秩序之下发展经济,而在中国保障秩序最有效的途径就是依靠强有力的领导人;第二,在市场经济成熟到一定程度之后,以选举和竞争为核心的真民主政治才会相应地发展起来。对于很多知识分子,恐怕他们想要的还有后一点——经济发展带来民主政治。无论是党内的吴稼祥还是党外的萧功秦,后来都承认权威是一个过渡性设计,最

---

① 出自吴伟的回忆,参见吴伟《中国80年代政治改革的台前幕后》,新世纪出版社2013年版,第223页。

② 《发挥民主党派的监督作用——访民建中央主席孙起孟》,《瞭望周刊》1988年第11期。

③ 这是"开门整风"时期民盟领导人章伯钧的想法,参见章伯钧《关于成立"政治设计院"的发言》,《人民日报》1957年5月22日。

④ 吴稼祥:《新权威主义述评》,《世界经济导报》1989年1月16日。

⑤ 王沪宁:《社会主义民主政治发展的生态分析》,《天津社会科学》1988年第3期。

终的目标是宪政和民主化。① 所以,"权威"二字也在传播中改变了内涵,领导人和知识界对其核心观点可以说是分别取而用之。不过,大部分党外知识人仍然持新启蒙运动的基本立场,对新权威主义的批评远多于肯定。②知识界和党内高层截然不同的立场,也预示着"反右"的政治运动远没有结束。

(四)"民主"二字泛化与真实含义

当我们检视完80年代民主观念的变迁史,很容易会发现中国人谈论民主时的一个特点——泛化。也就是说,"民主"二字常常出现在各个领域的各个主题中,但其含义变化多端,什么都可以叫民主。以至于,谈论民主的人未必是在讲选举和政治参与这些民主的具体内涵,甚至隐藏着对民主的误解和反对。这种话语习惯在80年代的改革和启蒙中表现出来,一直影响到今天。

前文曾谈及,在当年改革派对抗"凡是派"的时候,"民主"二字就是一大武器。对于当时的邓小平、叶剑英等而言,"民主"指向一种平等、不专断的作风。对那篇《党和国家领导制度的改革》,其主要起草者邓力群曾回忆,邓小平写文章的目的是就批判党内的封建主义,以对抗当时华国锋的"兴无灭资"③,而封建主义主要的表现就是家长制。在这一目标下讲民

---

① 萧功秦:《新权威主义如何走向民主》,《凤凰周刊》2014年第4期;吴稼祥:《从新权威到宪政民主——探索中国特色政治改革理论》,蔡定剑、王占阳主编《走向宪政》,法律出版社2011年版。

② 吴稼祥后来列出了一个很长的批评者名单,而且当时政治思想界"大部分泰山北斗式的人物尽在其中",他也自嘲这场争论为"一边倒的思想战争",参见吴稼祥《从新权威到宪政民主——探索中国特色政治改革理论》,蔡定剑、王占阳主编《走向宪政》,法律出版社2011年版。

③ 即"兴无产阶级思想,灭资产阶级思想"。

主，针对的自然是官僚主义、权力集中、家长制、终身制和特权者五大弊病。① 反过来说，民主的正面内涵就是不摆官僚架子、权力分散、党内平等、任期制和权利平等。与后来所讲的"民主"不同，当时的重点并不在于政治制度。

到了十三大前后的政治改革，"社会主义民主"同样是核心词汇，但其内涵又发生了变化，首先指向一种高效的、开明的领导方式，其次才是对人大、政协等制度的发扬。时任副总理万里发表了一篇引发热议的讲话《决策民主化和科学化是政治体制改革的一个重要课题》。他主张"把决策变成集思广益的、有科学依据的、有制度保证的过程"，所以民主就是其中的"集思广益"，具体而言，是一种"调查研究、民主讨论、集体领导的作风"。② 在效率导向的环境下，再加上很多"右"的东西不能碰，"发扬民主"立足于行政上的效率和作风，自然是合乎逻辑的。由此也不难理解，为什么十三大后的政改中，行政领域的成果远大于政治领域。广受好评的"两公开，一监督"③ 等行政改革，虽然现在看来属于政务公开，但在当时的文件和报刊上，就是"民主"的成效。

当然，在经济改革唱主角的80年代，可能"经济民主"是出现频率更高的一个词。邓小平在三中全会上的报告虽然谈了不少"民主"，也激发了全社会的热情，但就其本意而言，更多的篇幅是在"着重讲讲发扬经济民主的问题"。他所讲"经济民主"，一方面是"发挥国家、地方、企业和劳动者个人四个方面的积极性"，是"更多的经营管理的自主权"；

---

① 邓小平：《党和国家领导制度的改革》，《邓小平文选》（第二卷），人民出版社1994年版，第327—332页。

② 万里：《决策民主化和科学化是政治体制改革的一个重要课题》，《人民日报》1986年8月15日。

③ 即公开现行法规，公开办事结果，群众有权依此监督，是政改室调研之后向中央汇报的经验，参见吴伟《中国80年代政治改革的台前幕后》，新世纪出版社2013年版，第301—302页。

另一方面则是工厂和生产队中的民主权利,"包括民主选举、民主管理和民主监督"。① 但这两个方面差异甚大:前者强调个人或组织对生产资料能够更自由地支配、获取收益,其实是"经济权利"或"经济自由";后者提到的选举、管理和监督,其主体是工人和农民,强调每个人对经济事务的参与甚至当家做主,这才是典型的"经济民主"。经济自由和经济民主不仅是两码事,而且常常发生冲突,因为前者强调财产权优先,而后者强调共同体自治优先,财产权只是从属的。② 而三中全会之后,农村的承包制改革和城市中的企业经营权下放,拓展的显然是经济自由,而非民主。

当然,以工人参与管理为代表的经济民主,作为马克思的一大理论和共产党的理想之一,也一直受到官方的肯定。但这里要说的是,这些观念在政治实践中的命运不能只看报告中的"应然"要求,还要看当时的"实然"情形——当它与经济自由尤其是效率产生矛盾的时候,就很容易被放弃了。如果说最开始的农村改革是以家庭承包为核心,将经济自由"化公为私",并不涉及太多集体和民主的事情,那么1984年以后就不一样了,此时改革重心转移到城市中的国营经济和集体经济,这必然要涉及经济自由和民主管理的取舍。随着国企改制的推进,主流观念变成了效率优先和厂长负责制。用当年《中共中央关于经济体制改革的决定》中的话来说,这是因为"现代企业分工细密,生产具有高度的连续性,技术要求严格,协作关系复杂,必须建立统一的、强有力的、高效率的生产指挥和经营管理系统",所以"只有实行厂长(经理)负责制,才能适应这种要求"。而职工代表大会等民主制度,要做的是"审议企业重大决策、监督行政领导

---

① 邓小平:《解放思想,实事求是,团结一致向前看》,《邓小平文选》(第二卷),人民出版社1994年版,第145—146页。

② Robert Dahl, *A Preface to Economic Democracy*, Polity Press, 1985, pp. 162 - 163.

和维护职工合法权益等方面",并不居于主导地位。① 到了地方的实践中,两者的地位差别更是明显。北京市总工会曾发表一篇《试行厂长负责制与加强民主管理》的报告,但提到职代会时基本都是在提"怎样体现职工意志"这种问题,反倒是党委和厂长的工作有了"可喜的成就"②。而另一份基层企业的报告为"加强民主管理"送上了四条经验,但其实全是在讲计件工资和奖励办法,它们可以"使群众更积极"③。但这与民主又有什么关系呢?无怪乎一些单位在汇报成绩的同时承认,"民主评议"往往变成了"走形式"和"花架子"。④

如果我们把目光投向知识界和社会,会发现对"民主"二字的含义更庞杂,被泛化理解的现象更多,可以说"民主"二字传播有多广,这些误解就有多常见。除了在官方思想引导下的经济民主、党内民主和决策民主,还可以看到一些独特的"民主"概念:学者们高呼"学术民主",⑤ 艺术家们颂扬"艺术民主",⑥ 其实指的都是独立思考、创作和发表的自由;法官将当事人的诉讼权利称为"人民的民主权利",将法制的健全归入"社会主义民主进步"之中,⑦ 说明连法律界也尚未形成严格的权利和法制意识;甚

---

① 《中共中央关于经济体制改革的决定》,《十二大以来重要文献选编》(中),人民出版社1986年版,第576—577页。

② 北京市总工会:《试行厂长负责制与加强民主管理》,《企业管理》1984年第11期。

③ 大连第一建筑工程公司工会:《实行经理负责制后如何加强民主管理》,《施工企业管理》1985年第1期。

④ 佟玉春:《民主评议干部中存在的问题》,摘自齐齐哈尔钢厂职工思想政治工作研究会编《政工通讯》1986年第4、5期。

⑤ 如徐震《扫除学术民主的障碍》,《复旦学报》(社会科学版)1979年第2期。

⑥ 如《人民音乐》在1978年末为学习《实践是检验真理的唯一标准》而召开的"发扬艺术民主加强艺术实践"座谈会,而当时几乎所有文艺组织都在热议"艺术民主"。

⑦ 沈宗汉:《增强民主观念和法制观念改进审判作风》,《人民司法》1982年第9期。

至在最讲求时效、机密性，与民主最不相容的军事领域也这么讲，在解放军编纂的政治工作总结中，也常常将抗美援朝战争中的将领们的讨论和商议称作"军事民主"。①

为什么人们习惯将一切正面价值都称为"民主"呢？其中一个原因当然是思想解放不久，很多文论全面有余而深入不足，如前所述，这正是新启蒙的特点之一。另一个原因更值得注意，那就是在现代中国政治中，总有一种"打旗号"的话语习惯。"民主"作为一种崇高的象征和旗号，总有巨大的能量和号召力，无论它是否真的在施行。因为一旦打上了民主的旗号，就意味着站在"人民"或者绝大多数一边，有着天然的合法性和道德高度。② 这种打旗号的做法，在政治运动中会形成"多数暴政"的道德压力，给异见人士带来无法反抗的迫害。此外，民主这种公认的理想也会为改革和良政赢得话语权，争取党内左右翼、社会各阶层的支持，例如80年代的历次政改。不过，到了真正建设民主的时候，这种空泛理解的局限性就会表现出来了：似乎每位官员都在搞民主，但总会有人觉得他做的不是民主，或不符合启蒙思潮中模模糊糊浮现的西方民主的面貌；似乎每个提意见的人都懂民主，但其内容却很少涉及民主的具体制度。说得严重一点，这是一种恶性循环，表面上的热闹不仅掩盖了真实观念的肤浅，还会将改革的调门越抬越高，说得极其完美，实践上却难以满足也难以沟通，结果对抗越来激进。

在80年代末的学潮等社会运动中，这一点表现得最为明显。对于抗议者而言，所谓"民主"的要求往往是"打倒××"或"××下台"，而很少是选举、三权分立和这些具体的制度诉求；对于政府官员而言，他们可

---

① 中国人民志愿军抗美援朝战争政治工作经验总结审编小组编：《中国人民志愿军抗美援朝战争政治工作经验总结》（第一册），解放军出版社1987年版。

② 当然，上述"文革"中的对话双方之所以竞相宣称自己符合"大民主"，除了"人民"的道德压力，毛泽东的政治压力也是重要因素，只不过这里强调的是前者。

能觉得自己干了不少"民主"的事情,但却与民众的呼声相去甚远。1988年的一次抽样调查显示,大部分民众眼中的政改目标是"廉洁"和"提高人民生活水平","建立民主制度"排第三,只有14.5%的人支持,而选择"保障公民自由和权利"的人只有5.7%;当问及领导人需要什么条件时,超过80%的人看重"廉洁奉公"和"富有才干",而"遵守法律"只有8.1%的人选择,其他要求就更少了。[1] 可以说,当时的民众最关心、最了解的都是官员腐不腐败、经济好不好这些实用性的结果,而非程序性的民主。

无独有偶,法国哲学家巴迪欧近来也提出了一个类似的命题:"民主的象征化"(democratic emblem)。他讽刺道,无论你怎样批判社会,无论你对政治懂与不懂,只要以"民主"为名,你似乎就站在了真理一边。这种象征性的民主是虚伪的,只能满足一时之欲,其实是对真实世界(le monde)的逃避。[2] 作为西方左翼思想的领袖,巴迪欧此言自然是为了批判当今代议制民主,憧憬一种每个人脱离了资本统治、真正独立行动的政治生活。虽然巴迪欧言辞略显偏激,设想也有些不现实,但他看到的这一规律无疑入木三分。我们可以接着他说下去:民主的空泛化、象征化并不限于资本主义世界和代议制,在中国这样正在建设民主的国家中也很常见,甚至一个完全专制的国家也有可能处处打着民主的旗号,因为民主在今天已经成为一个神圣的象征。而且在转型国家中,民主空泛化的负面作用可能更大,因为那里往往缺乏一个基本的公共空间和互动机制去消化这些口号和情绪——即使是象征性的选举民主。巴迪欧所说的"虚伪"更应该看作一把

---

[1] 张明澍:《中国"政治人":中国公民政治素质调查报告》,中国社会科学出版社1994年版,第46—47页。但后一个调查需要指出,缺少"经过选举"这一代表"民主"的选项,而强调作风和能力的选项过多,也可能导致调查结果有偏误。但这也说明,或许连研究者自己都不能时时意识到民主程序的重要性。

[2] Alain Badiou, The Democratic Emblem, in Giorgio Agamben et al., *Democracy in What State*? Columbia University Press, 2011.

量尺，如果说代议制这种"不完全"的民主算是"比较虚伪"，那么完全缺乏制度和观念支撑的口号式民主，在他的眼中定是"十分虚伪"。回过头来，中国的民主观念能否克服泛化与"虚伪"的困境呢？是逐渐落实到具体的政治实践，还是继续南辕北辙呢？这已经不是浅尝辄止的80年代能回答的问题了。

（五）80年代的终结与特点

1989年的政治风波宣告了80年代的终结，也导致了人大差额选举、党政分开、协商对话制度等很多政改措施暂停甚至后退。对于官方，四项基本原则不可动摇，而且随着一次次的"反右"，他们对"民主化""三权分立"这些词汇①越来越警惕；而对于民主派，他们也没有积累出"中国特色"的民主话语用以和官方沟通，"民主"二字的泛化使他们的所指和官方常常相去甚远。在这种错位的语境下，人们很容易认为抗议者的思想全被"西方"俘虏，或者想搞宏大而不切实际的全盘革命。这加剧了双方的互不信任，也加剧了运动中话语的攻击性和激进化。而此前最擅长沟通观念、最适合出面实行"协商对话"的党内改革派和政改室、"三所一会"②等官方智囊，其党内行政身份既是便利，也是风险，往往使他们直接面对保守派的责罚，最后这几个机构及其核心人物全部成了风波的牺牲品。

更重要的是，所有人都刚从乌托邦理想和激进政治运动中走出，而除人大选举外的民主尝试又遭到限制，这无疑使得运动双方都缺乏对话和妥

---

① 在中央编辑并随后向社会公布的学潮材料中，"三权分立"和"多党分权"再次成为批判的焦点，参见中共中央宣传部编《动乱真相与"精英"的表演》，人民出版社1990年版，第108、125页。

② 即中国经济体制改革研究所、农研中心发展研究所、中信国际问题研究所和北京青年经济学会，这些机构均由党内理论干部牵头，其成员兼收党内外知识分子。

协的技艺，激进的口号和强硬的手段总会赢得更多听众。① 总而言之，在新议题面前缺乏政治成熟。诚如阿克顿所言，"妥协是政治的灵魂"②，参与者众的民主政治尤其如此。民主观念的进一步发展，需要具体而微的自由争鸣和基层实践的培养，这一任务至今仍然紧要。

最后，在80年代的民主观念变迁中，可以看到如下三个特点。第一，民主观念历经意识形态化讨论、西化启蒙、规制引导和泛化消散等几阶段，"民主"二字逐渐变得家喻户晓。不过政治口号多于深入分析，言谈多于具体实践，在实践上主要做的仍是恢复和健全现有的制度，新观念转化为具体制度并存续下来的很少。民主观念的深化和落地，既需要高层的进一步思想解放，也需要与改革中不断增多的组织及其具体利益结合起来。

第二，观念的传播、引导和限制，都强烈表现出自上而下的趋势，这是由于中国刚刚开始从全能主义模式中走出。在"左右震荡"的政治进程中，改革派与"反左"占主流时，这种自上而下、党内知识分子带头讨论的风气起到了积极的作用，有利于上层的观念传至知识界和基层、吸收意见，也有利于下面的新观念影响党内、形成具体制度；但在保守派和"反右"占上风之时，自上而下的控制同样严厉，知识界和基层很即使存有不同意见，也很难有空间发声，只能等到下一轮改革时"释放"出来。这种上层影响力大于中下层的结构也影响了当时的民主观，无论是偏保守的新权威主义，还是激进一些的民主运动，他们的所有希求都寄托在执政精英身上，要么希望他们自我改革，要么希望他们出面对话、回应民众的要求。当90年代逐渐发育的市场和社会改变了这种结构，这种观念将发生较大的改变。

---

① 对激进派压倒温和派的过程讨论，参见邹谠《二十世纪中国政治——从宏观历史与微观行动的角度看》，香港牛津大学出版社1994年版，第179—195页。

② ［英］约翰·阿克顿：《自由史论》，胡传胜等译，译林出版社2001年版，第181页。

第三,"民主"二字的具体所指,远比一般想象的要多。从党内作风、行政效率到经济分权,从自由、权利到法制,常常都以"民主"为名。这也要求任何考察都必须深入当时的政治语境和具体实践中,而不能在纸面上"就观念谈观念"。或许这是中国这个大国的独特之处,政治观念在自上而下、自下而上的传播过程中,泛化、变异和被利用在所难免。这种不同内容甚至不同立场的政治实践利用同一份文件和同一个名词来谋生存的现象,将持续存在于此后的政治过程之中。

◇二 20世纪90年代——社会中层的崛起与分化

(一)整顿、反思与潜流

1989年之后是改革开放以来政治领域最保守的一段时间,而此时严峻的国际政治气候又加剧了这种保守化认识。1989—1991年,东欧社会主义国家都发生了民主化的改革或政变,变化的突然性和广阔程度超出了当时东西方所有观察者的预料。东欧各国之间的社会抗争和民主化都在相互影响、相互激励,这被亨廷顿称为"滚雪球的示范效应"[1],而刚刚度过危机的中国领导人,担忧的正是这种示范效应。在邓小平看来,"西方国家正在打一场没有硝烟的第三次世界大战""要社会主义国家和平演变",[2] 正是这种"国际的大气候和中国自己的小气候"共同造就了危机。[3] 在风波刚过去

---

[1] [美]塞缪尔·亨廷顿:《第三波——20世纪后期民主化浪潮》,刘军宁译,上海三联书店1998年版,第54页。

[2] 邓小平:《坚持社会主义,防止和平演变》,《邓小平文选》(第三卷),人民出版社1993年版,第344页。

[3] 邓小平:《在接见首都戒严部队军以上干部时的讲话》,《邓小平文选》(第三卷),人民出版社1993年版,第302页。

的6月9日，邓小平在代表中央接见戒严部队干部时肯定了十一届三中全会和十三大的路线，但着重强调的是"一个中心，两个基本点"①的讲法；在总结问题时，强调的主要是思想政治教育的失误。②也就是说，他们将问题界定在了政治和思想领域，而经济领域的改革与危机没有本质性联系，是可以坚持的。在此后的6月24日，十三届四中全会召开，刚刚接任中共中央总书记的江泽民明确表态：接下来中国的民主法制建设，"决不能离开社会主义的方向和轨道，决不能引进西方资产阶级的那套所谓民主、自由的制度"③。与此同时，《人民日报》发文《旗帜鲜明地坚持四项基本原则》，④各大媒体也集中刊载邓小平等领导对此的谈话，各级政府、单位、企业也立即组织学习。短时间内，整个社会被画了一道思想红线。

不过面对政府久未有过的合法性危机，只"堵"不"疏"绝非解决问题的办法。如果说"四项基本原则"是党内高层在思想和政治领域的"堵"，那么"改革开放"仍跟以前一样，意味着经济和行政领域上的"疏"。1989年7月，中央宣布要"做几件群众关心的事"，第一件是经济领域，清理整顿公司以"解决分配不公"；而其他6件全部指向政府的腐败：制止高干子女经商、取消食品特供、按规定配车、禁止请客送礼、控制领导出国以及查处贪贿案件。⑤而在11月的五中全会上，中央通过《关于进一步治理整顿和深化改革的决定》，承认"党中央、国务院对我国经济生活中出现的困难和问题负有重要责任"，决定用接下来的"三年或更长一

---

① 即"以经济建设为中心""坚持四项基本原则"和坚持改革开放。

② 邓小平：《在接见首都戒严部队军以上干部时的讲话》，《邓小平文选》（第三卷），人民出版社1994年版，第62页。

③ 江泽民：《在党的十三届四中全会上的讲话》，《江泽民文选》（第一卷），人民出版社2006年版。

④ 《人民日报》社论：《旗帜鲜明地坚持四项基本原则》，《人民日报》1989年6月23日。

⑤ 《中共中央、国务院关于近期做几件群众关心的事的决定》，《十三大以来重要文献选编》（中），人民出版社1991年版。

些时间"进行治理整顿。而治理整顿的六大目标全部在宏观经济领域：降低通胀、控制货币、平衡财政、保持增长、改善产业结构以及完善宏观调控体系。①"腐败"和"经济"两项议题在学潮中的戏份不亚于"民主"，而且前面可以看到，对于知识界以外的大部分民众，腐败和物价这种看得见、摸得着的社会后果，往往比泛化而抽象的观念更令人关心。②应当说，党内高层将工作重心放在这两个领域，显然也是对风波中的抗议和教训有所吸收，这样的宣传对于争取大多数城乡民众的认同也颇有成效。只不过，经济调控和腐败问题只是相对不敏感、好操作，而不意味着容易解决。在当时"计划—市场"双轨制的大背景下，执行政策的党政干部本身就是最容易钻空子的群体，在暂时没有成熟的政治和法律制度的情况下，一轮一轮的政策和号召不可能从根本上解决问题。③

与基层民众不同，知识界和大学再次成为"堵"和"教育"的对象。根据之前几次会议的基调，中央在1990年下发了一系列关于知识分子的文件，文件强调"四项基本原则同资产阶级自由化的对立和斗争将长期存在"，而知识分子一方面通过学习"在改造客观世界的同时改造主观世界，做到又红又专"，另一方面还要坚持"与实践相结合，与工农相结合"。④与

---

① 《中共中央关于进一步治理整顿和深化改革的决定》，《十三大以来重要文献选编》（中），人民出版社1991年版。

② 赵鼎新在20世纪90年代进行的回访也得出了类似的结果，市民在运动中更关心绩效合法性，而知识分子和大学生要加上意识形态和选举合法性，参见 Dingxin Zhao, *The Power of Tiananmen: State-Society Relations and the 1989 Beijing Student Movement*, University of Chicago Press, 2001。

③ 当然，按制度主义的经验，"政策"做得多了也会变成稳定的"制度"，但这是一个漫长而充满偶然的过程，绝非两三年的强行整顿可以完成。参见［美］詹姆斯·马奇、［挪威］约翰·奥尔森《重新发现制度：政治的组织基础》，张伟译，生活·读书·新知三联书店2011年版。

④ 《中共中央关于进一步加强和改进知识分子工作的通知》，《十三大以来重要文献选编》（中），人民出版社1991年版。

此同时，很多与风波有牵连的科研单位，如中国社会科学院的马列所和政治学所，都进行了人事调整甚至机构重组，很多学术刊物也短期停刊。

整顿教育的结果暂时是成功的，在20世纪90年代的头几年间，国内大多数学术期刊和报纸在谈到民主时，基本都不再发表出格的言论，只在官方设定的主题范围内发声：如重申社会主义民主、人民民主与资本主义国家的区别[1]，批判苏东的民主社会主义路线[2]，或强调遵循法制对民主的重要性[3]。这些论著有些是无甚论证的应景之作，但也有一些确有其道理，问题在于，行文中的宣传性语言多于学理研究，讲"坚持"和"加强"的远远多于讲"如何改进"的。

不过，有一类知识群体较少受到国内环境的影响，那就是海外的华裔学人，他们也率先开始了对80年代各式运动的反思。如果说之前的新权威主义是对当下现实的反映，那么这场争论便开始把目光投向了整个现代历史。林毓生在其1979年的英文著作《中国意识的危机》中，批判五四以来全盘否定传统、试图以西化解决一切社会问题的文化激进主义，认为这是造成"文革"等政治灾难的思想根源。[4] 此书在80年代末被译为中文，在沉浸于启蒙与"文化热"中的大陆知识分子中引发了巨大震动。1988年，余英时在香港做了一场演讲，与林毓生遥相呼应，认为80年代的新启蒙运

---

[1] 如李培湘《简论两种民主的根本区别》，《高校社会科学》1990年第5期。在学术会议上，这也是必须首先声明的基调，如蒋兆康《中国法学会法学基础理论研究会第四次年会综述之一》，《中国法学》1990年第5期；肖少秋、张进勇《全国党校纪念建党70周年理论研讨会观点综述》，《党校科研信息》1991年第19期、第Z2期。

[2] 如周新城《民主社会主义若干理论观点评析》，《学习与研究》1991年第9期；俞思念《"民主社会主义"的缘起与本质》，《社会科学研究》1992年第4期；杨苓华《浅谈民主社会主义的"走红"》，《当代世界社会主义问题》1992年第2期。

[3] 如孙国华《民主建设必须纳入法治轨道》，《中国法学》1990年第5期。

[4] Yusheng Lin, *The Crisis of Chinese Consciousness: Radical Anti-traditionalism in the May Fourth Era*, University of Wisconsin Press, 1979.

动也是一轮激进主义思潮。① 1992 年，余英时等的观点已在国内思想界有所传播，90 年代的第一波思想争论随之展开。

评判民主等观念的维度之一就是它们在思维和实践上的激进与保守，事实上也正是 80 年代的思想和民主运动催生了这场争论。不过很容易发现，这些学者对"激进"和"保守"的定义和论证十分不同。余英时说"保守就是要维持现状"②，这是一种态度，只是程度可能因人而异，因此"激进"则是五四新文化运动以来全盘改变现状，甚至推翻传统的态度，这种幻想主宰了 20 世纪的进程；但姜义华列举的保守主义则泛指各种"封建专制政治的遗毒"，③后来他总结出了十一波"政治保守主义"，从 20 世纪初梁启超的开明专制论，直到新权威主义和 1990 年以来的保守政治，他们的"共同武器"是"稳定""秩序"和"效能"，要对抗的则是"政治民主主义"，④在这种限制下，"激进"的民主政治自然是"太少了"，而不是像余英时所说的"太多了"。正如余英时在回应中所说的，他关注的只是思想态度，而姜义华论述的"政治保守主义"包含了形形色色的政治专制，两者不在一个层面上。⑤甚至可以说，论辩双方都是赞同民主和现代化、反对专制的，只是对其具体障碍的解读不同。

还有一个最核心的哲学悬疑：保守主义要求我们"保守"什么？诚如保守主义旗手奥克肖特所言，"保守"二字指的"不是一个信条或一种学

---

① 余英时：《中国近代思想史上的激进与保守——香港中文大学 25 周年纪念讲座第四讲》，李世涛主编《知识分子立场——激进与保守之间的动荡》，时代文艺出版社 2002 年版。

② 同上书，第 3 页。

③ 姜义华：《激进与保守：与余英时先生商榷》，（香港）《二十一世纪》1992 年 4 月号。

④ 姜义华：《20 世纪中国思想史上的政治保守主义》，李世涛主编《知识分子立场——激进与保守之间的动荡》，时代文艺出版社 2002 年版。

⑤ 余英时：《再论中国现代思想中的激进与保守》，（香港）《二十一世纪》1992 年 4 月号。

说，而是一种气质"，它"使用和欣赏现成可用的东西，而不是希望和寻找别的什么"。① 当这种"气质"移植到中国学者的观念中，而中国学者又处于一个剧烈变革、传统破裂、一切都不确定的时代，问题就来了：我们"可用的东西"到底是什么？对于中国而言，保守的气质只是问题的一半，问题的另一半——"信条和学说"——仍然悬而未决：到底保守古代的儒家传统、启蒙运动中的观念，还是学习奥克肖特寻找英国传统和公民联合②？不回答这一问题，争论就只能停留在"态度"和"变革速度"的层面，而难以评判民主这种具体观念、具体实践的对错成败。可以说，这场争论只是沉寂的大陆知识界在海外学者冲击下的一次思想试验，是后面更大规模、更深层次争论的前奏和潜流。

整顿时期埋藏的另一潜流，就是逐渐开始落地生根的基层民主。城市和乡村的民主改革是之前政改的组成部分，经过数年准备，1988年11月六届人大常委会通过了《村民委员会组织法（试行）》，隔年又通过了《城市居民委员会组织法》。③ 风波过去之后，中央各单位派遣人员，调查《组织法》的实施情况。其中对坚持基层民主起到决定性作用的，是1989年底由人大、中组部、政研室和国务院各部联合组成的调查组。当第二年民政部将报告拿给已经退休的彭真后，彭真直白地指出："现在，在基层，有人管工人，有人管农民，但群众怎么管干部？……关于乡政权的设置，要有一

---

① ［英］迈克尔·欧克肖特：《政治中的理性主义》，上海译文出版社2004年版，第126页。

② 公民联合基础之上的法治正是奥克肖特所保守的内容，可见真正的保守主义者并非不关心"东西"本身，更不是无条件地承认现状。参见 Michael Oakeshott, *On Human Conduct*, Clarendon Press, 1991.

③ 《中华人民共和国村民委员会组织法（试行）》，1987年11月24日六届人大常委会第二十三次会议通过，1988年6月1日起施行；《中华人民共和国城市居民委员会组织法》，1989年12月26日七届人大常委会第十一次会议通过，1990年1月1日起施行。均引自中国法律法规检索系统 http://law.npc.gov.cn:87/home/begin1.cbs。

条原则，就是要让群众看得见，摸得着，管得住，保证人民当家作主。"①党内元老在这个问题上的开明态度，给民政部和基层政府吃了一颗定心丸。到三年整顿结束时的1992年，农村民主已粗具雏形，全国有21个省、自治区和直辖市配套制定了省级的《组织法》。②

在民主缓行的大环境下，农村领域成为一块宝贵的试验田，无论在观念上还是在实践中。政府在这个领域的开放态度激发了部分学者，他们暂时放下对宏大问题的追逐，去基层中做一些小规模的、易于推进的政治活动，这被他们自称为学术的"重心下沉"③。更重要的是，对于政府高层而言，赞同改革农村，就意味着他们赞同④选举与社会主义教育、与党的权威可以并行不悖，这一认识较之党内保守派和新权威主义那种"选举民主与权威对立"的二分法认识，是一个难得的进步。

社会学家迈克尔·曼对政治权力的运行方式有一个经典划分：精英任意妄为的专制权力和建立在基层制度之上、能够渗透社会的基础性权力，而只有后者才能真正让社会生活"归化"（naturalize）于国家。⑤ 照此看来，农民们在毛泽东时代闹"退社"和改革时期的小规模骚乱，虽说都起于经济原因，但背后的逻辑都是基础性权力暂时失灵了，无法说服农民相信现行政策，所以只能通过一次次带专制权力色彩的运动来压制或教育，最后往往治标不治本。其实在大部分时期，中国共产党的基层影响力是很强的，迈克尔·曼在后来研究中国革命时也承认，正是在基础性权力上的建

---

① 《彭真年谱》（第五卷），中央文献出版社2012年版，第459—460页。
② 统计出自梅丽红《当代中国民主政治建设——中国共产党探索之路》，上海交通大学出版社2003年版，第267页。
③ 出自徐勇《重心下沉：90年代学术新趋向》，《社会科学报》1991年11月14日。
④ 至少是"希望"，抱着试试看的心态。
⑤ [英]迈克尔·曼：《社会权力的来源》（第二卷上），陈海宏等译，上海世纪出版集团2007年版，第68—72页。

设成败不同,共产党最后才战胜了国民党。① 事实上彭真等长期负责农村工作的领导人摸索出来的正是这个逻辑,只不过他们用的词是颇具中国特色的"群众路线"。彭真在革命时期建设边区时就致力推广基层选举和"三三制",② 将其看成"镇压敌伪汉奸活动和抵抗日寇侵略的民族斗争的武器"和"在政权中占优势的阶级进行阶级斗争的武器"。③ 在80年代,作为改革派元老的彭真在领导《组织法》相关工作时,也常说直选不是"新东西",而是过去的成功经验,也就是说在意识形态上是安全的。更重要的是,对于国家而言,这是"加强政权建设"的必由之途,因为由政府直接控制每个村的想法,"事实上很难完全处理适当,往往事倍功半,而且根本不能达到扫除几千年封建残余影响的目的"④。虽然彭真的话带有很强的工具性意图,但重要的是他认识到了"民主"和"加强政权"的联系。这种开明的观念为推行选举制度奠定了基础,也使得此后,农村成为高层、知识界和民众在"民主"这个敏感领域上难得的共鸣之处和试验场所。

(二) 南行带来的共识与分化

如果说 1989—1992 年的整顿重心是"四项基本原则",那么 1992 年春邓小平南行的目的,则是在政治格局稳定之后,重新将"改革开放"这一点放到首位。在南方谈话中,他一方面强调"基本路线要管一百年,动摇

---

① Michael Mann, *The Sources of Social Power*, Volume 3, Cambridge University Press, 2012.
② 即在基层政权的领导岗位中,共产党员、党外进步分子和中间分子各占1/3。
③ 彭真:《晋察冀边区各项具体政策及党的建设经验》,《彭真文选》,人民出版社1991年版,第17页。
④ 彭真:《通过群众自治实行基层直接民主》,《彭真文选》,人民出版社1991年版,第610页。

不得"①，另一方面将话题引导了经济改革上："为什么'六·四'以后我们的国家能够很稳定？就是因为我们搞了改革开放，促进了经济发展，人民生活得到了改善。"② 在当时保守风气弥漫全国的情况下，邓小平的南方谈话避免了与高层保守派的直接冲突，借地方领导人和党外媒体之口传达自己的意思，这一点跟1978年很相似。据时任国务院副总理田纪云的回忆，当时党内质疑改革的声音非常强："一是借'农村社会主义教育'的名义，否定农村改革的伟大成果；二是以'反和平演变'的名义，全面否定十一届三中全会确定的改革开放路线。"③ 邓小平的讲话一出，北京的一些经济工作具体负责人迅速响应他的观点，田纪云在中共中央党校的报告中，将经济问题看作比动乱和"和平演变"更要紧之务："苏联的垮台……最根本的原因是它那个模式的社会主义没有创造出比资本主义更高的生产力发展水平，没有给人民带来幸福，失去了广大人民群众的支持。如果说苏联的垮台是由于出了个戈尔巴乔夫，那么罗马尼亚、阿尔巴尼亚并没有戈尔巴乔夫，为什么也垮台呢？"④

社会上首先报道邓小平讲话的仍然是较自由的香港媒体，而相对谨慎的《人民日报》到了2月末才发表社论，传达邓小平"改革胆子再大一点"的号召。⑤ 到了3月末，《深圳特区报》对邓小平的长篇报道《东方风来满眼春》被新华社等海内外媒体大规模转载、讨论，而田纪云等互相呼应的讲话也在社会上传播开。此时，整个中国社会都已收到了明确的信号：

---

① 邓小平：《在武昌、深圳、珠海、上海等地的谈话要点》，《邓小平文选》（第三卷），人民出版社1993年版，第370页。
② 同上书，第371页。
③ 杜明明、徐庆全：《田纪云谈1992年中央党校讲话》，《炎黄春秋》2009年第3期。
④ 田纪云：《中国农业和农村的改革与发展问题》，《中国农业和农村的改革与发展》，中国农业出版社1999年版，第689页。
⑤ 《人民日报》社论：《改革的胆子再大一点》，《人民日报》1992年2月24日。

重启经济改革。到1992年10月的中共十四大上，经济改革成为不可动摇的总路线。江泽民的报告将社会主义的"本质"解释为"解放生产力，发展生产力，消灭剥削，消除两极分化，最终达到共同富裕"①。相关的论述不仅成为党章总纲的主题，也逐渐占据了新闻和报刊，写进了大、中、小学的教材和各单位的考核大纲，至今已成为大部分中国人谈论政治的标准话语。

南方讲话精神的直接效果就是将经济领域各项或明或暗的自由化改革，尤其是"市场经济"这个提法合法化，市场红利也迅速给各个阶层带来了大量的财富和享受。到了90年代中期，全社会从上到下再次形成一个基本的共识，而且这一共识不是态度上的，而是有着严格的指向：以经济建设为中心。但政治领域的改革，除了对现有制度的例行汇报，就很少再出现了。邓小平和江泽民本是为了避开保守派关于在"姓社姓资"和"计划市场"上无休止的炮火才提出"不争论"，但"不争论"在逻辑上有两个结果：一是对于已在推行的事情不要怀疑，放手去做，在经济领域就是如此，如邓小平所言："不争论，是为了争取时间干。"② 二是对于此前明令禁止的事情，"不争论"也不怀疑，似乎就意味着什么都不做了。尤其是"民主"二字，似乎已被大家有意无意地忘记了，"稳定+经济"的观念较之80年代更具支配性了。在最初市场和物质主义几乎给每个人都带来收益的情况下，诚如高层所预测的那样，经济发展带来了稳定和群众的支持。

财富的增长同样覆盖了知识界，但平均收入的增长并不意味着内部差距不大，更不意味着社会地位的提高。况且，很多知识分子不会仅仅因为物质进步而满足。对于知识界而言，经济利益与其说带来了共识，不如说

---

① 江泽民：《加快改革开放和现代化建设步伐，夺取有中国特色社会主义事业的更大胜利》，《江泽民文选》（上），人民出版社2006年版，第219页。

② 邓小平：《在武昌、深圳、珠海、上海等地的谈话要点》，《邓小平文选》（第三卷），人民出版社1993年版，第374页。

埋下了分裂的种子。一方面，随着学术共同体的扩大和复杂化，学者们的知识积累和观察视角也产生了分化。大学和科研机构与日俱进的专业化、市场化、指标化，使他们变成了不同的"专家"，每个人往往只负责某个学科的某一领域，很少有人能像80年代那样纵横捭阖，行文跨越各个领域。而经过多年整顿之后，纯粹的学术研究和"学术界"，也和围绕官方意识形态来活动的"理论界"拉开了距离，之前那种影响力横贯党内外的人物越来越少。当年的启蒙者李泽厚再次敏锐地观察到："学问家凸显，思想家淡出。"① 另一方面，知识界内部的地位和立场也拉开了距离，因为他们中间那些接近政治权力之人、熟识商界富豪之人以及本身就是领袖的著名学者，与其他人的经济收入和社会地位差距越拉越大。当知识与外界的权力和资本运作联系得越来越紧密，一个更大的改变发生了，"知识不再以知识本身为目的"②，而是可以在某种供求关系的支配下，完成申请、预订、生产乃至包装推销等环节。③

1993—1995年，文学界的"人文精神"讨论就是这一市场化过程激发的思想反叛。这场争论虽然与学术研究和社会科学没有直接联系，但似乎预示着市场化过程将在各个领域引发巨大的思想风浪。一言以蔽之，大声疾呼人文精神的王晓明、张承志等人，将市场化和物质主义视为其失落的根本原因；④ 而作为反方的王蒙明显表示出对人文精神可能导致当年那样的"文化专制"的警惕，在他看来，以王朔为代表的"不歌颂真善美也不鞭挞

---

① 李泽厚：《致〈二十一世纪〉杂志编辑部的信》，（香港）《二十一世纪》1994年6月号。

② 此语出自让-弗朗索瓦·利奥塔《后现代状况》，湖南美术出版社1996年版，第36页。

③ 但这并不意味着我们可以将这一逻辑推至极端，认为学者都成了不同权力和资本所有者的"代言人"。如前所述，很多分化是因为个人认知的局限和价值认同的多元化。

④ 王晓明：《"人文精神"论争与知识分子的认同困境》，陈清侨编《身份认同与公共文化：文化研究论文集》，香港牛津大学出版社1997年版。

假恶丑乃至不大承认真善美与假恶丑的区别的文学"颇有新意,①而市场经济对当下中国发挥着解构乌托邦、肃清专制遗毒的积极作用。②显而易见,双方对当时中国主要问题的不同界定,导致了他们对文学角色的不同看法。如果文学的问题在于道德和真善美的沦丧,那么当然应该倡导人文精神,只不过不能以专制的手段强加于人;如果文学的敌人是政治和思想上的专制,那么创作自由和市场化自然是最佳的选择,但与此同时,市场化会不会也有某种意义上的压制和扭曲,也是一个悬而未决的问题。

知识界的分化带来了不同的视角,发现了不同的问题,于是产生了不同的解决方案和新观念。相同的逻辑很快就在"民主"这个被暂时遗忘的老问题上应验,这便是20世纪90年代末21世纪初的"左右之争"。

(三) 左右论战：自由民主与大众民主之间

90年代的独特变化在于,少数知识分子已经能独立生产有影响力、能与官方竞争的观念和知识了。同时,学术研究和媒体传播的专业化和多样化,也改变了80年代那种"改革"与"保守"二元对立、"姓社"的民主与"西方"的民主二元对立的简单格局。此时知识界的左右之争,早已不是态度上"要不要改革"的争论,而是关于"在哪个领域""怎样改革"和"谁来改革"的争论。而被高层和社会③淡化了的民主改革,被知识界重新提上了日程。

对于大多数学者而言,重新研究民主首先意味着更客观、更深入地吸收国外的经验,而20世纪下半叶西方发达国家的主流民主观正是"自由民主",即以保护个人自由为目的的、以宪政法制为框架、以代议制为公民

---

① 王蒙:《躲避崇高》,《读书》1993年第1期。
② 王蒙:《人文精神问题偶感》,《东方》1994年第5期。
③ 当然,开始尝试选举的村民除外,这里的民众更多指城市精英和中产阶级。

参与手段的现代民主制。这一经典自由主义理论的很多重要思想家及其著作，从十八九世纪的柏克①、托克维尔②、贡斯当③，到20世纪的熊彼特④、哈耶克⑤、萨托利⑥，都在90年代前后被集中引入国内。另外，当时的市场化大潮使得全社会对经济自由和财产权的问题最为关注，知识界又刚刚经历了反思激进、"告别革命"⑦的思想洗礼，不得不注意到民主对自由和秩序的潜在威胁。在这多重语境的作用下，自由民主观的流行可谓恰逢其时，它也迅速成为知识界乃至一些开明官员和企业家中的主流话语。

自由派学者的论著众多，他们在阐述这一观念时使用过间接民主、代议民主、法治民主、有限民主、精英民主和现代民主等很多词，但其核心逻辑是相似而且明确的。自由派主力刘军宁给出了一个贡斯当式的区分："自由主义是现代的，而民主作为一种政体却是古老的"，在以个人权利为本位的现代社会，实行的应当是两者相结合的"自由的民主"，同时反对古希腊那种"不自由的民主"。⑧ 这种民主如何运行呢？就政治参与的形式而

---

① [英]埃德蒙·柏克：《法国革命论》，何兆武、彭刚译，商务印书馆1998年版。这些经典著作版本越来越多，这里列出的都是中国大陆第一版的出版时间，以下同。

② [法]亚历克西·德·托克维尔：《论美国的民主》，董果良译，商务印书馆1989年版；《旧制度与大革命》，冯棠译，商务印书馆1992年版。

③ [法]邦雅曼·贡斯当：《古代人的自由与现代人的自由之比较》，刘军宁等编《公共论丛·自由与社群》，生活·读书·新知三联书店1998年版。

④ [美]约瑟夫·熊彼特：《资本主义、社会主义与民主》，吴良健译，商务印书馆1999年版。

⑤ [英]弗里德利希·冯·哈耶克：《自由秩序原理》，邓正来译，生活·读书·新知三联书店1997年版；《通往奴役之路》，王明毅、冯兴元译，中国社会科学出版社1997年版。

⑥ [美]乔万尼·萨托利：《民主新论》，冯克利、闫克文译，上海人民出版社1998年版。

⑦ 出自李泽厚、刘再复《告别革命》，（香港）天地图书公司1995年版。

⑧ 刘军宁：《为什么民主必须是自由的？》，《共和·民主·宪政——自由主义思想研究》，生活·读书·新知三联书店1998年版。

言，它是"公民通过自己的同意所选举出来的代表来负责制定法律和管理公共事务"的间接民主；① 就参与政治的主体而言，可以直白地称其为精英民主，只不过"公民可以和平地任用和解雇他们的'老板'"，绝不同于中国人此前当家做主、直接参政的"大民主"理想。② 当然，很多左派会说这种受限民主的参与不充分、不完美，有待改进，但徐友渔辩护道，任何新的民主形式都"必须在自由民主的宪政平台上活动"，"自由主义是社会民主主义的基础和前提"。所以，当下首要的任务是"让我们共同搭建自由主义的宪政平台"。③

受限制的民主也是为了与现代社会的其他价值相融合，如前所述，在邓小平南行之后的中国，自由尤其是经济自由的价值被全社会推向首位。因此，除了专研民主理论的政治学家和公共思想家，经济学界和那些有余力在思想领域发言的企业家、技术官僚们，也有不少人赞同自由民主的理想，他们也属于广义的自由派或右派。20世纪90年代自由派的重要刊物《公共论丛》出的第一期，就是由经济学家和政治学者们合著的《市场逻辑与国家观念》。在这本文集中，经济学家张曙光言简意赅地主张："在没有确立个人独立和自由权利基础之上建立的国家权力，是一种独裁或专制制度；在确立了个人独立地位和自由权利基础之上建立的国家制度，是一种民主制度。"④ 在经济领域之外，大多数法学家和他们培训出的新一代法律从业者也赞同这种民主观，因为法治正是现代民主和自由的保障。当时旅日的法学家季卫东，和国内的张文显、童之伟等人同声相应，他们都主张

---

① 刘军宁：《直接民主与间接民主：近义，还是反义？》，《共和·民主·宪政——自由主义思想研究》，生活·读书·新知三联书店1998年版，第201页。
② 燕继荣：《现代民主与中国民主观念的反思》，《探索》1996年第2期。
③ 徐友渔：《自由主义还是社会民主主义——浅议宪政原理》，《江苏社会科学》2003年第6期。
④ 张曙光：《个人权利与国家权力》，刘军宁等编《公共论丛·市场逻辑与国家观念》，生活·读书·新知三联书店1995年版。

在现行宪法和社会秩序的前提下，落实人大等现有制度，通过法治手段将公民参与制度化，最终实现民主。① 不过值得注意的一点是，无论是经济权利还是法制，在自由派的论述中都是民主的"前提"和"限制"。也就是说，他们把更多的篇幅用在了"规范"和"限制"民主之上，在行文中也处处可见对"文革"和"大民主"的反省。这同时也留下了一个问题：我们知道了如何"限制"民主，但又如何"推动"民主呢？靠党内高官的再次启蒙，靠经济市场化自发催生，还是需要其他社会因素？

一些偏重社会理论的学者较早地意识到，中国的民主还需要一大基础——市民社会（civil society）。如果说80年代的民主诉求总是被单一地寄托在上层精英身上，寄托在国家的全盘变革之上，那么此时的思想界已经意识到，民主除了上层的变革，还需要将基层公民组织起来的现代社会形态。邓正来和景跃进在1992年率先发文，希望中国通过国家撤出和市场发育这两方面作用，形成"独立的""自治的"市民社会。② 到左右之争展开后，双方学者也相继论及社会领域。自由派继承了斯密、贡斯当和哈耶克等思想家的经典论证，认为"在自由的市场之下，私人的利益会造就公共利益"③，这一由分散知识到合作制度的"自发秩序"（spontaneous order）过程就是资本主义的本质规律。④

从当时的左派到如今一些批评者，很多人都将自由主义民主观批判为"精英民主"甚至精英操控，认为他们忽略了下层社会和阶级问题。其实不

---

① 参见季卫东《中国：通过法治迈向民主》，《战略与管理》1998年第4期；张文显《建立社会主义民主政治的法律体系——政治法应是一个独立的法律部门》，《法学研究》1994年第5期；童之伟《论法治民主》，《法律科学》1998年第6期。

② 邓正来、景跃进：《构建中国的市民社会》，《中国社会科学辑刊》1992年第1期。

③ 刘军宁：《市场与宪政》，刘军宁等编《公共论丛·市场逻辑与国家观念》，生活·读书·新知三联书店1995年版，第24页。

④ 汪丁丁：《论公民社会与"资本主义"的实质》，《经济发展与制度创新》，上海人民出版社1995年版。

然，公允地说，市民社会观的勃兴是中国自由主义者走出的重要一步，"社会"的加入替代了80年代那种"个人"与"国家"直接打交道的简单构想。如果说有什么问题的话，并不在于他们不关注社会，而在于，社会、公益和公共空间被划到了市场秩序之内，或者看作市场化的随附品。此时自由派所论的"市民社会"，其实往往是国家推出、市场进入的"市场社会"，并没有太多政治内涵，也不成其为"公民社会"。① 事实上，市场化在推动社会壮大的同时，也存在一些负面作用。首先，在市场化尤其是中国这种强政治干预下的市场化中，各个组织和集团的规模和权力可能极不均衡，它们之间的关系可能是合作、缔约，也可能会有垄断、压迫；其次，更重要的是，像此前的"人文精神"辩论提到的那样，金钱和物质主义对很多公民都有一种"去政治化"的力量，这一点也被汪晖等左翼学者敏锐地指出。正因如此，邓正来在后来的回顾性文章中，意识到要对"洛克式传统中'外于国家'的市民社会观"进行修正，"不仅仅只是对市民社会与国家二元结构的主张，更实在可欲可行的基础上强调市民社会与国家的良性互动"②。同属自由派的许纪霖在西方马克思主义思想家的启发下想得更远，他注意到，西方学界讨论的"市民社会"是"不仅实现了与自然状态的分化和与政治系统的分化，更进一步实现了与经济系统的分化"，如果中国忽视这一点，或许会看到一个与市场发展不相称的公共领域。③

与思想资源统一、观点明确的右派不同，几乎同时崛起的左派，更像是一个松散的思想联盟。一些学者习惯自称为"新左派"，是为了区别于80

---

① 当然，王铭铭、杨念群等关注历史上的宗族和自治的学者除外，他们受海外汉学影响，较早地开始反思中国是否存在西式二元对立的市民社会。不过他们并未直接对当下中国社会发言，其思想立场也并不属于自由派。

② 邓正来：《国家与社会——回顾中国市民社会研究》，张静主编《国家与社会》，浙江人民出版社1998年版，第277—278页。

③ 许纪霖：《从范型的确立转向范例的论证》，张静主编《国家与社会》，浙江人民出版社1998年版。

年代以来"左的思想";这一称号也是右翼学者对汪晖等人的批判中流行起来的。① 他们与自由派面对同样的社会现实——以经济建设为中心的90年代,但观察的侧重点不同。就像前面多次提到的,双方最明显的差异对当下中国问题来源的界定不同②:右翼更注重经济改革中国家权力带来的问题;而左翼更注重经济改革中市场化和资本本身的问题;而像秦晖这样对两类问题都有所批判的学者,往往会成为"自由左派"或者某种中间立场的支持者。

正因如此,新左派在论述民主乃至整套政治哲学之前,都要阐明,90年代以来的市场和资本主义如何改变了中国的政治和观念结构。③ 那篇点燃左右之争的《当代中国的思想状况与现代性问题》中,开篇就亮明了他思考的"前提":"1989年事件没有改变中国自1970年代末期以来的改革路线……通过生产、贸易和金融体制的进一步改革,中国日益深入地加入到世界市场的竞争之中。"④ 当社会经济和学术观念成为资本主义全球化的一个部分,中国人思考的"现代性"就变成了西方化,所以汪晖问道:能不能既汲取现代化经验,又克服资本主义模式之弊,思考一条"反现代化的现代化"之路呢?与汪晖放眼全球体系相比,90年代思想发生"左转"的甘阳则具体指出了中国自由主义到底缺什么:"在这种版本的自由主义中,民主是奢侈的,平等是罪恶的,反倒是弱肉强食成了自由主义的第一

---

① 汪晖在访谈中曾提到,"新左派"最初是一个诋毁性的标签,他本人更愿意接受"批判性知识分子"的称号,参见 Wang Hui, Fire at the Castle Gate, *New Left Review*, 2000, Vol. 6。本文在接下来的叙述中,不再区别使用"左派"与"新左派"。

② 许多研究者称右派"亲西方",左派"反西方"或者试图"超越西方",这种区分并不可取,因为汪晖、甘阳、崔之元等的文章中随处可见对西方左翼理论的继承。他们反对的"西方"应当是"作为资本主义体系的西方",这仍然是问题界定的差异。

③ 本文最早于1994年刊载于韩国期刊《创作与批评》,但在1997年重刊于海南思想杂志《天涯》后才在国内广泛引发反响。据汪晖说是因为之前国内"没人敢发表",参见 Wang Hui, Fire at the Castle Gate, *New Left Review*, 2000, Vol. 6。

④ 汪晖:《当代中国的思想状况与现代性问题》,《天涯》1997年第5期。

原则。"① 他认为自己并非反对自由主义，而因为中国市场取向的改革走得太过，如果说在80年代知识界需要呼唤自由，那么在市场体系开始释放自由的90年代，则需要重视平等，以及通向平等的政治手段——民主。

民主是新左派政治关怀的交会点，也是他们在具体主张上与右派差异最大的地方。他们质疑与现代资本主义配套的自由民主制，继而提出了众多民主理论，其中最流行也最富争议的当属"大众民主"。相对温和的甘阳，认为这种民主是现代自由主义的题中之义。以托克维尔的《论美国的民主》为界，思想史的主流已从英国式的贵族共和走向了美国式的全民民主，右派常说的"英美自由主义"一词其实模糊了两国之间的重大转变。他们也没有注意到，托克维尔、伯林等自由主义者在反思法国大革命的同时，对革命中的启蒙和民主观是支持的。② 甘阳后来又基于韦伯的"政治民族"说，阐发了这种民主观的制度和组织基础——大众政党和全民普选，前者"不是局限于某一特定集团之内，而是致力于沟通不同阶层、不同集团、不同地区的局部利益"，而后者"为利益千差万别以致彼此冲突的社会各阶层提供相互了解、谋求妥协的机会"。③ 在甘阳这几篇文章中，引述最多例证就是美国，他认为美国是一个将大众民主和私人利益相结合的典范，公允地讲，这些思想资源和论证并非如很多右派所说，是"欧陆传统的凌空蹈虚者"而与英美传统无关，④ 而是与他们"同题不同解"。

更加引发右派不满并将左派打入乌托邦传统的导火索，是大众民主的另一种言说方式，即以汪晖、韩毓海等为代表的"社会主义民主"再阐释。汪

---

① 甘阳：《自由主义：贵族的还是平民的?》，《读书》1999年第1期。
② 同上。
③ 甘阳：《走向"政治民族"》，《读书》2003年第4期。甘阳在结尾处注明，此文作于1996年。
④ 朱学勤：《1998：自由主义学理的言说》，《南方周末》1998年12月25日。

晖的核心命题"反现代化的现代化"常以毛泽东的实践为佐证:"他一方面以集权的方式建立了现代国家制度,另一方面又对这个制度本身进行'文革'式的破坏……他一方面以公有方式将整个社会组织到国家的现代化目标之中……另一方面他对国家机器对人民主权的压抑深恶痛绝。"① 而90年代诞生的"新自由主义"既受制于国家在政治风波以后的保守,又拒斥"文革式"群众运动,这两方面合力造成了他们反民主的思想特征。② 韩毓海说得更为具体,他认为毛泽东从20世纪50年代中期开始退居二线并时不时批判一线领导人的做法,是政治"管理权"与"解释权"和"监督权"的分离,毛的批评和监督是以个人权威代表了民主意志。如果说"文革"象征着这种实验的终结,与其说是毛泽东的理论失败,不如说是他没有找到适当途径将其制度化。③ 以韩为代表的重评毛泽东、重评"文革"之风④触怒了一些右翼知识分子,徐友渔斥责他们是"为祸害中国的极左路线招魂",在右派看来,"文革"等政治运动"有什么合理因素可言"?⑤ 不过这样的争吵并不能为大众民主这一理论盖棺定论,究竟美国是不是如此,中国的毛泽东时代是不是也如此,这都要随着历史事实的清晰化才能得到确切的认识。

左派民主的另一类主张围绕市场和经济分配展开,这首先体现在他们对前述"市场—市民社会—民主"这一逻辑的怀疑上。早在国内学界引进市民社会概念之初,身在美国的王绍光就批判道,"市民社会"具有政治属

---

① 汪晖:《当代中国的思想状况与现代性问题》,《天涯》1997年第5期,第136—137页。

② 汪晖:《"新自由主义"的历史根源及其批判》,《台湾社会研究季刊》2001年第42期。

③ 韩毓海:《漫长的革命——毛泽东的社会主义》,公羊主编《思潮:中国"新左派"及其影响》,中国社会科学出版社2003年版。

④ 类似的观点还有崔之元《发挥文革中的合理因素》,《亚洲周刊》1996年3月26日。

⑤ 徐友渔:《三评90年代"新左派":"新左派"的学风》,公羊主编《思潮:中国"新左派"及其影响》,中国社会科学出版社2003年版,第281页。

性，译为"公民社会"才能完整反映其内涵。也正是在这一意义上，纯粹由市场推动公民参与是不可能的，这只会导致富人拥有更高的地位、更多的信息以及更大的政治发言权，人人平等的民主政治自然会受到威胁。① 那么如何超越右派的一局限呢？答案不仅仅是大众民主，还要有经济领域的民主。按王绍光的理解，经济民主就是"劳动者支配资本"，这种反资本主义的权力关系使劳动者能够自己管理自己，而且与强调再分配的政治民主不同，它在初始分配阶段就能追求平等。② 但这种愿景如何达成呢，当时旅美的崔之元补上了微观角度的理论支撑，即 20 世纪下半叶西方企业中兴起的，以灵活生产、下放管理权力为核心的"后福特主义"。崔之元的文章并不止于介绍，他还将后福特主义与社会主义实践联系起来，认为列宁式的中央计划是彻底的福特主义，而毛泽东赞赏的"鞍钢宪法"则是后福特主义的中国资源。③ 应当说崔的观察是很敏锐的，但同时也留下了两个易受攻击之处：首先，"鞍钢宪法"这样的资源在中国究竟是普遍现象，还是一时口号；其次，左派将经济民主放在批判市场、寄望国家和政治传统的地位上，是否忽略了行政干预、国企垄断这些国家权力本身对民主的危害。或许既警惕资本权力，又警惕国家权力才能构成坚实的经济民主，同时与企业家和右派达成共识。

抛开那些论争中的极端言论和历史想象，我们可以说，新左派提出的大众民主和经济民主，虽未形成一套像自由民主那样的整全理论，但对其具有巨大的补充作用。当右派将问题来源界定为"政治权力"、左派界定为"资本权力"之时，不难想到，两种问题在当时中国政治保守化、经济自由

---

① 王绍光：《关于市民社会的几点思考》，（香港）《二十一世纪》1991 年 12 月号。
② 王绍光：《效率、公平、民主》，（香港）《二十一世纪》1991 年 12 月号。
③ 崔之元：《鞍钢宪法与后福特主义》，《读书》1996 年第 3 期；《经济民主的两层含义》，《读书》1997 年第 4 期。

化的态势下同时存在。正如民主理论家赫尔德的精辟总结:"共和主义对君主和诸侯权力的怀疑,自由主义对所有形式的政治集权的怀疑,以及马克思主义对经济权力的考虑,三者之间具有互补性。"①

总的来看,右派在这场论战中分贝最高,他们在学界和中层精英中的支持者不仅多于左派,也多于那些"中间道路"。毕竟"文革"的惨痛经历刚刚过去,而市场化带来的全民红利还未明显消退,大部分人一旦听闻大众民主、经济民主等一系列"高要求",不仅有乌托邦的感觉,还会联想到那些政治灾难,这些情绪的冲击力和传播范围是远大于学理论证的。② 不过这里明显有一个问题,右派的影响力,亦即左派所谓新自由主义的"统治性地位"③,是否覆盖了整个国家。在学界的民主讨论热火朝天、日渐深入之时,政府和民众是否也如此呢?左派和右派的这些观念传播到他们那里去了吗?

(四)割裂的互动:"不争论"的代价

事实上,此时中央和地方政府的活动重心仍然是市场化改革以及相关的立法工作。在公开的重要文件中,对民主的关注与知识界完全不成比例。其实根据80年代的经验,在民主这个问题上最能达成上下共识风险也最低的领域就是人大、政协和党内民主等现有制度的改良。但除了前述的一些法学家外,在大多数学者那里看到的都是抽象的理论和宏大的叙事,并未言及中国的具体制度,民主集中制这种中共的核心制度,在左右论战中几

---

① [美]戴维·赫尔德:《民主的模式》,中央编译出版社1998年版,第385页。
② 当代认知科学也不断证明,情绪和直觉对人类判断的影响力,不仅先于,也强于理性和论证。参见 Jonathan Haidt, The Emotional Dog and Its Rational Tail: A Social Intuitionist Approach to Moral Judgment, *Psychological Review*, 2001, p.108。
③ 这种说法很常见,如汪晖《"新自由主义"的历史根源及其批判》,《台湾社会研究季刊》2001年第42期。

乎没有出现。反过来讲,政府高层也几乎没有吸收知识界关于民主的建议。① 在"不争论"和稳定压倒一切的背景下,也很难再看到像 80 年代那样自上而下的大讨论了。

以党内民主这个既有意识形态下讨论空间最大的话题为例,在十五大政治报告中的比重也非常低,只有一句"保障党员的民主权利,疏通和拓宽党内民主渠道,充分发挥全党的积极性和创造性",接下来的内容就变成了"维护中央权威",以及"防止个人专断"等 80 年代已经解决了的问题。② 在这种情况下,即使是最为敢言的中顾委元老李锐,他在现任领导人谈起党内民主时,也只是建议"反对封建主义""建立良好风气"而已。③ 对比而言,这些期望比改革之初邓小平的要求还要低。知识界也有一些学者在严肃地考虑党内民主,但一涉及具体制度或者竞争性的派系便立即止笔,只留一句"形成一个制度性的解决办法"④。党内外都如此谨小慎微,这并不是巧合,因为政治风波之后高层最大的经验就是党内要"团结"。

上层和中层的互动减弱,也加剧了 80 年代末那种民主话语泛化的趋势。

---

① 在学界,即使是主张统合主义、认为知识分子参政机会"大大拓展了"的康晓光也不得不承认,"尤其是那些致力于经济发展和社会稳定的经济学家的建议,受到政府的重视和鼓励"。换句话说,术业在"经济"和"稳定"之外的知识分子,就没有那么受政府重视了。参见康晓光《经济增长、社会公正、民主法治与合法性基础——1978 年以来的变化与今后的选择》,《战略与管理》1999 年第 4 期。

② 江泽民:《高举邓小平理论伟大旗帜,把建设有中国特色社会主义事业全面推向二十一世纪》,《江泽民文选》(第二卷),人民出版社 2006 年版,第 44 页。

③ 李锐:《接受历史教训,加强党内民主——关于防"左"的感想与意见》,本文原为李锐写给中央领导人的信,后发表于《改革》1998 年第 1 期。

④ 如胡伟《党内民主与政治发展:开发中国民主化的体制内资源》,《复旦学报》(社会科学版)1999 年第 1 期。相对而言这种探路性的话语更常见,像应克复一样构想代表大会常任制等具体制度的论著要少得多。但即使是这种难得的思考,也并未超越 20 世纪 80 年代政改室的框框。参见应克复《党内民主的关键是健全党的代表大会制度》,《唯实》2001 年第 Z1 期。

十四届四中全会通过的《中共中央关于加强党的建设几个重大问题的决定》将党内民主建设作为一项主要内容，不过文件中提到的手段主要是决策民主化、维护中央权威、坚持集体领导和遵守党纪四项，这与知识界大谈的选举几乎没有关系。[①] 然后我们看到，有的学者自觉接受了这种话语风格，将行政改革、效率提高等举措都表扬为"民主的广泛实践";[②] 但那些讨论自由民主和直接民主的左右翼学者，他们讲的都是"政治民主"而非行政和经济，这无疑是在创建另一套甚至另几套话语体系。知识界讲的"民主"官方不予理睬，而官方做的"民主"知识界也不予接受，由此形成了两种不同的民主观念。观念的分化并非坏事，但在中国政治权力控制政治实践场域的情况下，知识界的民主话语与上层不符，就意味着他们无法得到实践的机会，也无法在实践中检验优劣。

相对来说，知识界与高层和基层观念互动最频繁、实践机会最多的，仍然是业已成型的农村民主领域。在这个领域，不仅案例研究丰富，而且村民的丰富实践也启发学者思考各种具体制度，如不同层次的村民代表大会[③]、村民公决[④]乃至选举中的政治作秀[⑤]。这些论著讨论问题之细微、支撑案例之多样，夸张点说，这看起来像是在成熟的民主国家调研所得。一些乡镇级政府的试验也刺激学者开始思考，如何调和党委、人大等既有制度与普选制度的矛盾，例如，以"三轮两票制"结合人大与普选，以"增

---

① 《中共中央关于加强党的建设几个重大问题的决定》，《十四大以来重要文献选编》（中），人民出版社1997年版。

② 如孙学玉《政务公开——社会主义民主的广泛实践》，《社会科学》2000年第6期。

③ 郎友兴、何包钢：《村民会议和村民代表会议——村级民主完善之尝试》，《政治学研究》2000年第3期。

④ 于洪生：《村民公决：一种鲜活的基层民主形式》，《国家行政学院学报》2000年第4期。

⑤ 贺雪峰、仝志辉：《民主如何进入乡村社会》，《社会科学研究》2000年第2期。

量民主"改变现存制度①,以"两委合一"将基层党委和基层政府统合在选举之下②。其实这个矛盾存在于各级政府的改革中,如何克服它是民主化过程中的关键一步,在流行的宏大叙事逃避了这一问题的情况下,正是基层的试验和创新,给了知识界和上级政府难得的启发。不过,村级民主毕竟有其层级上的局限,不少学者也意识到,上级政府的制度供给不足是选举民主进一步发展的瓶颈,③ 如果要看到完善的基层民主,就必须使其成为"全社会民主政治的有机组成部分",而非一个个孤岛。④ 可以说,民主实践的程度决定着民主观念的推广和更新进步,基层民主的讨论因村级民主的放开而深化,反过来也会因乡镇级民主的停滞而浮浅化。彭真当初曾设想:"他们把一个村的事情管好了,逐渐就会管一个乡的事情;把一个乡的事情管好了,逐渐就会管一个县的事情。"⑤ 这在 20 世纪 90 年代并没有实现,成了留给 21 世纪的任务。

所以毫不奇怪,到了城市和城乡结合地区,学术界立刻就失语了。虽然左右论战中很多人在谈市民社会,但我们已经看到,基本都是对先发国家的经验总结和批判,也很少超出市场和中产阶级这些议题。但此时的城市基层结构已开始发生深刻的转变,城市化带来的失地农民和单位、国企改制带来的下岗工人,正在形成一支承载了转型代价,也正在走向抗争、走向组织化的大军。正如卢汉龙等少数人观察到的,全能主义时代的"单

---

① 俞可平:《增量民主:"三轮两票"制镇长选举的政治学意义》,《马克思主义与现实》2000 年第 3 期。
② 党国英:《"两委合一"乡村民主政治的重要发展》,《中国改革》2001 年第 5 期。
③ 唐兴霖、马骏:《中国农村政治民主发展的前景及困难:制度角度的分析》,《政治学研究》1999 年第 1 期。
④ 党国英:《"村民自治"是民主政治的起点吗?》,《战略与管理》1999 年第 1 期,第 94 页。
⑤ 彭真:《通过群众自治实行基层直接民主》,《彭真文选》,人民出版社 1991 年版,第 608 页。

位"和"地区"两个控制系统,前者的行政色彩越来越淡,而后者的行政化色彩却越来越强,尤其是街道和居委会的领导关系。① 在这种制度束缚下,国家与社会高度重合,居民深感"人微言轻"。② 基层组织的民主训练远远滞后于矛盾的积累,城市给 21 世纪留下的难题,似乎比农村紧迫得多。

(五) 90 年代的终结与特点

21 世纪初,市场化给全民带来普遍红利的时期已经过去,全民"不争论"的年代也将很快终结。邓小平当初曾预言道:"过去我们讲先发展起来,现在看,发展起来以后的问题不比不发展时少。"③ 诚然如此,从中国选择经济优先的那一刻起,就迟早要面对贫富差距的问题和政治领域的重新争论。随着 21 世纪以来社会各阶层的变化和传媒技术的进步,民主的这种转变已经悄然开始。

在这个"不争论"与"争论"并存的 90 年代,我们可以看到民主观念发生了如下变化:第一,经济改革和社会壮大的进程,使中国自上而下的各个阶级、各个群体之间的发生了分化、重组和疏离。政府高层、商业中产阶级乃至基层民众都专注于财富的增长,经济发展和社会稳定在国家机器的强制宣传下成为大部分人的共识。逐渐壮大的知识界成为观念上的搅局者,他们对民主的理解逐渐深入、逐渐多元化;但遗憾的是,他们对上层和基层的观念影响不增反降。第二,知识界在民主这一议题上的孤立处境,也使党内外的民主话语开始分道扬镳,其结果是,80 年代作用显著的

---

① 卢汉龙:《发展社区与发展民主:我国基层社会的组织重建》,《毛泽东邓小平理论研究》1999 年第 3 期。
② 孙柏瑛等:《社区民主参与:任重道远——北京市区居民参与社区决策情况的调查与评析》,《国家行政学院学报》2001 年第 2 期。
③ 《邓小平年谱》,中央文献出版社 2004 年版,第 1364 页。

观念互动结构日渐弱化。表面上的"不争论"并不能掩盖深层意图上的冲突，因为对经济改革的态度性共识只是暂时的，迟早要面临不同阶级和不同观念的挑战。第三，在这些争论背后，潜伏着经济发展与民主究竟是何关系的谜题。90年代的中国正是这个问题的一个复杂解答：右派发现的机制是，经济改革只要走上正轨，民主政治所需的观念和社会基础会应运而生；左派发现的机制是，资本主义和物质消费拥有一种解构政治动机的力量，这种力量一旦与政治压制相结合，会使社会变得更不平等，积累更深的矛盾；高层心中所盼望的机制似乎与前两派都有相通之处，他们既希望市场和技术进步促进社会矛盾的消融，但又担心有些矛盾会不消反涨，更不愿意这种矛盾上升到"政治化"的层面。90年代的经济改革，消融了一部分民主的能量，同时将另一部分推到了下一轮改革之中。

三　21世纪——基层的抗争与观念的异变

（一）从新问题到"三个代表"

世纪之交，中国以经济主导的改革路线遇到了新的挑战，经济结构不合理、贫富差距拉大、城乡分化、官僚寻租等问题相继浮出水面。因此，在1998—2001年的历次中央经济工作会议和相关文件中，"经济调整""结构优化"和"协调发展"等说法高频率出现。2001年3月，朱镕基在向全国人大报告"十五"计划时称："坚持把结构调整作为主线。我国经济已经到了不调整就不能发展的时候。"而报告中提到的几个重点领域，如农业、产业升级、西部开发和社会保障等，几乎全是90年代以来相对被冷落的主题[1]，可见

---

[1] 朱镕基：《关于国民经济和社会发展第十个五年计划纲要的报告》，《十五大以来重要文献选编》（中），人民出版社2001年版。

调整形势之紧迫。

而就在此时，中国正式加入了世界贸易组织，深度加入了全球自由市场之中。经济国际化程度和对外依存度的提高是"改革开放"后两个字的题中之义，大量资金、企业和技术的涌入也成为中国经济新的推力，但这同时也把90年代留下来的问题扩大化了。一方面，中国在国际分工中仍是较低端的"制造工厂"，与绝对收益增长相伴随的是相对收益的低微，而低工资、破坏环境、社会二元化等问题也是这种下层国家的常态，这无疑是将高层所担心的、左右论战中所设想的很多问题现实化了，变成了铺满整个社会的现象。另一方面，与国际社会日益频繁的互动把很多此前不太重视的问题摆在了中国政府面前。中美关系中向来有所谓台湾、人权和贸易三大问题，此时都开始频繁出现在外事活动和媒体上。以与国内政治关系最密切的人权问题为例，中国政府既要对外有所学习，又要坚持既有的政治立场，反击美国等发达国家的指责。于是我们看到，政府接连签署了联合国的《经济、社会及文化权利国际公约》《公民权利和政治权利国际公约》；从1999年起，国务院新闻办不仅连续发布人权白皮书，还发表《美国的人权纪录》，与其争夺话语权。[①]

江泽民提出的"三个代表"思想正是诞生于这一背景下。它既是对此前两个时段改革经验的总结，也是在当前未解决的问题面前，对未来提出的几项要求。2000年2月，江泽民在广东考察党建工作时，首次对外公开了这一提法："我们党之所以赢得人民的拥护，是因为我们党在革命、建设、改革的各个历史时期，重视代表着中国先进生产力的发展要求，代表着中国先进文化的前进方向，代表着中国最广大人民的根本利益。"[②] 自此直到卸任的近两年中，江泽民在各级会议、各个场合强调这一思想，这三句话立即成

---

① 参见国务院新闻办网站的白皮书汇总，http：//www.scio.gov.cn/zfbps/index.htm。
② 江泽民：《在新的历史条件下更好地做到"三个代表"》，《江泽民文选》（第三卷），人民出版社2006年版，第2页。

为整个政府系统内学习和宣传的重点。从 2000 年 3 月《人民日报》的三篇文章①起，全国的宣传系统和主要报刊也迅速响应，将信息传达到了社会的各个角落，许多学者也纷纷表态支持。到十六大，"三个代表"已经被加入了党章总纲的第一段，成为定义中国共产党性质的一句话。②

这对中国的观念格局意味着什么？首先是中共政治代表性的扩大。③ 我们知道，在治理整顿时期，中央曾多次下发文件强调注意队伍的"纯洁性"，不仅要清除政治上的自由化分子，经济领域的"先富"阶层也受到波及。江泽民等主要领导人都对私营企业主入党的问题做过表态："如果让不愿放弃剥削、依靠剥削生活的人入党，究竟要建成一个什么党？"④ 可以说，在整个改革时期，"代表工人阶级"和"国有经济"一样，是党内保守派即"老左派"不可放弃的重要话语。而随着 90 年代社会中层的崛起和老左派人数的减少，寻求一种既代表工农又能容纳新兴阶级的指导话语成为高层的重要任务，所谓"代表最广大人民"就是一个合逻辑的结果。"三个代表"传达的另一个信息是，高层施政的重心开始变化。因为 90 年代占据统治地位的"以经济建设为中心"只相当于"代表先进生产力"这一项，后两项"文化"和"广大人民"都是超越市场化改革的新任务。"代表先进文

---

① 《人民日报》评论员：《始终代表先进社会生产力的发展要求——论关键在党》，《人民日报》2000 年 3 月 5 日；《始终代表先进文化的前进方向——二论关键在党》，《人民日报》2000 年 3 月 7 日；《始终代表最广大人民的根本利益——三论关键在党》，《人民日报》2000 年 3 月 9 日。

② 《中国共产党第十六次全国代表大会关于〈中国共产党章程（修正案）〉的决议》，《十六大以来重要文献选编》（上），中央文献出版社 2005 年版，第 45 页。

③ 当然，这里的代表性当然不是自由主义语境下，自下而上的"选举式"的代表；而是列宁主义语境下，自上而下的"使命式"代表。详细区分参见景跃进《代表理论与中国政治——一个比较视野下的考察》，《社会科学研究》2007 年第 3 期。

④ 江泽民：《在全国组织部长会议上的讲话》，《新时期党的建设文献选编》，人民出版社 1991 年版，第 442 页。另见宋平《坚持和发展马克思主义建党原则，把我们党建设得更好》，《新时期党的建设文献选编》，人民出版社 1991 年版。

化",意味着要在物质文明之外,创造精神文明意义上的财产,掌控观念领域中的话语权,也就是说,新的"争论"恐怕是必要的了。而"代表最广大人民"的任务看似庸常,实则艰巨,因为经济改革迟早会与一部分人甚至大部分人的利益相冲突,此时国家就应当重思改革的策略和领域了。不过这两个变化仍然在邓小平时代所定义的"社会主义初级阶段"框架内,"代表人民利益"只是一种目的,讲到"民主"这种"代表"的手段时,仍然保持着同 90 年代的延续性。江泽民在宣传"三个代表"的同时,也在反复强调四项基本原则:"人民民主专政"要坚持,而社会上一些言论,如"主张西方的多党制和议会民主"则是错误的,"决不能让它们泛滥起来"。[①]

在国内外格局变化的冲击下,"三个代表"象征着高层观念的谨慎变化。在中央领导编纂的学习资料和官方报刊的解读文章中,对每一重"代表"都不厌其烦地从马克思、列宁、毛泽东和邓小平的著作中寻找依据,唯其如此方能保证官方意识形态的连续性,避免给干部和民众带来过大的冲击。而学术界则与高层完全不同,经过经济改革中技术性研究的磨炼和左右论战的洗礼,很多学者已经习惯跳出意识形态话语,抽象地、直接地评判各种主义与问题的对错。而中国正式融入经济全球化体系后,这些主义与问题不可避免地融入了国际大环境,左与右的抽象观念争论开始变为中国的具体发展模式的争论,变为中国在世界观念大潮中所处位置的争论,21 世纪民主观念正是这样出场的。

(二)基层抗争、知识分子公共化与民主的策略转向

中国的社会矛盾在增多,基层民众对社会矛盾的表达、抗议和寻求解决的努力也在增多。一个明显的特点是,不仅法律诉讼、信访这些体制

[①] 江泽民:《关于坚持四项基本原则》,《江泽民文选》(第三卷),人民出版社 2006 年版,第 231 页。

内表达的数量大幅增长，体制外的社会抗争也层出不穷。官方将未经公安机关允许的、成规模的社会抗争统称为"群体性事件"或"治安事件"，在公安部 2000 年出台的规定中，这属于"聚众共同实施违反国家法律、法规、规章，扰乱社会秩序，危害公共安全，侵犯公民人身安全和公私财产安全的行为"①，可见其在官方的观念中仍然是不被允许的。但事与愿违的是，群体性事件的数量和影响一直在增长，据估算，1995 年事件数量的增长速度约为 10%，但 1997—2004 年，平均增长速度已高达 25.5%。②

新的领导班子很快意识到了这一点，在 2003 年全国公安会议上的讲话中，胡锦涛改变了对群体性事件的定义：它们"总的来说属于人民内部矛盾的性质"，只是"一些群众要求的合理性又同反映形式的违法性交织在一起，同时还存在违法犯罪和敌对分子插手的问题"。③ 我们知道，在党内的话语中，干部、群众和知识分子的抗议和反对一旦被界定为"人民内部矛盾"，那就是承认这是现行政治框架中可以接受、有待解决的问题，与"敌对分子""分裂分子"的罪行有着本质上的不同。此后，中办、国办开始委托学者研究群体性事件的成因和对策，研究报告也被下发到各级政府。④ 在新的理解中，群体性事件由政治、经济和社会矛盾而起，也需要以法律途径来解决。相比之前对抗争的抵触态度，这至少在观念上取得了巨大的进步。

---

① 公安部：《公安机关处置群体性治安事件规定》（公发〔2000〕5 号）。
② 胡联合、胡鞍钢、王磊：《影响社会稳定的社会矛盾变化态势的实证分析》，《社会科学战线》2006 年第 4 期。
③ 胡锦涛：《正确处理人民内部矛盾，妥善处置群体性事件》，《论构建社会主义和谐社会》，中央文献出版社 2013 年版，第 15 页。
④ 中共中央办公厅：《中共中央办公厅、国务院办公厅转发中央处理信访突出问题及群体性事件联席会议〈关于积极预防和妥善处置群体性事件的工作意见〉的通知》，（中办发〔2004〕33 号）。

高层不再讳言社会矛盾和民众抗争，使其成为各级政府、学者和民众可以互相对话的公共议题。① 此时，知识界的生态也开始发生变化，一些人从之前沉浸于宏大理论，甚至"自说自话"的状态中走出来，像90年代的农村研究一样，投入具体问题的实践中。学者们或是参与到民众的维权、上访和选举活动中，或是就这些问题向政府提出切实易懂的建议和报告，因为政府也越来越意识到专业研究的重要性。于建嵘是其中的代表人物，其学术论著几乎全部源自对底层民众抗争和信访等政治行为的田野调查。在他看来，90年代以来的政治稳定可以称作"刚性稳定"，以政治权力的排他性和对社会运动的严格控制为基础，但这种稳定是以不断升高的财政成本与悬而未决的权力合法性问题为代价的。真正的稳定是通过"县政建立以行政分权和政治分权为基础的民主自治"而达到的"韧性稳定"，在此，民主自治等于是把非常规的运动和抗争制度化了，以民主的方式去消解民主的暴戾。② 当然，以民主促稳定的理念并非于建嵘的独创，这毋宁说是许多学者的共识，只不过大家的知识来源和案例支撑不同。③ 我们也可以看到，在以民主消解社会矛盾这一点上，左右翼学者和各级政府干部已形成了某种程度的共识，只不过他们眼中的"民主"就像以前一样，具体制度指向不同，在解决方案中所占的分量不同。

与那些具备同样观念、得出类似结论的传统学者相比，于建嵘等人的

---

① 当然，各方在群体性事件的利弊影响和解决手段上仍然存在巨大的分歧，对话和沟通的效果也未必立竿见影，但问题能够摆出来，能有共同的话语，已是进步。

② 于建嵘：《从刚性稳定到韧性稳定——关于中国社会秩序的一个分析框架》，《学习与探索》2009年第5期；《压力维稳的政治学分析——中国社会刚性稳定的运行机制》，《领导者》2010年第7/8期。

③ 类似的见解如任剑涛《从冲突理论视角看和谐社会建构》，《江苏社会科学》2006年第1期；清华大学社会学系社会发展研究课题组《以利益表达制度化实现长治久安》，《领导者》2010年4月号。

不同之处或许在于，他们的影响力更大了，更经常地出现在上方民众和政府干部面前。政治学者张鸣后来甚至略带夸张地称赞道："到目前为止，能够通畅而频繁地进入官场，而且大放厥词者，据我所知，唯有于建嵘一人。所以，就官场而言，'改善我们的学习'的重任，就只好由于教授一个人来承担了。"[①] 考虑到庞大的官方理论界以及高校学术界与政府越来越多的项目联系，有此影响力的学者当然远不止一人，张鸣如此说，或许是在表达对这些人的批判性和"改善学习"的效果的不满。但反过来理解，此话正说明了在学者心中，向高层传达并革新政治观念，有多么稀缺和重要。2012年，曾活跃于80年代的学者荣剑发表了一篇广为流传的文章：《中国自由主义"第三波"》。文中讲到，21世纪自由主义的瓶颈就在于自说自话，所以中国的自由主义学者"要不断地学会和官员特别是高级官员沟通"，以具备"建构政治的能力，特别是建构高层政治的能力"。[②]

如果说知识界与高层的合作关系在十余年后仍难令人满意，那么知识界向基层民众的观念传播能力，则因传媒技术的更新而显著提高了。右翼学者王怡和徐友渔都将2003年的"孙志刚事件"[③]作为知识界正式介入社会的起点；[④] 当然，左翼学者更愿意提及2004年由经济学家郎咸平掀起的"郎旋风"。其实严格来说，两者分别代表了知识界转型的两个阶段：在孙

[①] 语出自于建嵘《安源实录：一个阶级的光荣与梦想》，江苏人民出版社2011年版。

[②] 荣剑：《中国自由主义"第三波"》，http://www.21ccom.net/articles/sxwh/shsc/article_ 2012111571062_ 3.html。

[③] 2003年3月，湖北青年孙志刚因无证被广州收容人员救治站强行收留，不久后被殴打致死。此事引发了媒体的大规模追踪报道，众多学者也接连上书人大审查收容遣送制度。

[④] 王怡：《从民权到民主：自由主义的渐进思路》，凤凰周刊编《中国意见书》，中国发展出版社2011年版，但原文最初发表于2004年；徐友渔：《进入21世纪的自由主义和新左派》（上），引自http://blog.sina.com.cn/s/blog_ 475942ab01000aku.html。

志刚事件中，学者们主要是向政府上书和在媒体上刊文；而2004年以后的郎咸平，则代表了一种新型知识分子——公共知识分子的诞生，他的畅销书和亲自主持的电视节目，使一名知识分子自己成为传播观念的媒体。郎的观点十分简明：TCL、海尔、格林柯尔等国企改制过程中，由于监管不健全而存在官商勾结、低价购股的现象，经理人将本属于全民的国有资产窃为私有。① 这些言论引发了媒体的广泛报道，随后，不少左翼经济学家和90年代成名的右翼经济学家纷纷表态支持或反对，大有左右之争复燃之势。这些批判并非第一次出现，实际上在90年代末，一些左翼学者就已发出过类似的警告。② 数年后的郎咸平之所以不同，一方面是无孔不入的新媒介引发了民众的介入；另一方面，正如早先的实证调查反映出的，贪腐、收入和股市这些经济议题，总是大部分民众谈政治、谈民主的主要话题和诉求所在。在此之后，当初停留在新左派笔头的经济民主和福利平等问题，已融入全社会的公共话语和政治诉求中。

传媒技术的进步和知识分子的公共化，带来的最重要的改变就是基层民众的政治认知状况。在这个过程中，以惊人速度崛起的互联网成为最大的互动平台。在1997年中国互联网络信息中心第一次调研时，全国的互联网用户仅有62万人；但仅仅过了3年，这个数字已经突破了1000万人；到2014年中，全国网民已达6.32亿人，占全国总人口的46.9%，而手机上网也有5.27亿人。③ 虽然日常联络和经济事务是网民们最初的目的，也是互

---

① 参见郎咸平《海尔变形记：漫长的曲线MBO全解析》，《财经时报》2004年7月31日；郎咸平《在"国退民进"盛宴中狂欢的格林柯尔》，曹兼善主编《郎咸平旋风始末》，江苏人民出版社2005年版。

② 如何清涟《现代化的陷阱》，今日中国出版社1998年版。何清涟也因此被一些人看作新左派。

③ 分别参见中国互联网络信息中心发布的《中国互联网络发展状况统计报告（1997年10月）》《中国互联网络发展状况统计报告（2000年7月）》《中国互联网络发展状况统计报告（2014年7月）》，http://www.cnnic.net.cn/hlwfzyj/hlwxzbg/。

联网迄今为止最重要的用途,但新的社会场域和公民网络一旦形成,就不可避免地会涉及政治问题。尤其在中国的城市,这里既是网民的集中之处,① 也是基层政治参与的匮乏之处,这种结构上的契合使得网络的政治功能迅速膨胀,发挥着弥补和替代现实参与渠道的作用。正是在这种环境下,不仅各大商业性门户网站和"天涯""猫扑"等综合性论坛上随处可见对国内政策乃至制度的道德介绍、议论和抨击,还兴起了像"乌有之乡""中国选举与治理网"和"共识网"这样专门进行社会政治讨论的网站。也正是自孙志刚事件以后,基层民众的抗争和申诉越来越多地被网络化,一旦某个案件、骚乱事件或者对官员的举报被推上那些大网站,不仅有利于突破地方权贵的压制,引起高层政府的重视的可能性也会大大增加。如今已家喻户晓的厦门反 PX 事件、邓玉娇案和钱云会案,其发展过程莫不是如此。

2005 年后相继兴起的博客、微博和微信等自媒体带来了又一次变革,因为它们吸引了一大批知识分子的参与,也创造了一批比论坛中的发帖者更具影响力的意见领袖,如今他们中的活跃者都至少拥有一个自主发布信息的平台以及一批稳定的读者。法学家桑斯坦将网络媒体形象地称为"我的日报"(the Daily Me)和"大家的日报"(the Daily Us),意即在这里每个人都能自主挑选自己偏好的信息,而发布信息的意见领袖也更为便利,他们无须像以前一样依赖政府或报纸。② 随着 2010 年以后微博和微信的普及,大部分城市居民和一些农村居民已经主动或被动地卷入了一个新型的公共空间之中。2013 年的一项调查显示,网民中支持自由民主的右派占

---

① 城市和农村之间的电子鸿沟是极大的,到 2014 年,中国网民中农村人口仍然只占 28.2%。参见中国互联网络信息中心发布的《中国互联网络发展状况统计报告(2014年7月)》,http://www.cnnic.net.cn/hlwfzyj/hlwxzbg/。

② [美] 凯斯·桑斯坦:《信息乌托邦:众人如何生产知识》,法律出版社 2009 年版,第 7—9 页。

50.3%，支持政府干预和毛泽东遗产的左派①占7%，而中间派（包括回答"不清楚"的人）占42.7%，总体上呈一条温和端多于两极端、而两极之中右多于左的"倒U型"分布曲线。②与之相应的是，各大微博上自由派公共知识分子的关注者越来越多，他们发布的信息尤其是对热门社会事件的意见，其转发和评论数往往也很高，"大V公知"③已成为人气仅次于娱乐明星的群体。可以说，知识分子的观念传播至少在网络上产生了显著的效果，而网民政治立场的分布状态也与知识分子群体大体一致。

知识分子的公共化无疑是中国观念结构的又一次大变化，虽然结构性的变化看起来并不影响观念的学理内涵，但公共化、接近民众抗争这种行为，本身就意味着一种思考民主观新方式。因为此前在知识界中占据主流的自由民主观念是带有精英主义色彩的，对大众的抗争和参与都或多或少持保守态度，但21世纪以来，右派在某种意义上"左倾"了，虽然他们追求的总体目标仍然是自由民主，但他们对底层民众、社会不公和政治抗争更为关注了。一些学者甚至更进一步，他们暂时远离宏大的、理想化的应然描述，开始重视过程化的、策略导向的行动言说。刘军宁如今反复说，在中国"再怎么强调自由都不过分"，因为我们言说的语境——中国社会——本身就是自由过少而公权力过强的。④也就是说，中国当下是什么，就应当强调什么，观念因现实需求而变。因为中国的分配不公和大众参与的问题确实严重，所以经济民主和抗争民主就是左右派都应当接受的。如果说在90年代末只有汪晖等少数人如此思考，坚持以民主为工具，"左手

---

① 这里定义的"左派"不仅推崇平等和毛泽东时期，而且强调大政府和国家权力，这与80年代和左右之争中已经有所不同了，这一转变将在后文详细讨论。
② 马得勇、张曙霞：《中国网民的"左"与"右"》，（香港）《二十一世纪》2014年4月号。
③ 微博上大部分意见领袖都通过了网站的VIP实名认证，故得名"大V"。
④ 刘军宁：《再怎么强调自由都不过分》，萧三匝编《左右为难——中国当代思潮访谈录》，福建教育出版社2012年版。

要福利，右手要自由"，诉求内涵因时而变，那么在 2010 年后由公共论坛和社会事件建构的观念讨论中，这种策略化的思维方式已经越来越普遍。近来，自由主义学者高全喜甚至略带不满地评论道：中国的自由主义"在学说理论与学术研究方面的日趋教条化……但现实社会行为中的自由主义，诸如维权抗争，社会批判，以及新的启蒙，等等，却蔚为壮观，颇有发展"①。

(三) 和谐社会、中国模式与民主的绩效转向

如果要在"三个代表"之后，为中共高层寻找几个政治理念的关键词，那应该是"科学发展"与"和谐社会"。自1992年党的十四大以来，历次中央委员会全体会议的主题已形成了一些惯例：一中全会自然是党内人事交接，二中全会讨论国家机关的人事和行政改革，三中全会议定最重要的经济政策，四中全会是加强党建，五中全会则到了制订下一个五年计划的时间，六中全会一般有关文化和精神文明建设。科学发展观第一次进入中央文件，正是在2003年10月的十六届三中全会的经济讨论中。胡锦涛在第二次会议上做了题为《树立和落实科学发展观》的演讲，延续了"三个代表"扩大施政重心的逻辑，他谈道："……增长并不简单地等同于发展，不重视质量和效益，不重视经济、政治和文化的协调发展，不重视人与自然的和谐，就会出现增长失调、从而最终制约发展的局面。"②继而在全会最后通过的《中共中央关于建立社会主义市场经济体制若干问题的决定》(以下简称《决定》)里，"坚持统筹兼顾，协调好改革进程中的各种利益关系，坚持以人为本，树立全面、协调、可持续的发展观，促

---

① 高全喜：《中国自由主义的政治成熟》，《思想》2012年第21期。
② 胡锦涛：《树立和落实科学发展观》，《十六大以来重要文献选编》（上），中央文献出版社2005年版，第484页。

进经济社会和人的全面发展",成为新的"深化经济体制改革的指导思想和原则"。①

如果说科学发展观是对经济增长政策的矫正,那么于十六届六中全会正式提出的和谐社会,则是在经济领域之外,对政治、社会和文化发展的设想目标。按照全会《决定》的定义,和谐社会是在马列主义等一系列基本前提下,以科学发展观为统领,以"民主法治、公平正义、诚信友爱、充满活力、安定有序、人与自然和谐相处"为总要求,以"解决人民群众最关心、最直接、最现实的利益问题"为重点,实现"社会建设与经济建设、政治建设、文化建设协调发展"的发展目标。② 抛开意识形态前提不论,这一陈述放到任何一个国家都是极高的理想,可以说从这时起,高层已经开始正面回应此前缺失的、政治和文化建设的问题。

2005年10月,国务院新闻办发表了《中国的民主政治建设》白皮书。这是中华人民共和国成立以来发表的第一份关于民主政治建设的政府白皮书,此举象征着政府对民众、知识界和国际压力的态度由避重就轻转向了正面回应。除去惯常用来开篇的历史合法性叙述,白皮书的民主建设叙述包罗了人大、政协、民族自治、基层民主、人权、党纪、行政和司法八个板块。③ 这篇庞大的论证表现出了两个明显的特征:其一,被命名为"民主"的板块远多于人们的直觉,也多于西方发达国家的现有经验,像司法板块中提到的律师制度和法律援助制度,虽然确有巨大进步,其实与民主没什么关系。这样包罗万象,不仅仅是政府写作班子的一种彰显成就的宣传策略,也是多年来民主观念泛化的结果。其二,对民主建设的列举和论

---

① 《中共中央关于完善社会主义市场经济体制若干问题的决定》,《十六大以来重要文献选编》(上),中央文献出版社2005年版,第465页。
② 《中共中央关于构建社会主义和谐社会若干重大问题的决定》,《十六大以来重要文献选编》(下),中央文献出版社2008年版,第650页。
③ 国务院新闻办公室:《中国的民主政治建设》,引自国务院新闻办网站,http://www.scio.gov.cn/zfbps/gqbps/2005/Document/308065/308065.htm。

证看起来"一强一弱":关于实际绩效的论据翔实,尤其是在经济社会权利方面,自然是成效显著;而关于民主程序的列举,除了已经成熟的农村层级,大多是对条文的重复或者对民主精神的强调。就连最重要、最成熟的人大制度也着墨空泛,谈到监督权讲的是"通过备案审查,撤销违反宪法和法律的法规、规章,督促有关制定机关纠正不适当的条文",却对审查、撤销和督促的结果和力度只字未提;谈到人事任免权也只是几句"有权选举、决定、任免、撤换、罢免有关国家机构组成人员",对任免最重要的民主程序和差额情况却被略过了。[①] 白皮书在程序民主论证上的薄弱显然有写作班子用例不全、文风陈旧的原因在,因为学术界和各级政府对人大等制度的调研和数据其实很多。但这并不是主要原因,中国自邓小平南行以来的施政重经济、轻民主,重实绩、轻程序,才是论证薄弱的根本原因。这也是民主话语泛化到经济、法律等领域的原因,因为政府回应人民需求,创造合法性的政绩就集中在这些领域。

在这一背景下,政府需要在两种话语中做出选择:如果继续默认"民主"等于西式的选举和分权,不仅不符合党内的意识形态传统,而且会在话语权上吃亏,因为这是目前的弱项;如果将"民主"的定义放大到经济绩效和法律、社会权利上,那么无疑这是中国政府的高光之处。2005年的白皮书,其说服力不强的困境就在于对"民主"的理解夹在两者之间。但到了后来几年,尤其是2008年全球金融危机而中国经济仍然维持高增长[②]

---

① 国务院新闻办公室:《中国的民主政治建设》,引自国务院新闻办网站,http://www.scio.gov.cn/zfbps/gqbps/2005/Document/308065/308065.htm。

② 当然,2008年以来以"四万亿"为代表的经济政策在刺激增长上确有成效,在经济结构上却不甚健康,尤其是偏重政府国企和基础建设的资金流向,与政府缓解贫富差距、扩大民众内需的吁求是相悖的。本节的重点不是评判经济政策,而是在于,表面上的高增长的确激发了部分政府官员和学者的信心,国外政界和学界对中国表现的总结和赞扬参见 Shaun Breslin, The "China Model" and the Global Crisis: From Friedrich List to a Chinese Mode of Governance? *International Affairs*, 2011, 87 (6)。

以后，中国政府对"绩效"的自信越来越强了。

就像我们在20世纪90年代的经济进步中看到的那样，金融危机以来的经济社会绩效在知识界中产生了极大的回应。但与90年代不同的是，中国经历了入世和发展模式争论，又在国际风波的冲击下展开思考，此时的知识界中，已经形成了一种名为"中国模式"的观念归属意识。90年代只有学者曾论及以新加坡为代表的"亚洲民主"，就像经济学界的"东亚奇迹"一样。但在这些言论中，大家仍然认为该模式比西方的民主程度"有差距"，也就是说只有"量"的不同，并无"质"的特殊，这与自由派的主流论述并无二致。① 连当时的新左派，似乎也很少反对西方选举民主和三权分立的观念，只是嫌其不够"全面"。但在以强国家和高绩效为基础的"中国模式"论述中，"民主"二字的内涵和思考方式，似乎开始发生了"质"的改变。

在那些有关"中国模式"的论述中，一些不严谨的言说方式似乎占据了上风。首先是过强的特殊主义立场，将中国的一切政治制度和文化视为独特的，并往往在情感上引以为豪。如张维为所谓中国的"四超四特"，即从超大的人口、疆域、历史、文化一直列举到独特的语言、政治、社会、经济，② 但历史和文化的久远影响又岂止中国一家？政治的"选贤任能"和经济的"宏观控制"又怎么可能不是成功国家的普适经验？显然这样的排比并非严格案例比较的结果，其中掺杂了太多研究者的个人情感，并不足以判别中国孰为特殊，孰为普遍。否认普遍规律的特殊主义，无法解释30年开放和学习的历程，与极端的西化论者实在是殊途同归。另一个值得警惕的取向是过于庞大的时段界定，似乎今天的现象都可以跑到几千年前去找出原因。如潘维将政治、经济和社会三大领域的观念都上诉到儒家那里，

---

① 如罗艳华《对亚洲民主的几点思考》，《国际政治研究》1997年第4期；李路曲《论"亚洲式民主"》，《战略与管理》1999年第6期。

② 张维为：《中国震撼：一个"文明型国家"的崛起》，上海人民出版社2012年版，第65—84页。此节后面的"八大特点"同样有此问题。

称之为千年不变的"民本主义",与西方的"民主主义"并肩而立,①张维为更是时常将传统帝国制度与新中国制度相提并论。这种短小篇幅内拉开的宏大连线更像是联想而非论证,如要形成论证,至少要解决两个问题:第一,今日的"民本"与孟子、朱熹和黄宗羲的"民本"在话语上相似,但其逻辑相同吗?其实前面我们已经看到,仅仅是"和谐"与"和"这一个侧面,现代观念和传统德行就有多么大的不同。第二,即使逻辑相同,这种所谓"文化"上的联系是如何在传统几经倾覆之后建立的?显然,不考察在精英和民众心中起作用的实际观念,这些结论就只能反映这几位学者的情感意图,而无法概括整个中国的思想图景。

相对而言,那些就事论事,不持极端特殊主义,同时又把考察对象集中于当代的学者,提炼出了更为客观的知识。在"民主"这扇观察中国政治模式的主要窗口中,政治学者王绍光和杨光斌等人反叛了流行的抽象叙事和西方"自由民主"的标尺,转而总结当下经验,试图与政府的"绩效"变化相对接。早在左右论战中,王绍光就是一个注重国家能力的"异数"。为什么这么说呢?因为强大的国家和左派当时主张的大众民主是不相容的。但到了最近几年,中国在社会绩效上的成功给了他融合两者的启发。王绍光引述美国学者皮特金的代表理论,认为"代表"是"以实现公众最佳利益的方式行事",而选举只是其手段之一。如此一来,便可以将西方偏重选举程序的民主观称为"代议型民主"(representative democracy),而中国偏重实质绩效的民主则为"代表型民主"(representational democracy)。②另一位政治学者杨光斌同样强调了中国强国家、弱社会的现实,这使得中国的民主路径不太可能复制西方的"社会中心主义",而是以国家为主导。民主

---

① 潘维主编:《中国模式——解读人民共和国的60年》,中央编译出版社2009年版,总论部分。

② 王绍光:《中国的"代表型民主"》,《中共杭州市委党校学报》2014年第1期。

的核心就是政府对人民的回应,在这种结构下,中国的民主自然应当是"国家的'自主性回应',而不是社会中心主义脉络下的自由民主理论家讲的被动性回应"①。

王绍光、杨光斌等的文章不仅针对着"民主"二字的定义和诠释,更重要的是,在他们看来,中国人30年来思考政治观念的习惯需要改变。杨光斌进一步指出:"由于话语设置的原因,我们已经习惯以'民主'代替或淹没自由与法治,或者说把自由与法治的事项都笼统地纳入民主政治范畴。……由于我们已经习惯于用'民主政治'这种'元叙事'或宏大叙事来回答问题,结果我们自己就掉进了自己设置的困境中而不能自拔。"②杨光斌所谓的"民主的元叙事",正是我们自80年代以来看到的泛化理解。当民主被描述成一种包罗万象的万灵药,不仅其自身无法实现,还会使人无法理解自由、法治和社会绩效这些已有的成就或者问题。

如果说21世纪初自由派的"抗争—策略"转向是右派"向左转",那么几乎同时兴起并在此时发展壮大的国家主义和"中国模式"思潮可以看作是左派"向右转"。我们知道,在西方思想史中向来是"左"为激进而"右"为保守,在中国的左右论战中也可以看到,左派对民主的陈义远高于右派。汪晖和陈燕谷所定义的左派民主,实际上是既反国际霸权,又反国内强权,但是在中国经验与国际浪潮的冲撞中,王绍光等左派和杨光斌这样无关乎左右的实证主义者拥抱了中国经验。所以在持自由民主观、不承认中国经验通往民主的右派看来,转向后的左派只继承了90年代左派的一半,"反"国际却不"反"国内了。按西方左派的标准来看,中国的左派一点也不"左",反而是右派更加"民主"了。所以自由主义者许纪霖批判道:"他们虽然反对官僚国家,却没有像西方左派那样对国家有天然的警

---

① 杨光斌:《治理民主:民主研究的新进程——对话杨光斌教授的民主理论研究》,《中共四川省委省级机关党校学报》2014年第5期。
② 杨光斌:《社会权利优先的中国政治发展选择》,《行政论坛》2012年第3期。

惕，相反地，他们将希望寄托于一个民粹式国家，一个以人民的名义实现统治的回应性威权。"① 右派认为左派定义的"民主"脱离了民主本身，而左派同样认为右派的"民主"无法描述中国，双方的矛盾出在了定义上。这也正是如今从知识界、政府到网络中，每个积极分子都自称"民主"，都在争夺民主话语权的背景。

于是这里留下了一个重大的问题，双方的争论真的不可沟通吗？倘若真的如此，中国就只能要么像80年代一样埋下冲突，要么像90年代一样拖延争论。但如果我们承认中国的真实经验并不像特殊主义者所说的那样隔绝于西方，如果我们认识到农村的政治选举和城市的绩效民主都同时存在于庞大的中国土地上，那么中国就有可能找到一种中西兼收、左右并重的民主观念。

（四）复杂工程中的次序问题：一种整合的可能

对学术界的"中国模式"转向，更确切的评判应该是一种"保守主义化"。许纪霖使用的"国家主义"在描述意义上当然成立，但国家主义还意味着在价值立场上重国家、轻社会和个人，这就不适用于那些高呼民生和传统文化的左派了。这里的"保守"是前述奥克肖特意义上的保守气质——"使用和欣赏现成可用的东西"②。也就是说，这些学者希望利用现有的制度平台和强政府的，将抽象的、规范性的理论建构转化为实证性的描述和修补建议。其实，这与右派同民众和不公正事件的接轨有着某种共性，因为都是双方反思后的结果。所以90年代至今，自由主义只是成为知

---

① 许纪霖：《进入21世纪以来的国家主义思潮》，《当代中国的启蒙与反启蒙》，社会科学文献出版社2011年版，第253页。

② ［英］迈克尔·欧克肖特：《政治中的理性主义》，上海译文出版社2004年版，第126页。当然，如前所论，这种"东西"到底是什么，在不同国家里肯定不一样。

识界①和网络平台上的主流,而左派和"中国模式"的经济政治论述,在知识界之外,尤其是政府和官方媒体处获得了更大的支持。

那么民主观念是否能被规约到左派所讲的"绩效"之中呢?也就是要回答,中国人,尤其是广大的基层民众,是否有除社会经济利益以外的、政治性的要求。现在的舆论情况似乎是,当民众遇到了某些不公正的事件,那么"民主"二字和对政府的制度批判便走上前台,右派的程序性理解自然占据上风;当民众处于波澜不惊的日常生活中,"民主"二字其实很少出现,大家即便有不满,往往是指向房价、教育和生活安全这些社会经济指标,这极为符合政府和左派的预测。按华裔政治学家史天健的统计,当中国民众被问及"什么是民主"时,多达42%的人选择了"不清楚",24.6%的人赞同程序性定义,还有14.1%的人则倾向于民本主义的选项。②正是这样的民主认知,使得中国人在高呼民主、赞同民主的同时,又对缺乏程序性选举的现实比较满意。那些因为"民主"二字在中国各阶层中不绝于耳,而预测中国将快速转向选举民主的西方政客和学者,似乎想得太简单了。

其实中国人既关心绩效,也关心选举的态度并不是什么特殊现象,全世界哪个国家的民众不是如此呢?发达的经济、丰富的社会生活和有效能感的政治参与,都是现代公民诉求的一部分,只不过在不同的国家,这几个部分受重视的程度不同罢了。民主化的理论与实践发展至今,越来越多的有识之士发现,民主是一个包含了多方面内容的系统工程。就民主的实现形式而言,有选举、协商、监督和政府回应等多种渠道;就民主化的过

---

① 不包括理论界。

② Tianjian Shi and Jie Lu, The Shadow of Confucianism, *Journal of Democracy*, 2010, Vol. 21, No. 4. 国内外还有不少实证研究得出了类似的结论,如张明澍《中国人想要什么样民主》,社会科学文献出版社2013年版。不过张明澍著中的问题选项设置似乎不太合理,不如史天健及其经常引用的"亚洲民主调查"(ABS)。

程而言，有转型、巩固、深化、绩效提升等多个步骤。一个成功而稳定的民主政府，往往要在这些方面都做得不错。这样看来，右派强调的选举程序和左派强调的治理绩效，与其说是两条对立的道路，不如说是宏大民主化工程中的不同侧面、不同步骤。

对民主化的这些步骤而言，有一些次序是不可违反的。如今国际学术界已普遍认为，只有在一个稳定、有能力的国家基础上实行民主化，才能实现稳定的转型。曾在90年代初高呼"历史终结于自由民主"的日裔政治学家福山，近来就有此反思。他写道，如果在现代官僚体系成形后再发展以公民权（franchise）为标志的大众民主，那么民主化会平稳而有效，德国就是典型的例子；一旦大众民主的扩张早于国家建设，就可能滋生腐败和庇护主义，比如希腊和意大利；而美国的经验更为复杂，19世纪的弱政府使庇护主义丛生，20世纪的现代行政改革则孕育了高效的民主。[1] 其实中国的经验不也是如此吗？从毛泽东时代过分的大众民主，到邓小平以后国家构建优先于民主权利、行政改革优先于政治改革的转变，是不是和福山笔下的美国有些相似？杨光斌在2012年的一篇文章中设计了一个民主的"词典式序列"："法治民主"在先，"分权民主"次之，最后才能进行选举民主和协商民主。[2] 当然这几个名词的内涵可能引发争论，但杨光斌对民主化的定序和近来中央高层对国家能力的重视，[3] 无疑与福山等西方学者旨趣相投。这与其说是学者在研究上的巧合，不如说是中国和欧美殊途同归的成功经验，催生了殊途同归的理论总结。

---

[1] Francis Fukuyama, Democracy and the Quality of the State, *Journal of Democracy*, 2013, Vol. 24, No. 4.

[2] 杨光斌：《作为民主形式的分权：理论建构、历史比较与政策选择》，《中国人民大学学报》2012年第6期。

[3] 最能反映当前这一趋势的论述当属十八届三中全会提出的"推进国家治理体系和治理能力现代化"，参见《中共中央关于全面深化改革若干重大问题的决定》，新华网，http://www.sn.xinhuanet.com/2013-11/16/c_118166672.htm。

与此同时,民主化的另一些次序未有定论,是中国等发展中国家应该大胆创新的地方。层出不穷的乡、村民主实验一直在启发学者思考民主的新道路。例如,在选举民主受限的情况下,可不可以先普及决策、协商、监督等过程的民主化呢?如果说先发国家的民主化是先以选举民主解决权力来源上的问题,到 20 世纪下半叶再拓展广泛的社会民主,以解决权力行使方面的问题,那么中国是否可以"逆序"而进呢?在景跃进看来,无论是基层社区的民主建设、乡镇干部的公选,还是行政听政、民主恳谈、政府开门决策、民意收集技术的发展,都表明,中国基层正在尝试这样一条道路。① 王绍光更是将这些做法总结为民主的"四轮驱动":选举、抽签、公众参与和群众路线。这其中有选举有决策参与,有国家主导也有社会自发——虽然四者不无相互冲突的可能,但这无疑是对未来道路一个最完备的展望。② 近来的政治文化研究一直在揭示,与民主相关的"自我表达"价值观,和工业化带来的经济价值观可能是两种独立的逻辑,自我表达对民主观念的促进作用,也常常超出经济发展的影响。③ 虽然与欧美相比,中国仍然比较缺乏自我表达的文化,但这些发现启示我们,围绕当地民众关心的议题,适时地推进相应的民主决策形式,也未尝不会成功。中国农村的民主实践,不正是最有力的证据么?

在这一视野下,"能力—绩效"民主观和"选举—程序"民主观或许可以互相弥补,有所整合。福山最近以二者为衡量标准,设计了一个衡量各国治理状况的坐标系,中国处于国家能力强但程序约束弱的一

---

① 景跃进:《关于民主发展的多元维度与民主化序列问题——民主化理论的中国阐释之二》,《新视野》2011 年第 2 期。

② 欧树军、王绍光:《超越"代议制"的民主四轮驱动》,《社会观察》2012 年第 8 期。

③ Ronald Inglehart and Christian Welzel, *Modernization, Cultural Change and Democracy: The Human Development Sequence*, Cambridge University Press, 2005.

端，与美国正好相反。① 其实这个衡量坐标仍然太宏大，中国是一个大国，各地、各级政府的治理状况有所不同，各地、各阶层民众对这两种观念的需求也有所不同。例如，在很多选举程序已经成熟的农村，可能缺的是招商引资、开发土地的政府能力；而对于一些强大的高层级政府，当然如福山所言，缺的是选举和协商的制约。总的来看，一种包容性的民主观念，既是总结中国复杂经验的需要，也是指引宏大民主工程的需要。

不过，如今很多人仍然停留于中西二元对立、两种民主观二元对立的意识形态之中。② 其实中国特色的民主经验和民主理论一直都是世界民主大潮中的主角之一，如果我们固守某种囿于"绩效"或者"民本"的特殊主义视角，不仅无法概括中国的实践经验，在理论上也只是一种"反西方中心观"而已，比强行推广单一政治模式的"西方中心观"高明不了多少，更不利于中国抢占世界民主的话语权，建设对外的软实力。以美国为首的霸权国在亚非拉"输出民主"的同时忽视了国家能力建设，造成无数失败国家，难道中国就应该反其道而行之，为了国家能力而轻视甚至牺牲民主吗？经得起考验的民主观，必然是一种包容性的经验总结，对实践持开放态度，而不是以教条去束缚实践。

（五）21世纪的特点

在21世纪至今的十余年里，"经济—稳定"优先的改革路线仍大体延续。但社会阶层与技术的变迁再次改变了中国的观念结构，自下而上的社会抗争和自上而下的知识公共化，造就了一个越来越庞大的、有能力发声

---

① Francis Fukuyama, What is Governance? *Governance*, 2013, Vol. 26, No. 3.
② 如杨晓青《宪政与人民民主制度之比较研究》，《红旗文稿》2013年第10期。

的基层群体。至此，中国社会的"政府—知识界—基层"三元观念结构正式成型。

这一结构不同于90年代，其特点包括如下三个方面。

第一，如果从"民主"二字的普及程度来说，中国已经非常高了。占半数人口的网民，加上超过半数人口的、拥有直选权的村民，可以说全体中国人都已经跟"民主"密不可分。但从观念的理解深度和共识程度上来说，便又是一副面貌。高层理解的民主以治理绩效和既有制度为先；知识界的左右分立则加深了，有坚持自由民主者，亦有赞同高层的保守主义者，着眼于矛盾和抗争的左翼也未见衰弱；基层民众同样变得复杂，他们仍然关心经济社会收益，在矛盾面前他们也会倾向于政治民主，但大部分人远未达到协商合作的要求。

第二，知识界分化的背景是，部分右翼助力启蒙和抗争，形成了"向下"的公共化，而部分左翼基于政府的成功经验，形成了"向上"的保守化。这固然使独立的学术研究更加薄弱，但政治知识的特殊性就在于，它们从来就不是独立于社会的抽象研究。换个角度看，知识界在实践上与政府和民众接轨，这正是21世纪超越20世纪90年代，以"否定之否定"的方式回归80年代的可能性。

第三，哪一种民主观念会占据上风，或赢得更多的民众？在目前看来，中国的主流仍然是政府和保守知识分子共同创造的"治理绩效—中国模式"话语，至今维持增长的经济和大致稳定的社会为其提供了最有力的论据。但是长远来看，选举民主对权力制约的作用不可忽视，庞大的地方政治场域也随时在创造新的民主形式。一旦中国经济出现震荡，这几种民主观念的格局必然会发生改变。

总之，民主化是一项宏大工程，中国也是一个超大国家，我们需要将这些对立性的民主观糅合为互补性的共识，因时因地投入实践。在社会比较稳定、基层创新迭出的今天，我们应当有这样的胸怀。

20世纪80年代:推动选举民主,培育协商民主

叶麒麟[①]

1949年新中国的成立,开启了中国社会主义建设的新时代,开创了中国民主建设的新纪元。如何巩固和执掌政权,如何恢复和发展国民经济,以及如何建设人民当家做主的民主政治,成为新中国成立之后摆在作为执政党的中国共产党面前的首要课题。在此意义上,民主建设成为新中国社会主义建设的重要内容和任务。为此,在采取全国规模的镇压反革命运动和土地改革,以及开展政党整风和"三反""五反"运动等举措后,巩固了国家政权和恢复了经济基础,在建立了党委会制度和党组制度以加强对政府的领导的同时,中国共产党领导人民创建了包括人民代表大会制度、共产党领导的多党合作和政治协商制度、民族区域自治制度在内的社会主义民主制度,颁布了新中国第一部宪法及一系列具体法律、法规,从而奠定了人民当家做主的基本制度框架。另外,1956年党的八大明确肯定了党内民主的主张,以及毛泽东提出正确处理两类不同性质矛盾的思想,明确了国家政治生活的主题,更是对新中国进行民主建设的鼓励。

遗憾的是,在民主政治制度确立起来,剥削阶级作为一个阶级从整体上已经被消灭,民主建设正将进入扩展和深化阶段之时,由于对阶级斗争形势的错误估计,导致了1957年的"反右"斗争的严重扩大化,以及1959

---

① 华侨大学公共管理学院副教授。

年庐山会议的错误斗争，致使民主建设出现了挫折。尤其是后来的"文化大革命"更是用"大鸣、大放、大字报、大辩论"所谓群众的"大民主"运动代替社会主义民主；用群众"大民主"反对集中，反对权威，反对党的领导；用群众"大民主"运动破坏党的组织和政权机关，破坏法制和秩序，破坏社会稳定。这一切使得中国共产党执政以来建立的政治制度和法律体系被摧毁，民主建设和发展出现了偏差，出现了历史的大倒退。①

从某种意义上说，"文化大革命"是新中国的一场民主危机，更为具体地说，这是一场民主非制度化乃至反民主的危机。为此，进行民主思想的再启蒙和民主制度化，成为"文革"结束之后改革开放这一新历史时期的重要任务，也成为了20世纪80年代中国民主发展的主要内容。

◇一 民主思想的再启蒙

在与资本主义文明的较量中屡次处于下风，尤其是甲午海战的惨败，使得一批中国知识分子开始认识到，军事、政治和文化的落后，尤其是国民素质的低下，是中国惨败于西方的重要原因所在。于是，严复、梁启超等维新知识分子呼吁要用西方近代理念开启民智、培育新民德、塑造新国民，以救亡图存，富民强国。这也由此开启了中国近代意义上的思想启蒙运动。这种思想启蒙运动在新文化运动时期达到了新高潮。新文化运动高举了"民主"和"科学"两面旗帜，这是新文化知识分子先锋们对近代中国屡陷困境深入反思后得出的洞见，确是诊治中国的对症之药石。正是这场运动，使得民主思想和理念深入人心，才成为新旧民主主义革命的转折点，也才造就了作为无产阶级和全国各族人民先锋队的中国共产党后来的

---

① 参见王仲田《五十年社会主义民主建设的理论与实践》，《前进》1999年第11期。

民主追求和实践。

然而，20世纪50年代后期开始出现的反右扩大化乃至"文化大革命"运动，则在相当程度上说明了民主的式微和民主思想的缺失。即使在1976年10月挫败"四人帮"之后，这种反民主思想仍然没有消逝。最明显的体现就是，华国锋等为了使自己的地位具有合法性，提出了"两个凡是"，即"凡是毛主席作出的决策，我们都坚决维护，凡是毛主席的指示，我们都始终不移地遵循"；以及1978年初通过的《宪法》继续坚持"以阶级斗争为纲"，坚持"无产阶级专政下的继续革命"理论，强调要"巩固和发展无产阶级文化大革命的伟大成果"。而这就必然要求进行思想解放，进行民主思想的再启蒙，以便进行民主政治的恢复与建设。为此，自1978年伊始，以邓小平同志为核心的中国共产党在全国范围内进行思想解放，掀起了一场民主思想的再启蒙运动。这场民主思想再启蒙的具体内容主要包括如下三个方面。

（一）民主是社会主义的题中之义

针对"两个凡是"的错误思想禁锢，以及如何认识"文化大革命"问题，1978年5月11日，《光明日报》以特约评论员的名义公开发表《实践是检验真理的唯一标准》这篇文章，新华社全文转发全国。次日，《人民日报》和《解放军报》全文转载。随后绝大多数省、市、自治区的报纸也陆续转载。这篇文章论述了检验真理的标准只能是社会实践，理论与实践的统一是马克思主义的一个最基本的原则的观点，指出任何理论都要不断接受实践检验。马克思主义的理论宝库并不是僵死不变的教条，它要在实践中不断增加新的观点和结论。当然，依然存在着"圣经上载了的才是对的"错误倾向。这是"四人帮"加载于人们身上的精神枷锁，必须打破。该篇文章从根本理论上否定了"两个凡是"的错误方针和思想，从而引起了全党和全国的广泛注意，并由此引发了一场全国性的关于真理标准问题的大讨论。但是，这场大讨论一开始遭到了华国锋和当时分管宣传工作的汪东兴等的压制,他们要么对讨论不表态,要么指责这一讨论实际上是把矛头直指毛泽东思想。于是,一场关系党的思想路线的原则分歧的争论展开了。对此,邓小平、叶剑英、李先念、陈云、胡耀邦等多数领导人积极领导和支持这一场大讨论。他们在不同场合强调实事求是的原则,强调要恢复党的优良传统,推进拨乱反正,克服仍然存在的"左"倾错误。正是在邓小平和中共中央多数领导人支持、指导下,真理标准问题的讨论冲破压力,在全国广泛开展。

正是真理标准问题的大讨论,为正确认识"文化大革命",全面认真地拨乱反正,为中共十一届三中全会的召开,为开辟有中国特色社会主义道路做了思想上和理论上的准备。因而这场大讨论被视为"文革"结束后中国共产党主导的思想解放运动的开端。随后在1978年中央工作会议的闭幕会上,邓小平同志做了被视为中共十一届三中全会主题报告的《解放思想、实事求是,团结一致向前看》的重要讲话。而在此次讲话中,邓小平同志特别强调,"解放思想是当前的一个重大政治问题",而"民主是解放思想的重要条件"。[①] 由此开启了民主思想的再启蒙运动。

除了宣扬民主是解放思想的重要条件之外,以邓小平同志为核心的中国共产党重申了民主是社会主义题中之义的思想。民主,就其本意而言,即人民当家做主,自己管理自己,人民是统治者。中国虽然接受了马克思主义经典作家基于对资本主义民主虚伪性批判基础上的人民当家做主的社会主义民主基本理念,并在本质上赋予社会主义民主高于资本主义民主的性质,但在民主的操作层面的继承中却表现出明显的不足,以致被毛泽东用"大民主"的规范赋予现实性,民主便被扭曲为群众运动和个人专断两个极端,最终导致了"文化大革命"时期的专制主义和反民主的泛滥,从而使得民主从社会主义范畴中消失殆尽。为此,中共十一届三中全会认真

[①] 《邓小平文选》(第二卷),人民出版社1994年版,第141、144页。

讨论的民主和法制问题，认为当前这个时期特别需要强调民主。而邓小平同志在1979年3月召开的党的理论工作务虚会上的《坚持四项基本原则》讲话中更是明确指出，"没有民主就没有社会主义，就没有社会主义的现代化。""社会主义愈发展，民主也愈发展。这是确定无疑的"①。"我们过去对民主宣传得不够，实行得不够，制度上有许多不完善，因此，继续努力发扬民主，是我们全党今后一个长期的坚定不移的目标。"②

此外，邓小平同志在1980年中央政治局扩大会议上的《党和国家领导制度的改革》讲话中也指出，改革党和国家领导制度及其他制度，是为了充分发挥社会主义制度的优越性，加速现代化建设事业的发展，而为了充分发挥社会主义制度的优越性，在政治上，当前和今后一个时期，必须要充分发扬人民民主，保证全体人民真正享有通过各种有效形式管理国家，特别是管理基层地方政权和各项企业事业的权力，享有各项公民权利。"我们进行社会主义现代化建设，是要在经济上赶上发达的资本主义国家，在政治上创造比资本主义国家的民主更高更切实的民主，并且造就比这些国家更多更优秀的人才。"③ 而党政不分、官僚主义、权力过分集中、家长制、干部领导职务终身制与形形色色的特权现象等党和国家领导制度及干部制度存在的弊端，"妨碍甚至严重妨碍社会主义优越性的发挥"。④ 总之，中国共产党正是通过将民主视为社会主义的题中之义，进行民主思想再启蒙，并以此来拨乱反正，结束对民主的扭曲和唾弃。

（二）是社会主义民主而不是资本主义民主

纵观世界政治的发展实践，20世纪70年代中期伊始，以南欧的葡萄

---

① 《邓小平文选》（第二卷），人民出版社1994年版，第168页。
② 同上书，第176页。
③ 同上书，第322页。
④ 同上书，第327页。

牙、西班牙、希腊等国家为开端，一个全球范围内的自由民主化浪潮正逐渐席卷开来。这一自由民主化浪潮给刚经历过"文化大革命"大劫难的中国带来了"福音"，出现了许多以自由民主作为标识的资本主义民主的追求者。面对自由民主思潮的涌入和资本主义民主的引诱，在重申了民主对于社会主义的重要地位和作用的同时，以邓小平同志为核心的中国共产党则是再次强调中国实行的是社会主义民主，而不是资本主义民主，反对搞资产阶级自由化。

应该说，在政治上发展民主、建设社会主义民主政治，是在总结"文化大革命"十年的惨痛教训基础上，中共十一届三中全会提出的重大决策之一，其成为此后中国政治发展和政治体制改革所追求的基本目标。作为改革开放路线的决策者，邓小平同志早在1979年3月召开的党的理论工作务虚会上的《坚持四项基本原则》讲话中就肯定了毛泽东所确定的中国民主建设的社会主义性质："我们的目标，是想造成一个又有集中又有民主，又有纪律又有自由，又有统一意志、又有个人心情舒畅、生动活泼，那样一种政治局面。这就是社会主义民主的政治局面，这就是我们今天和今后所要努力实现的政治局面。"① 在此讲话中，针对一小部分群众尤其是青年中间的思想混乱，邓小平同志特别强调，"我们一定要向人民和青年着重讲清楚民主问题。社会主义道路、无产阶级专政、共产党的领导、马列主义毛泽东思想，都同民主问题有关。什么是中国人民今天所需要的民主呢？中国人民今天所需要的民主，只能是社会主义民主或称人民民主，而不是资产阶级的个人主义的民主"②。

另外，1985年5月20日，邓小平同志在同由台湾来到北京大学任教的陈鼓应教授的谈话中，向其表示，中国坚持社会主义，不走资本主义的邪路。他指出："中国在粉碎'四人帮'以后出现一种思潮，叫资产阶级自由

---

① 《毛泽东著作选读》下册，人民出版社1986年版，第887页。
② 《邓小平文选》（第二卷），人民出版社1994年版，第175页。

化，崇拜西方资本主义国家的'民主''自由'，否定社会主义。这不行。中国要搞现代化，绝不能搞自由化，绝不能走西方资本主义道路。对搞资产阶级自由化并且触犯了刑律的人，不严肃处理是不行的。因为他们搞的这一套无非是大鸣、大放、大字报，出非法刊物，实际上是一种动乱，是'文化大革命'遗留下来的做法。"①

此外，1986年9月28日，中共十二届六中全会在北京举行，全会通过了《中共中央关于社会主义精神文明建设指导方针的决议》，强调加强马克思主义在精神文明建设中的指导地位和反对资产阶级自由化的重要内容。可是，该决议没有得到认真有力的贯彻，对于实际存在的右倾错误，并未进行有力的斗争。于是，1986年底，发生了波及不少城市的学潮。对此，邓小平同志于同年12月30日发表了《旗帜鲜明地反对资产阶级自由化》的讲话。在讲话中，他指出，"学生闹事，大事出不了，但从问题的性质来看，是一个很重大的事件。凡是冲天安门的，要采取坚决措施"。"凡是闹得起来的地方，都是因为那里的领导旗帜不鲜明，态度不坚决。"②他又指出，"从中央到地方，在思想理论战线上是软弱的，丧失了阵地，对于资产阶级自由化是个放任的态度，好人得不到支持，坏人猖狂得很"③。另外，他更加明确地指出"我们讲民主，不能搬用资产阶级的民主，不能搞三权鼎立那一套"④。"反对资产阶级自由化至少还要搞二十年。民主只能逐步地发展，不能搬用西方的那一套，要搬那一套，非乱不可。"⑤ "反对资产阶级自由化是不可缺少的，不要怕外国人说我们损害了自己的名誉。走自己的路，建设有中国特色的社会主义，中国才有希望。"⑥ 在党的十三大召开前

---

① 《邓小平文选》（第三卷），人民出版社1993年版，第123页。
② 同上书，第194页。
③ 同上书，第195页。
④ 同上。
⑤ 同上书，第196页。
⑥ 同上书，第197页。

夕，邓小平同志在会见南斯拉夫共产主义者联盟中央主席团委员科罗舍茨时的谈话中，更是明确地指出，"一般讲政治体制改革都讲民主化，但民主化的含义不十分清楚。资本主义社会讲的民主是资产阶级的民主，实际上是垄断资本的民主，无非是多党竞选、三权鼎立、两院制"。"我们必须进行政治体制改革，而这种改革又不能搬用西方那一套所谓的民主，不能搬用他们的三权鼎立，不能搬用他们的资本主义制度，而要搞社会主义民主。"[1] 从某种意义上说，以邓小平同志为核心的中国共产党对发展社会主义民主的表态和宣扬，有力地应对了西方资产阶级自由化思潮的渗透与影响，从而成为中国民主思想再启蒙的又一项重要内容。

（三）民主要制度化、法制化

对于民主和法制建设问题，尤其是民主与专政、民主与集中和民主集中制等问题，毛泽东有过精辟的论述。在实践中，毛泽东也曾注意到权力过度集中的弊端并多次尝试简政放权；认为几个党比一个党好，并为了让民主党派有发表意见的机会，有意识地留下他们；认为斯大林破坏社会主义民主、践踏社会主义法治的行为在英美西方国家不可能发生。[2] 但是，毛泽东的上述民主思想并未转换成持久有效的作用。其中关键的原因在于民主缺乏制度化、法制化。正因为缺乏制度化、法制化，才使得毛泽东本人的行为不受制度和法律的约束，具有很强的主观随意性；也才使得晚年毛泽东对群众运动的迷信，从而造成了无政府主义泛滥。这些最终酿成了"文化大革命"的悲剧。因此，在1978年中央工作会议闭幕会上的《解放思想、实事求是、团结一致向前看》重要讲话中，邓小平同志就明确指出，

---

[1] 《邓小平文选》（第三卷），人民出版社1993年版，第240页。

[2] 李景治等：《邓小平政治体制理论研究》，中国人民大学出版社1999年版，第75—76页。

"为了保障人民民主，必须加强法制。必须使民主制度化、法律化，使这种制度和法律不因领导人的改变而改变，不因领导人的看法和注意力的改变而改变。现在的问题是法律很不完备，很多法律还没有制定出来。往往把领导人说的话当做'法'，不赞成领导人说的话就叫做'违法'，领导人的话改变了，'法'也就跟着改变"①。

随后，邓小平同志在《党和国家领导制度的改革》讲话中，在总结"文化大革命"教训时，再次强调民主制度化、法制化的重要性。他指出，"我们过去发生的各种错误，固然与某些领导人的思想、作风有关，但是组织制度、工作制度方面的问题更重要。这些方面的制度好可以使坏人无法任意横行，制度不好可以使好人无法充分做好事，甚至会走向反面"。"不是说个人没有责任，而是说领导制度、组织制度问题更带有根本性、全局性、稳定性和长期性。"② 十一届三中全会也完全赞同邓小平同志关于"民主要制度化、法律化"的思想，指出，"为了保障人民民主，必须加强社会主义法制，使民主制度化、法律化，使这种制度和法律具有稳定性、连续性和极大的权威"③。后来，中共十一届六中全会通过的《关于建国以来党的若干历史问题的决议》，在总结"文化大革命"教训时也指出，"我们没有能把党内民主和国家政治社会生活的民主加以制度化、法律化，或者虽然制定了法律，却没有应有的权威"④。

此外，1986年中共中央公布邓小平在1980年关于《党和国家领导制度的改革》的讲话，这意味着中国共产党决定正式启动政治体制改革的艰巨工程。而在政治体制改革的内容问题上，在中共十三大召开前夕，邓小平同志在会见美国前总统卡特的谈话中就指出，"政治体制改革包括民主和法

---

① 《邓小平文选》（第二卷），人民出版社1994年版，第146页。
② 同上书，第333页。
③ 《三中全会以来重要文献选编》上册，人民出版社1982年版，第11页。
④ 《三中全会以来重要文献选编》下册，人民出版社1982年版，第819页。

制。我们的民主同法制是相关联的"①。"中国的政治体制改革,要讲社会主义的民主,也要讲社会主义的法制。在强调发展民主的同时,要强调教育我们的人民特别是青年要有理想,守纪律。"② 随后,中共十三大的《沿着有中国特色的社会主义道路前进》报告也明确提出包括民主的制度化和法制化在内的政治体制改革内容。

综上所述,为了从"文化大革命"劫难中摆脱出来,以邓小平同志为核心的中国共产党在全国范围内进行思想解放。其中在20世纪80年代,从"民主是社会主义的题中之义"、"是社会主义民主而不是资本主义民主"及"民主要制度化、法制化"三个方面阐述和宣扬中国民主发展的重要性和道路选择等思想,反对用"大鸣、大放、大字报、大辩论"所谓"四大"来代替民主,重申民主的"三不主义",即不抓辫子、不扣帽子、不打棍子,从而造就了20世纪中国第二次的民主思想启蒙。

❖二 民主的制度化

经过"以阶级斗争为纲"的"左"的错误以及无政府主义泛滥的群众运动的肆虐,新中国成立初期所建立起来的社会主义民主政治制度遭到破坏践踏甚至夭折,民主政治生活被扭曲,缺乏制度化、规范化。从此意义上说,使民主政治生活制度化,恢复和建设政体形态的民主,这是在粉碎"四人帮"后,中国欲真正结束"文化大革命"和避免重蹈"文化大革命"覆辙的首要任务。因此,在如前文所述的民主思想的再启蒙下,党和国家也开始从制度化的方面对政体层面的民主政治进行恢复和建设。

20世纪80年代,关于中国政体民主的制度化建设,主要体现在如下四

---

① 《邓小平文选》(第三卷),人民出版社1993年版,第244页。
② 同上书,第245页。

个方面。

(一) 修宪与政体民主的法制化

在现代法治社会中，法制化算是属于高级形式的制度化。其中，宪法制定更是法制化的核心环节。从某种意义上说，一个国家的宪法是对该国政治权力配置（即政体）的最高权威确认。在新中国成立之后，作为执政党的中国共产党领导人民于1954年制定了《中华人民共和国宪法》，从法制层面确认和维护新中国成立初期的社会主义民主政体的制度化成果，这意味着中国由此踏上了社会主义宪政的建设发展之路。然而，令人遗憾的是，从20世纪50年代后期到70年代，中国出现了非正常的政治状态，整个国家充斥着"法律虚无主义"，使得宪法成为一纸空文；专制主义的肆虐，使得宪法的法治原则和民主精神荡然无存。在"文化大革命"的十年内乱期间，作为民主异化物和法制灾星的"大民主"，将中国社会变成为无序状态，政治权力配置的合理性、政体民主荡然无存，乃至国家主席的人身安全和人格尊严都得不到宪法应有的保护。

虽然在"文化大革命"临近尾声之时，延迟多年才召开的四届人大一次会议通过了1975年宪法。但该部宪法与中共九大通过的新党章一样，只是"无产阶级专政下继续革命"的理论和实践的忠实记录。它肯定了"无产阶级专政下继续革命"的理论和实践，特别是"文化大革命"，认为"无产阶级必须在上层建筑起重包括各个文化领域对资产阶级实行全面的专政"；"大鸣、大放、大字报、大辩论"是"人民群众创造的社会主义革命的新形式"，"国家保障人民群众运用这种形式"。还出现了用在"文化大革命"中通过夺权建立起来的革命委员会代替地方人民代表大会的常设机关，取消人民检察院以及全国人大及其常委会的监督权甚至取消"公民在法律上一律平等"等规定。简言之，1975年宪法破坏了1954年宪法规定国家政治权力的合理配置和政体民主，成为反映"左"的错误的、存在严重问题的一部宪法。另外，虽然1978年中国又进行了修宪，颁布了一部新宪法，恢复了1954年宪法中的一些正确的原则和制度，但同样由于指导思想上的原因，未能对"文化大革命"期间的1975年宪法做实质性的修改，而在许多方面保留着"左"的痕迹，国家的政治权力配置依然存在着严重的不合理性，政体民主依然没有得到真正的恢复。

于是，针对国家政治权力配置的不合理和政体民主缺乏的问题，在中共十一届三中全会关于民主制度化和法制化的号召之后，1982年宪法便应运而生。换言之，1982年宪法是对国家政治权力配置恢复合理，政体民主开始得到恢复和制度化的权威确认和体现。这主要体现在如下四个方面：(1) 思想基本原则是政体民主制度化的指导思想。1982年宪法总的指导思想，就是坚持社会主义道路，坚持人民民主专政，坚持中国共产党的领导，坚持马列主义毛泽东思想基本原则。正是在此指导思想下，该部宪法规定了中华人民共和国是工人阶级领导的，以工农联盟为基础的人民民主专政的社会主义国家。国家的一切权力属于人民，人民依照法律规定，通过各种途径和形式，管理国家事务，管理经济、文化和社会事务。(2) 以宪法至上精神规约国家政治权力。在很长时期内，中国的人治色彩非常浓厚，往往把领导人说的话当作"法"，宪法尊严得不到真正保护，国家政治权力缺乏应有的规约。因此，1982年宪法就明确规定，"全国各族人民，一切国家机关和武装力量，各政党和各社会团体，各企业事业组织，都必须以宪法为根本的活动准则，并且负有维护宪法尊严、保证宪法实施的职责。""一切国家机关和武装力量、各政党和各社会团体、各企业事业组织，都必须遵守宪法和法律。一切违反宪法和法律的行为，必须予以追究。""任何组织或者个人都不得有超越宪法和法律的特权。"(3) 政治权力机构的恢复和建设。1982年宪法扩大了人大常委会的职权；重新确认了人民政治协商会议的地位和作用；恢复了1954年宪法设立国家主席的规定；新设了国家中央军事委员会领导全国武装力量；国务院实行总理负责制，各部、委实行部长、主人负责制；在中央统一领导下，加强地方政权建设，改变农村人民公社的政社合一体制，设立乡政权；扩大基层直接民主，县级以下人大代表直接选举产生。在基层设立居民委员会、村民委员会作为群众自治组织等。

应该说，1982年宪法继承和发展了1954年宪法的基本原则，它是用国家根本大法的形式，对国家的政治制度、经济制度，对公民的基本权利和义务，对国家政治权力机构的设置和职权等重大问题，都做了明确的规定，是我国在新的历史时期治国安邦的总章程。1982年宪法的颁布和实施，对于发扬社会主义民主，促进社会主义民主制度化，对于开创社会主义现代化建设和改革开放的新局面，起着极其重要的保证作用。而随着20世纪80年代改革开放的不断推进，经济改革和发展的实践出现了私营经济地位进而土地转让等新问题，于是，1982年宪法在1988年进行了修订，但只是相应部分的修订而已。

从技术的角度，宪法的修改可以分为全面修宪和部分修宪两种。全面修宪是指在不改变国家宪法精神的前提下，对宪法进行整体修订，并重新颁布；而部分修宪则是指以决议或者宪法修正案的方式，对宪法的部分内容进行调整、变更或补充。1975年宪法、1978年宪法和1982年宪法都是属于全面修宪范畴，而1982年以后的修宪则属于部分修宪范畴。[1] 正是在此意义上，1982年宪法的颁布也算是修宪范畴。而如前文所述，1982年宪法在相当程度上是国家政治权力合理配置和政体民主得到恢复和制度化的权威确认和体现。从此意义上说，修宪就成为20世纪80年代中国民主法制化、制度化建设的重要举措和内容。

---

[1] 林尚立等：《制度创新与国家成长——中国的探索》，天津人民出版社2005年版，第36页。

（二）选举与代表民主的制度化

代表民主是现代民族国家时代下的政体民主形式，这种间接民主形式的政体成为当代世界的主流政体形式，代表民主化也成为当代世界政治发展的主要趋势。而人民代表大会制度是中国的政体，是人民当家做主的根本政治制度。人民通过各级人民代表大会，行使人民当家做主的权利，行使国家权力。人民代表大会及其常务委员会充分发扬民主，集思广益，代表和反映人民的意志和根本利益。显然，人民代表大会制度也是一种代议民主政体形式。

早在1949年9月，中国人民政治协商会议第一届全体会议所通过的《中国人民政治协商会议共同纲领》，就确定了人民代表大会制度为中国的根本政治制度，将其视为人民当家做主的政权组织形式。而1954年9月15日，第一届全国人民代表大会第一次会议召开，更是标志着全国人民代表大会制度正式确立起来了。应该说，此次会议的召开，开创了中国社会主义民主的全新阶段，是中国代议民主发展的一个重要里程碑。然而，从1957年"反右"斗争开始，中国的政治生活进入一个无序时期。在"左"的思想影响下，人民代表大会制度逐渐受到削弱。这主要表现在："各级人大及其常委会不能按期开会；国家和地方重大事情很少提交人大及其常委会审议；立法工作趋于停顿，法制建设受到削弱；国家民主生活被严重窒息，人大代表不敢畅所欲言。"[①] 而在"文化大革命"期间，人民代表大会制度更是几乎陷入瘫痪状态。整整10年没有召开一次全国人民代表大会会议，一直到1975年才召开第四届全国人民代表大会。换言之，这时期的代议民主荡然无存。

---

① 浦兴祖：《当代中国政治制度》，复旦大学出版社1999年版，第14页。

到"文化大革命"结束,从 1978 年起人民代表大会制度才开始得到恢复。1978 年底召开的中共十一届三中全会,总结了新中国成立以来正反两方面的经验教训,尤其是"文化大革命"的教训,提出"有法可依、有法必依、执法必严、违法必究",强调要加强社会主义民主与法制建设,迎来了人民代表大会制度建设和发展的新的历史时期,从而使代议民主得以恢复和制度化。纵观 20 世纪 80 年代,人民代表大会制度的建设和发展主要体现在:改进和完善了选举制度;扩大了全国人大常委会的职权;加强了全国人大及其常委会的组织建设;设立了县级以上地方各级人大常委会;规定省、自治区、直辖市的人大及其常委会,有权制定地方性法规;省、自治区、直辖市的人民政府所在地的市和经国务院批准的较大的市的人大及其常委会,可以制定地方性法规,报省级人大常委会批准后生效;改变农村人民公社政社合一的体制,恢复设立乡政权。① 但是,就代议民主的制度化而言,着力于竞争选举方面的制度改进和完善更具有根本性。因为选举制度是代议政治的基础,竞争选举是代议民主的基础。从此意义上说,从 20 世纪 80 年代的选举实践及其制度建设方面,可以管窥出同时期中国的代议民主的制度化状况。而纵观 20 世纪 80 年代,中国的选举制度建设可以分为如下的恢复、调整和发展三个时期。②

1. 恢复时期的选举制度状况

在中共十一届三中全会关于加强社会主义民主和社会主义法制的号召下,为了恢复和发展社会主义民主,保证人民当家做主权利的真正实现,1979 年 7 月五届全国人民代表大会第二次会议分别通过了《中华人民共和国地方各级人民代表大会和地方各级人民政府组织法》和《中华人民共和国全国人民代表大会和地方各级人民代表大会选举法》,从而使得在"文化

---

① 浦兴祖:《当代中国政治制度》,复旦大学出版社 1999 年版,第 15 页。
② 这里的三个时期主要是借用李猛等学者的划分办法。具体参见李猛等《新中国选举制度发展历程》,世界知识出版社 2013 年版,第 7 页。

大革命"期间无法有效运转的选举制度得以恢复,同时也使得中国的选举制度向着民主化的目标迈进了一大步。这主要表现以下几个方面。

(1)扩大普选范围。依据当时的政治环境,1953年《选举法》根据阶级和政治特征列举了很大比例的不具有选举权的人。1979年《选举法》规定,除依法剥夺政治权利的人和精神病患者外,其他年满18周岁的公民都有选举权和被选举权。

(2)扩大直接选举范围。1979年《选举法》规定,不设区的市、市辖区、县、自治县、人民公社、镇的人民代表大会的代表,由选民直接选出。直接选举范围直接由乡镇一级扩大至县级,扩大了人民民主权利。

(3)给予了省、自治区、直辖市人大常委会对地方各级代表数额较大的决定权。1979年《选举法》规定,全国人民代表大会代表的名额不超过3500人;地方各级人民代表大会代表的名额,由各省、自治区、直辖市的人民代表大会常务委员会,按照便于召开会议、讨论问题和解决问题,并且使各民族、各地区、各方面都能有适当数量的代表的原则自行决定,并报全国人民代表大会常务委员会备案。

(4)实行差额选举。1979年《选举法》规定,全国和地方各级人民代表大会代表候选人的名额,应多于应选代表的名额。由选民直接选举的代表候选人名额,应多于应选代表名额的1/2至1倍;由地方各级人民代表大会选举上一级人民代表大会代表候选人的名额,应多于应选代表名额的1/5至1/2。

(5)改变选区划分办法。原来主要是按照选民居住情况来划分选区,而1979年《选举法》则规定,选区应按生产单位、事业单位、工作单位和居住状况划分。

(6)保护少数民族的选举权。1979年《选举法》规定,与少数民族聚居的地方,每一聚居的少数民族都应有代表参加当地的人民代表大会;人口特少的民族也应有代表一人。

(7) 改变推荐代表候选人的办法。1953 年《选举法》规定，只有组织提名或非党派的选民或代表才能联合或单独提出代表候选人。而 1979 年《选举法》规定，任何选民或者代表，有 3 人以上附议，也可以推荐代表候选人。

(8) 首次提出候选人的宣传问题。1979 年《选举法》规定，各党派、团体和选民，都可以用各种形式宣传代表候选人，但在选举日须停止。

(9) 改变投票方式。1979 年《选举法》规定，全国和地方各级人民代表大会代表的选举，一律采用无记名投票的方法。选民如果再选举期间外出的，可以书面委托其他选民代为投票，但事先须经选举委员会认可；选民如果是文盲或者因残疾不能写选票的，可以委托他信任的人代写。

(10) 严格当选条件。原来候选人只要获得出席选民或代表的过半数票即可当选，而 1979 年《选举法》则规定，各级人民代表大会的候选人，获得选区全体选民或者选举单位的代表过半数的选票时，始得当选。

(11) 完善选举监督。1979 年《选举法》增设专章对代表的监督、罢免和补选进行规定，尤其是明确提出代表受选民和原选举单位的监督，选民或者选举单位都有权罢免自己选出的代表，并对罢免程序做出细致规定。

(12) 改变地方国家机关领导人的提名方式。原来规定政府组成人员和法院院长候选人的提名方式为代表联合提名或单独提名，1979 年《组织法》则将其改为主席团提名或者代表联合提名。

在 1979 年《选举法》和《地方组织法》出台后，1980 年第一次实行县级人大代表直接选举和县级以上各级人大代表、政府机关的选举。应该说，这一次选举工作顺利圆满完成，并取得了丰硕成果。正如当时的民政部部长程子华所归纳的，主要表现在：选出了群众信任的县级人民代表和比较好的领导班子，加强了政权建设；广大干部和群众受到了一次社会主义民主和社会主义法制教育，增强了当家做主的责任感；广大干部受到了一次群众性的考核，民主作风和干群关系有所改善；民族关系得到了改善，民主团结得到了加强；巩固和扩大了爱国统一战线；不少地方结合选民登记，还平反了一些冤、假、错案。① 当然，程子华部长同时也指出这次选举存在着一些问题。例如，部分领导干部思想僵化，民主法制观念不强，对选举认识不足，致使选举流于形式；群众缺乏选举经验，民主意识和能力相对低下；搞"陪衬式"差额选举，致使差额选举流于形式等。② 此外，这次选举出现了一个更为严重的问题，即竞争选举问题。由于1979年《选举法》规定可以以任何形式推荐代表候选人，因而那些有着民主选举激情和渴望民主的青年知识分子开始搞起竞争选举活动。于是，北京、上海和湖南等地部分高校所在选区的人大代表选举过程中出现了竞争选举活动。但是，由于青年知识分子对民主的认识仍停留在"文化大革命"时期无政府主义上，因而竞争选举活动的"基本特点就是通过大字报、竞选演说、答辩会、串联、游说等形式，宣传自己和自己所持的观点，在一段时间内实际上恢复了'四大'，把'西单墙'搬到了校内"③。也正因为如此，刚恢复不久的中国选举制度需要做一些调整，由此，中国选举实践也步入调整时期。

2. 调整时期的选举制度状况

正是由于第一次县级人大代表直接选举中出现的一些问题，1982年全国人民代表大会第五次会议通过了《关于修改〈中华人民共和国全国人民代表大会和地方各级人民代表大会选举法〉的若干规定的决议》和《关于修改〈地方各级人大和地方各级人民政府组织法〉的若干规定的决议》，以及第二部《中华人民共和国全国人民代表大会组织法》，来对原有的《选举

---

① 《关于全国县级直接选举工作的总结报告》，《全国第一届县级直接选举文件资料汇编》，法律出版社1984年版，第112—125页。

② 同上。

③ 白益华：《全国第一届县级直接选举工作》（下），《中国人大》2004年12月20日。

法》和《组织法》进行相应的修改。这些修改主要表现在以下四个方面。

（1）减少了农村与城镇每一人大代表所代表的人口比例。1979年《选举法》规定，自治州、县、自治县人民代表大会代表的名额，由本级人民代表大会常务委员会按照农村每一代表所代表的人口数4倍于镇每一代表所代表的人口数的原则分配。但是，1982年《选举法》则增设一条款：县、自治县行政区域内，镇的人口特多的，或者不属于县级以下人民政府领导的企业事业组织的职工人数在全县总人口中所占比例较大的，经省、自治区、直辖市的人民代表大会常务委员会决定，农村每一代表所代表的人口数同镇或者企业事业组织职工每一代表所代表的人口数之比可以小于4∶1直至1∶1。

（2）对代表候选人的宣传方式做了限定。相对之前"各党派、团体和选民，都可以用各种形式宣传代表候选人。但在选举日须停止对代表候选人的宣传"的规定，1982年《选举法》规定，选举委员会应当向选民介绍代表候选人的情况。推荐代表候选人的党派、团体或者选民可以在选民小组会议上介绍所推荐的代表候选人的情况。

（3）降低二次选举当选的门槛。1979年《选举法》是按照严格绝对多数当选制进行二次选举，即"二次选举当选的得票数必须过半数"。而1982年《选举法》则降低了门槛，实行简单多数当选制，即"以得票多的当选，但是得票数不得少于选票的三分之一"。

（4）1982年《组织法》将地方国家政权机关领导人实行差额选举的原则，改为可差额选举，也可通过预选实行等额选举。

应该说，为了防止第一次全国县级直接选举中的竞争选举和其他违背社会主义民主发展行为的再次发生，1982年《选举法》和《组织法》才进行了上述相应的调整，对选举的竞争性进行一些规约。尤其如上所述，对候选人的介绍方式限制，以及地方国家政权机关领导人差额选举的不严格性，致使在1983—1984年底进行的全国第二次县级人大代表直接选举中，

"一些地方出现不让选民和代表提名，不让介绍候选人，大搞等额选举等做法，大大打击了选举热情"①。而这些导致了选举的竞争性不足，折损了代议民主的价值程度。

3. 发展时期的选举制度状况

正是因为全国第二次县级人大代表直接选举中所出现的选举竞争性不足问题，加之20世纪80年代中期，因日益深入的经济体制改革迫使政治体制改革日渐提上议事日程，迎接即将对政治体制做大改革的中共十三大，1986年全国人大常委会第十八次会议通过了《关于修改〈中华人民共和国全国人民代表大会和地方各级人民代表大会选举法〉的决定》和《关于修改〈中华人民共和国全国人民代表大会和地方各级人民代表大会组织法〉的决定》，对原有的选举法和组织法进行部分的修改。由此，中国的选举实践步入了发展时期。

1986年《选举法》相对之前的进展主要体现在：①简化选民登记手续，实行一次登记长期有效的等级制度。②将县乡两级的选举委员会由同级人民政府的领导，改为由县级选举委员会领导。同时补充规定，省、自治区、直辖市、设区的市、自治州的人民代表大会常务委员会指导本行政区域内县级以下人民代表大会代表的选举工作。③取消作为搞等额选举借口的预选。④增加了人民代表大会主席团向选民或者代表介绍代表候选人的方式，以及推荐候选人的团体或选民在代表小组会议上介绍代表候选人的方式。⑤提高代表联合提名候选人的人数。将选民或者代表1人提出、3人以上附议推荐代表候选人，改为选民或者代表10人以上方可联名推荐代表候选人。⑥降低直接选举中当选的门槛。原来规定，各级人民代表大会的代表候选人，获得选区全体选民或者选举单位的代表过半数的选票时，始得当选。而现在则规定，在直接选举中，全体选民过半数参加投票有效，获得参加

---

① 蔡定剑主编：《中国选举状况的报告》，法律出版社2002年版，第17页。

选举选民过半数选票的代表候选人当选。

更为重要的是,1986年《地方组织法》规定,对地方国家政权机关领导人一律实行差额选举原则。具体而言,就是将政府正副职领导人、县级以上地方各级人大常委会组成人员、法院院长和检察院检察长的选举,由过去采用差额选举,亦可经预选再等额选举,一律改为差额选举。其中,在上述机关正职领导人选举时,候选人一般应多于1人;若所提名的候选人只有1名,才可等额选举。而上述机关副职领导人必须按照1—3人的差额比例选举,人大常委会委员必须按1/15至1/10的差额比例进行选举;取消预选,正是候选人名单应由主席团和全体代表酝酿讨论,根据多数代表的意见确定。①

正是上述《选举法》和《组织法》的修改,加上1987年中共十三大对包括选举制度在内的政治体制改革的号召,使得中国的选举制度和实践最大限度地体现了社会主义民主原则,从而步入发展时期。20世纪80年代后期,中国顺利开展了县级人大代表直接选举和全国人大代表选举。即使中国1989年政治风波,整个国家所面临的国内外政治形势极具复杂,1989年半年县级人大换届选举也能正常有序地开展。

综上,在"文化大革命"结束后不久,中国的代议民主就得到制度化了。因为如前文所述,中国的代议民主制度化主要是体现在人民代表大会制度尤其是选举制度的恢复和完善上。更为具体地说,中国的代议民主制度化集中体现在选举竞争性的制度化上。从此意义上说,中国的代议民主制度化就是竞争选举的制度化。而如前文所述,在"文化大革命"结束后不久,人民代表大会制度就开始得到恢复,竞争选举就得到制度化了。因为1979年的《选举法》和《组织法》就已经确定了差额选举这一竞争选举的核心原则。尽管后来1982年《选举法》和《组织法》对此原则有所松

---

① 杨光斌:《中国政府与政治》,中国人民大学出版社2003年版,第92页。

动,但是到了1986年,《选举法》和《组织法》不仅坚决要人大代表选举坚持此原则,而且也要求地方国家政权机关领导人选举一律坚持此原则。应该说,以竞争选举为主轴的代议民主制度化是20世纪80年代中国政体民主制度化的主导部分。

(三) 政治协商与政党民主的制度化

在西方资本主义民主政治生活中,政党政治具有明显的竞争性,政党更多的是作为竞争选举的手段和渠道,从而成为西方资本主义代议民主的一个重要条件。简言之,政党竞争是西方资本主义代议民主的重要条件,是为竞争选举进而为资本主义代议民主服务的。由此可以看出两点:一是西方资本主义社会的政党政治、政党制度附属于代议民主的;二是西方资本主义代议民主范畴下的政党政治生活主题是政党竞争。而中国政党政治的地位和形态与西方资本主义社会则有着很大的差异。由于历史和人民的选择,中国共产党成为新中国社会主义建设的领导核心,在政治生活尤其是社会主义民主政治生活中居于主导地位和发挥着主导作用。这就决定了中国没有西方资本主义社会两党制或多党制那样的竞争性政党制度。从此意义上说,中国的代议民主无法囊括政党政治,而政党政治民主(简称为政党民主)成为中国社会主义民主化的发端点。

对于政党民主,虽然学术界有着不同的界定和划分,但一般认为主要包括党内民主和党际民主两方面。其中,纵观20世纪80年代,中国共产党的党内民主虽然得到了一定程度的恢复和发展,包括中共中央在十一届三中全会以后一再重申不抓辫子、不扣帽子、不打棍子的"三不主义",鼓励党员敢讲话,讲真话,并且通过新党章来切实保障党员的各项民主权利,允许党员发表不同意见;以及通过新党章对党的民主集中制的基本原则做了比较系统和全面的规定,以此恢复和健全党的集体领导制度和民主集中制，等等。尽管如此，党内民主并未上升到一种制度化的层面。另外，党内民主能否作为社会主义民主化的起点，当时中共中央也未能明确这一点，目前学术界对此仍存在着争论。此外，就社会主义民主的制度化而言，以政党制度为载体的党际民主的制度化更为重要，更能成为社会主义民主化的现实起点。它是社会主义政体民主的重要组成部分。众所周知，中国的政党制度实行的是中国共产党领导的多党合作与政治协商制度，这是在我国长期革命和建设中历史形成的。中国的这种政党制度提供了政治协商这一种新的党际民主运作形式，显然与西方资本主义的政党竞争民主形式。

作为一种民主活动，中国的政治协商始于1946年的旧政协。抗战胜利后，为争取和平民主的局面，在中国共产党积极推动下，1946年1月在重庆召开了由国民党主持、共产党和其他党派代表参加的政治协商会议，史称旧政协。会议通过了改组政府、和平建国纲领、宪法草案原则、整编全国军队、召开立宪国民大会五项协议。尽管这五项协议不久遭到破坏，但是"政治协商"的形式却在中国民主的历史上开启了先河。随后，1949年9月，史称新政协的中国人民政治协商会议第一届全体会议在北平（今北京）召开。在这次会议中，通过了具有了临时宪法性质的《中国人民政治协商会议共同纲领》，并且选举产生了中华人民共和国政府委员会和中国人民政治协商会议第一届全国委员会。中国人民政治协商会议第一届全体会议，标志着中国共产党领导的多党合作和政治协商制度的正式确立，标志着新中国的政党民主的开端。虽然1954年12月中国人民政治协商会议第二届全国委员会第一次会议所制定的《中国人民政治协商会议章程》宣告，《共同纲领》为宪法所代替，中国人民政治协商会议代行全国人民代表大会职权的任务已经完成；但是它作为人民民主统一战线组织，作为政党民主的组织载体，将继续存在和发挥作用。[①] 后来，1956年中共八大提出了"长

---

① 参见王维国、何深思《协商民主与政治发展》，红旗出版社2007年版。

期共存、互相监督"的多党合作方针。应该说,中国人民政治协商会议围绕团结和民主两大主题开展工作,履行着政治协商、民主监督、参政议政职能。中国这种政治协商式多党合作制度,体现了社会主义民主的本质要求,保证人民当家做主权利的充分行使。然而,在1957年反右斗争扩大化开始后,尤其是"文化大革命"期间,中国的多党合作与政治协商制度陷入全面瘫痪。只有到中共十一届三中全会以后,中国进入了改革开放和现代化建设的新时期,中国的政治协商才开始了一个新的全面发展时期。

当然,从"文化大革命"结束至20世纪80年代末,相对于代议民主,政治协商形式的政党民主的制度化工作较为滞后。在前面大部分时间里,以邓小平同志为核心的第二代中共中央领导集体,深刻总结的历史经验教训,主要是围绕着多党合作和政治协商地位和作用的重新认定对政治协商形式的政党民主进行阐发的。这主要体现在以下三个方面。

(1) 对新时期民主党派和中国人民政治协商会议的地位、性质和作用的重新认定。在1979年全国政协五届二次会议开幕式上,时任全国政协主席的邓小平同志在《新时期的统一战线和人民政协的任务》的讲话中,对新时期统一战线和民主党派历史、地位、性质和作用做了科学和全面的论述。他指出,"我国各民主党派在民主革命中有过光荣的历史,在社会主义改造中也作了重要贡献。这些都是中国人民所不会忘记的。现在它们都已经成为各自所联系的一部分社会主义劳动者和一部分拥护社会主义的爱国者的政治联盟,都是在中国共产党领导下为社会主义服务的政治力量"①。在1980年中国人民政治协商会议第五届全国委员会第三次会议期间,邓小平同志对新时期人民政协的性质、人民政协与民主党派的关系、人民政协与人民代表大会的关系做出明确分析。他指出,"人民政协是巩固和扩大中国革命爱国统一战线的重要组织,也是中国政治体制中发扬社会主义民主

---

① 《邓小平文选》(第二卷),人民出版社1994年版,第186页。

和实行互相监督的重要形式"①。

（2）将思想基本原则视为新时期多党合作和政治协商的政治基础。1980年邓小平同志在中共中央召集的干部会议上指出，"我们党同其他几个党长期共存、互相监督，这个方针要坚持下来。但是，中国由共产党领导中国的社会主义现代化建设事业由共产党领导，这个原则是不能动摇的；动摇了中国就要倒退到分裂和混乱，就不可能实现现代化"②。这实际上指出了多党合作和政治协商的根本政治前提是坚持中国共产党的领导，其政治基础在于坚持四项基本原则。

（3）将多党合作的八字方针发展为十六字方针。进入新的历史时期，为了适应新形势和新任务，1982年中共十二大第一次将"肝胆相照、荣辱与共"同原来的"长期共存、互相监督"八字方针联系在一起加以表述。报告指出，"我们党要继续坚持'长期共存、互相监督'，'肝胆相照、荣辱与共'的方针，加强同各民主党派、无党派民主人士、少数民族人士和宗教界爱国人士的合作"。应该说，这十六字方针是中国共产党同各民主党派长期亲密合作经验的科学总结，也是新时期中国共产党同各民主党派建立和保持团结合作关系的指南。在这个方针的指导下，各民主党派的组织得到进一步扩大，其在国家政治生活中的地位和作用也得到进一步增强。

对于多党合作和政治协商作为政治制度以及中国社会主义政治制度的特点和优势观点，虽然邓小平同志曾在1980年提及。他指出，"在中国共产党的领导下，实行多党派的合作，这是我国具体历史条件和现实条件所决定的，也是我国政治制度中的一个特点和优点"③。但是，直到1987年中共十三大才第一次以党的文件形式才给予明确肯定。而从制度化的层面来

---

① 《人民政协重要文献选编》（中），中央文献出版社、中国文史出版社2009年版，第371页。

② 《邓小平文选》（第二卷），人民出版社1994年版，第267页。

③ 同上书，第205页。

看，只有到1989年颁布的《中共中央关于坚持和完善中国共产党领导的多党合作和政治协商制度的意见》，才标志着多党合作和政治协商走上了制度化轨道。也只有到1992年，中共十四大才将"坚持共产党领导的多党合作和政治协商制度"写入党章。也只有到1993年，八届全国人民代表大会第一次会议通过了宪法修正案，才将中国共产党领导的多党合作和政治协商制度作为中国一项基本的政治制度写入宪法，政治协商形式的政党民主的制度化才算基本完成。

三 20世纪80年代中国民主发展的评价

新中国成立以来，中国的民主发展事业，虽然经历了曲折，但是经过20世纪80年代以邓小平同志为核心的中共领导集体根据中国国情和实际情况，积极推进理论创新和实践创新，对中国的民主发展进行了许多探索，从而形成了不同于其他历史时期的民主发展特征，同时也使得中国的民主政治生活迅速恢复和发展起来，为后来的民主发展乃至整个现代化建设事业提供了政治保障。

(一) 20世纪80年代中国民主发展的特征

纵观20世纪80年代中国的民主发展历程和内容可以看出，该时段的中国民主发展具有如下三个明显的特征。

1. 民主思想启蒙与制度化的交织并行

如前文所述，20世纪80年代中国的民主发展主要包括民主思想再启蒙和制度化两个方面。但是，这两个方面的工作是交织并行的。这是因为，不是"民主是社会主义的题中之义"，"是社会主义民主而不是资本主义民主"以及"民主要制度化、法制化"等方面的一次集中的民主思想启蒙，就能够使得民主制度化工作一步到位的。例如，在总结"文化大革命"十年的惨痛教训基础上，中共十一届三中全会就提出了"在政治上发展民主、建设社会主义民主政治"的重大决策。然而，正如前文所述，在1980年和1983—1984年两次县级人大代表直接选举中，要么出现了"文化大革命"时期的"四大"做法、资本主义式的竞争选举现象，要么出现了等额选举现象。也正因为如此，邓小平同志在1986年12月30日发表了《旗帜鲜明地反对资产阶级自由化》的讲话，重新强调和宣扬民主对于社会主义的重要性以及民主的社会主义形式和道路选择。总之，民主的思想启蒙和制度化是相辅相成、交织进行的。民主思想启蒙是民主制度化的前提条件，同时民主的制度化也是民主思想启蒙的重要条件。也正因为如此，邓小平同志才在1978年中央工作会议闭幕会上的《解放思想、实事求是，团结一致向前看》重要讲话中特别指出，"解放思想，开动脑筋，一个十分重要的条件就是要真正实行无产阶级的民主集中制"。"当前这个时期，特别需要强调民主。"[1] "必须使民主制度化、法律化。"[2]

2. 政体民主为主导的民主制度化

依据民主的运行和存在形态，可以将其区分为政体民主和治理民主两个层面。其中，政体民主主要涉及国家政治权力的归属和配置层面，它包括狭义政体（即政权组织形式，相对于国体）和政党政治等方面的民主。而治理民主主要涉及公众参与国家和社会公共事务治理方面，其主体是公众。应该说，20世纪80年代初期，随着人民公社体制的解体，在许多地方出现了村民委员会组织，出现了治理民主形式的村民自治。1982年宪法也确认了村委会组织的法律地位，甚至1987年全国人民代表大会常务会通过了《中华人民共和国村民委员会组织法（试行）》。但是，这种治理民主形

---

[1] 《邓小平文选》（第二卷），人民出版社1994年版，第144页。
[2] 同上书，第146页。

式的村民自治在20世纪80年代期间还处于探索阶段，还远未上升为中国的基本政治制度层面，因而并不是此时期民主制度化的主要内容和特征。而正如前文所述，20世纪80年代中国的民主制度化主要体现在政体民主层面的制度化，包括修宪形式的宪政民主制度化、竞争选举形式的代议民主制度化，以及政治协商形式的政党民主制度化。

3. "先竞争选举后政治协商"的民主制度化轨迹

纵观20世纪80年代，中国民主发展呈现出了"先竞争选举后政治协商"的民主制度化轨迹。由于在"文化大革命"期间，"四大"民主的群众运动破坏了正常的民主选举秩序，使得公众的民主选举热情受到较长时期的压制，加上世界范围内正掀起了政体层面的自由民主化浪潮，使得中国公众对竞争选举民主的渴望不断增强。于是，在"文化大革命"结束之时，竞争选举形式的代议民主制度化更显得迫切和重要。正是在此意义上，人民代表大会制度作为中国的根本政治制度，马上得到恢复和确认。同时，以选举的竞争性为主轴的选举制度建设和实践，不断得到调整和发展。相对而言，政治协商形式的政党民主制度化较为滞后。如前文所述，虽然多党合作和和政治协商在20世纪80年代前半期得到理论和政策上的发展，但是，直到1989年底，为了应对西方资产阶级自由化民主思潮的影响，为了弥补以竞争选举为根本的代议民主的竞争极化和中国代议民主的政党竞争缺陷，防止1989年政治风波的再次发生，才通过《中共中央关于坚持和完善中国共产党领导的多党合作和政治协商制度的意见》的颁布，才由此正式走上制度化轨道，才标志着政治协商形式的政党民主的制度化。直到1993年，八届全国人民代表大会第一次会议通过了宪法修正案，才将中国共产党领导的多党合作和政治协商制度作为中国一项基本的政治制度写入宪法。正是基于此，20世纪80年代中国的民主政治发展才呈现出"先竞争选举后政治协商"的民主制度化轨迹。

(二) 20世纪80年代中国民主发展的地位和作用

20世纪80年代，是中国结束"文化大革命"之后，开启改革开放这一新历史时期的前十年。因而这十年的民主发展在新中国民主发展历程上具有重要的承前启后地位和作用。纵观整个十年，中国这种承前启后的地位和作用体现在如下三个方面。

1. 形成对民主制度化法制化的共识

由前文可以看出，20世纪80年代中国民主发展的主题在于民主的制度化、法制化。经过"文化大革命"的十年浩劫，中国的社会主义民主法制建设遭到严重破坏。为了结束和避免再次出现"文化大革命"，邓小平同志在《解放思想，实事求是，团结一致向前看》和《党和国家领导制度的改革》等讲话中，以及中国共产党在中共十一届三中全会和中共十二大等重要会议中，都强调要使民主制度化、法制化。这表明党和国家对民主制度化法制化已达成了共识。另外，经过1978年的真理标准问题大讨论和随之而来的改革开放，不仅把民主视为防止"极左"错误重演的重要手段，而且恢复了法律在民主生活中的权威，从而以此为契机和动力掀起了理论界研究"民主的制度化法制化"热潮，由此逐渐在理论界上达成了对民主制度化法制化的共识。此外，公众也对党和国家的民主制度化法制化工作，表示积极拥护。

2. 奠定新时期中国民主发展的基本制度框架

民主是人类针织文明发展的成果，也是世界各国人民的普遍追求。这是包括中国共产党在内的所有执政党都无法否认和回避的。但是，民主并未有统一的形式和模式。对此，中国共产党保持清醒的头脑，并未照搬资本主义民主，而是采取扬弃的态度，批判地继承其中的优秀成果。同时，结合中国的国情，走了一条有中国特色的社会主义民主建设道路。20世纪

70年代末80年代初，我们迅速恢复和确认作为根本政治制度的人民代表大会制度，随后对之进行建设和完善。另外，我们也重新确认多党合作和政治协商的地位和作用，并于20世纪80年代末将其制度化，由此形成了竞争选举与政治协商并存的特色民主政治格局。应该说，经过了20世纪80年代的民主思想再启蒙和制度化，中国已经确立了改革开放这一历史新时期民主发展的基本制度框架。后来的民主发展，都是在此基本制度框架下进行的。

3. 保障社会主义事业的顺利推进

中国社会主义事业的顺利推挤，离不开稳定的政治环境和社会环境。应该说，政治稳定是一个国家的全体社会成员共同追求的社会目标，是公众的各种社会生活有序进行的保证，是实现公民权利的前提和基础。而政治的民主化有助于促进和维护政治稳定。纵观20世纪80年代，随着社会主义市场经济的建设，中国的社会经济成分、组织形式、就业方式、利益关系和分配方式开始出现多元化，加上西方资产阶级的自由化思潮的不断涌入所带来的整个社会思想的多元化，甚至出现1989年政治风波，使得政治稳定的维护难度加大。尽管如此，20世纪80年代中国的政治也较为稳定，社会主义事业也在顺利推进。而这在某种意义上是中国的民主发展在起保障作用。因为中国不断进行民主思想启蒙以及相应的社会主义民主制度化工作，使得整个社会对中国的民主政治乃至整个国家政权充满着信心。

(三) 20世纪80年代中国民主发展存在的问题

20世纪80年代，中国在民主发展上切实取得不少的成效，为改革开放新时期的民主发展起了一个好的开端，在相当程度上推动了社会主义事业的发展。同时，该时期的民主发展也存在着如下三个方面的问题。

1. 重"制度原则"轻"运行机制"

为了与"文化大革命"时期划清界限，为了进行"民主是社会主义的题中之义""是社会主义民主而不是资本主义民主"以及"民主要制度化、法制化"等方面的民主思想再启蒙，20世纪80年代中国民主发展的主要任务更多地被置于民主的基本制度确立及其原则定性上。如前文所述，主要是将人民代表大会制度确立为根本政治制度。另外，通过《选举法》和《组织法》的修改定位好选举的社会主义民主性质。此外，对多党合作和政治协商的地位和作用进行确认和定位。而对这些政治制度缺乏运行机制的探索，对其运行机制没有足够的重视。这也就成为后来中国民主发展的主要内容和任务所在。

2. "新权威主义"的论争

20世纪80年代后期，在经济体制改革遇到价格难关和产权难关等困难的情况下，究竟是应该通过加速民主化进程来推进政治体制改革，还是应当通过强化政府权威，尤其是中央政府权威来加速市场化改革，社会尤其是理论界产生了分歧，出现了"新权威主义"的论争。"新权威主义"的核心在于，在政治上实行集中管理，在经济上实行市场经济。"新权威主义"的论争，实际上是关于中国发展道路的两种选择问题：一种是全盘西化，幻想通过西方议会民主，来实现社会主义的商品化和现代化；一种是试图靠集权政治，靠少数精英强人，向民主过渡，来实现社会主义的商品化和现代化。正是在西方资产阶级自由化思潮的干扰和影响下，这种"新权威主义"论争以国家领导人的去世作为导火索而引发了震惊中外的政治风波，对党和国家造成重大伤害，严重干扰了改革开放和社会主义事业发展的进程。

3. 重"政体民主"轻"治理民主"

如前文所述，民主包括政体民主和治理民主两个层面。而民主政治的有效运转需要这两个层面之间的联动。既要民主的政体建设，包括选举制度、代议制度和政党制度等，也要民主的治理建设，包括公众参与治理方面的制度建设。但是，正如前文所述，20世纪80年代中国民主发展的重心在于"政体民主"。而随着改革开放和经济体制改革的不断推进，加之世界范围出现了民主潮流，公众的权利和参与意识不断得到增强，其参与治理的需求不断增加。而这些就直接促使20世纪90年代的中国民主发展主要集中在以村民自治和社区自治为主要形式的治理民主层面上。

总之，正因为存在着上述的问题，才直接促成后续的中国民主发展。也正因为成效与问题并存，才使得20世纪80年代的中国民主发展具有和真正起到承上启下的地位和作用。

20世纪90年代:自发的基层民主

李 龙[①]

我国的基层群众自治经历了一个曲折的变迁过程,到20世纪80年代末期,基层群众自治法律体系基本得以建立,随后20世纪90年代成为基层群众自治实践的黄金期。在中国的民主政治体制中,基层群众自治有其特殊性,主要体现在两个方面:一方面,基层群众自治的产生具有自发性;另一方面,基层群众自治的变迁却是由国家主导,因此,我国的基层群众自治制度是自发性与建构性的结果。在基层群众自治的变迁过程中,官方和学界围绕基层群众自治展开了争论,涉及基层群众自治的内容、价值、问题、对策等,这些争论对基层群众自治制度的建构产生了重要影响。整体来看,经过改革开放30多年来的探索和实践,我国的基层群众自治制度对基层自治和民主的实现发挥了积极功能,也把我国民主政治向前推进一大步。但是,基层群众自治在实践中也面临很多问题和挑战,它在多大程度上满足了基层人民群众对自治和民主的诉求,尤其是对中国民主政治发展起到多大作用,这些问题都值得分析。

[①] 中国人民大学政治系博士研究生。

◇一 改革开放后基层群众自治的产生和变迁

我国的基层群众自治经历了一个曲折的变迁过程。在新中国成立之初，城市地区就有基层群众自治，但并不是制度化的实践，并且不久后被高度集中的政治经济体制所取代，基层组织实行人民公社制和单位制。改革开放后，在国家政治经济体制变革的大背景下，基层群众自发地组成自治组织，管理基层生产建设、公共服务等事务，这种自治模式很快得到中央政府的认可，并被写入宪法和在全国进行推广。在宪法的保障之下，经过不断探索，20世纪80年代末以《中华人民共和国村民委员会组织法（试行）》（以下简称《村民委员会组织法》）和《中华人民共和国城市居民委员会组织法》（以下简称《居民委员会组织法》）为代表的基层群众自治法律的建立表明我国基层群众自治制度得以确立。

（一）基层群众自治初试和停滞：1949—1978年

对"自治"的概念界定不同，对我国基层自治起点的认识就会不同。例如徐勇教授认为，从一般意义讲，中国古代存在宗法关系下的族民自治；还有学者将20世纪二三十年代梁漱溟等主张的乡村建设实验视为村民自治；罗平汉、赵秀玲等将村民自治视为20世纪80年代以后的现象。此外，基层到底是通常意义的行政村，还是为很多人所忽视的自然村，这也会影响到对自治起点的认识。① 由于本文的研究对象不是一般意义的基层自治，而是基层群众自治，群众概念与中国共产党的执政理念和执政政策密不可分，

---

① 参见刘庆乐《当代中国村民自治历史起点问题》，《华中师范大学学报》（人文社会科学版）2009年第6期。

因此主要研究中华人民共和国成立之后的基层群众自治制度和实践。

1949年中华人民共和国成立之后，在城市地区出现了居民委员会，配合政府和单位发挥政策宣传、生产建设、公共服务等辅助职能。这一时期的居民委员会有如下一些特征。其一，边缘化和辅助性。城市地区是以单位制为主体，所有企事业单位的成员都依附于单位，单位依附于政府。通常情况下，只有那些没有单位依托的边缘群体才在居委会的管理之下。其二，非制度化和随意性。居委会主要零散地存在于部分城市地区，由于没有完善的法律和制度依据，居民委员会的活动方式就具有随意性，它的地位也得不到有效保障。1958年，农村人民公社制和城市单位制随之正式建立起来。

20世纪50年代，社会主义建设在农村地区主要表现为农业集体化，1958年建立了人民公社制，这是一种集体所有制。1958年7月1日，陈伯达在《红旗》杂志上发表《全新的社会、全新的人》，文中提到"把一个合作社变为一个既有农业合作又有工业合作的基层组织单位，实际上是农业和工业相结合的人民公社"。7月16日，他又在《红旗》杂志第4期上发表《在毛泽东同志的旗帜下》，其中有关农村基层组织建设的论述为"毛泽东同志说，我们的方向，应该逐步地有次序地把'工（工业）、农（农业）、商（交换）、学（文化教育）、兵（民兵、即全民武装）'组成为一个大公社，从而构成为我国社会的基层单位"[1]。人民公社是一种"政社合一"的体制，它高度的行政化和集权化，属于一级政权组织。国家通过人民公社对农民个人实行高度控制，个体生活在"大集体"中，实行集体劳动、集体分配。

社会主义建设在城市地区则主要表现为城市单位制，这是一种国家所有制。所谓城市单位制是指城市公民个体要隶属于所在单位，所有公共组织活动、公共资源分配等都要依据单位进行，如果公民个体脱离单位，那么就很难进行社会政治活动。国家具体通过以"单位"为依托的城乡分割

---

[1] 《人民公社化运动的兴起》，中国共产党历史网，http://www.zgdsw.org.cn/n/2012/1129/c244520-19738137.html。

的户口管理制度,以"单位"为依托的"统包统配"的就业制度,以"单位"为依托的定量供应生活必需品制度和各种补贴制度,以"单位"为依托的社会福利和社会保障制度实现对个人的全面控制。[1] 与农村人民公社制一样,单位制同样具有行政化、集权化的特征,它集政治动员、经济发展和社会控制功能为一体,渗透到公民个体生活的方方面面。[2] 农村人民公社之间和城市单位之间是相互封闭的,这就弱化了公民个体的流动性,更加强化了对公民个体的控制和管理。

(二) 基层群众自治复兴:1978—1982年

1978年改革开放开始对我国政治经济体制进行全面改革,这为基层群众自治提供了新的契机,在这种背景下,基层群众自治开始复兴。一方面,在农村地区,人民群众在实践中探索出家庭联产承包责任制,这种新的土地产权制度得到中央政府认可并在全国范围内推广。分田到户属于新的农村土地产权制度,新的农村经济体制要求新的农村政治体制,然而高度行政化的"政社合一"体制并不能适应这种新的土地产权制度,成为农村生产力发展的阻碍因素,因此,人民公社体制被废除。人民公社制被废除后,新的基层制度并没有有效建立起来,农村社会出现了一定的无序状态,尤其是落后地区。在这种情况下,广西宜山、罗城等县的农民自发地组织起来,建立村民委员会等自治组织来维持公共秩序、组织公共建设等。这种农民自己管理自己的组织形式在1981年下半年得到宜山县委的肯定,并将这种做法上报到河池地委,河池地委在实地调研村民委员会之后发布了

---

[1] 参见陈伟东《社区自治:自组织网络与制度设置》,中国社会科学出版社2004年版,第56—57页。

[2] 参见何海兵《我国城市基层社会管理体制的变迁:从单位制、街居制到社区制》,《管理世界》2003年第6期。

《转发宜山县合寨大队村委会、罗城县牛毕大队新回村委会情况调查的通知》,肯定了其积极作用,并要求组织学习讨论。时任广西自治区党委书记肖寒到河池考察后组织写出《关于宜山、罗城两县村委会的调查报告》,既肯定了村委会的作用,也认为村委会不宜推广,村委会组织制度仍然只能局限在宜山和罗城等山区。其后,广西《调研通讯》中刊发的《宜山县冷水村建立村管理委员会管理全村事务》的报告引起了彭真的注意,他的肯定对于基层群众自治的复兴发挥了关键性作用。①

另一方面,在城市地区,农村经济和政治体制改革对城市有很大的"示范效应",尤其是由计划经济体制向社会主义市场经济体制方向的改革使得城市单位制失去了赖以生存的宏观制度基础。市场经济体制下,个体理性和创造性是首要的,这就需要减少政府对个体和市场的干预,以政治动员和社会控制为目标的单位制显然是违背市场原则的。因此,单位制也逐渐被废除。在这个过程中,与农村的情况类似的是,高度行政化基层组织制度的废除取而代之的是建立了基层群众自治组织——居民委员会,但由于城市与农村在制度变迁中的次序和城乡社会结构的不同,农村村民自治一开始具有较强的自发性,城市社区居民自治是政府自觉推动的结果。②

经过几年的探索和实践,在中国县以下的农村基层就出现了一种新的政治模式即"乡政村治"(乡镇政权+村民自治)的模式,它代替了1958年以来的人民公社时期的公社、大队、生产队的三级管理模式,这种模式结合了国家管理和社会自治的因素。③ 这一基层群众自治形式很快得到中央政府的关注和认可,很快就被写入1982年宪法当中。《宪法》第一百一十

---

① 程瑞山、贾建友:《村民自治制度运行研究》,中国社会科学出版社2013年版,第52—53页。
② 邓泉国:《农村村民自治与城市居民自治兴起的背景与动因比较》,《当代世界与社会主义》2008年第1期。
③ 张厚安:《村民自治:中国农村基层民主建设的必由之路》,《河北学刊》2008年第1期。

一条规定：城市和农村按居民居住地区设立的居民委员会或者村民委员会是基层群众性自治组织。居民委员会、村民委员会的主任、副主任和委员由居民选举。居民委员会、村民委员会同基层政权的相互关系由法律规定。居民委员会、村民委员会设人民调解、治安保卫、公共卫生等委员会，办理本居住地区的公共事务和公益事业，调解民间纠纷，协助维护社会治安，并且向人民政府反映群众的意见、要求和提出建议。

经过长期实践，党的十七大首次将基层群众自治制度写入党的报告中，与人民代表大会制度、中国共产党领导的多党合作和政治协商制度以及民族区域自治制度并列为我国四项基本政治制度。这是因为：其一，改革开放后，广大人民群众迫切希望摆脱人民公社制和单位制的束缚，获得生产生活的独立性和自主性，基层自治制度的出现则满足了人民群众的诉求。其二，基层群众自治制度主要是一种基层自治和民主制度，主要涉及基层的社会秩序、经济建设、公共事务等，相比高层民主制度，它对政治体制的冲击要小得多，因此中央政府更容易认可。其三，包括基层民主在内的中国民主政治建设都是在党和国家的领导之下有序进行的，也就是说中央有能力控制基层群众自治的推进进度，中央率先推行基层民主，也是一种渐进主义的探索和推进中国民主政治建设的策略，具有"试验"意义。其四，现代民主政治通常是直接民主和间接民主的结合，人民代表大会制度满足了间接民主的制度安排，基层群众自治制度则一定程度上满足了直接民主的制度安排，它弥补了我国直接民主制度不足的局限。

（三）基层群众自治确立：1982—1989年

1982年将基层群众自治写入宪法为基层群众自治的发展提供了合法性依据，在此基础上，基层群众自治的具体法律制度逐步建立起来。1983年10月，中共中央、国务院发布《关于实行政社分开建立乡政府的通知》，决定废除人民公社，建立乡一级政权。乡级政权的建立是国家和社会分权的一次重大改革，人民公社制下国家对社会的全面干涉被废除，取而代之的是"乡政村治"的新的国家与社会权力关系模式，村级组织转向自治。1986年9月中共中央、国务院发布《关于加强农村基层政权建设工作的通知》，具体就"明确党政分工，理顺党政关系；实行政企分开，促进农村经济进一步发展；简政放权，健全和完善乡政府的职能；切实搞好乡政权的自身建设；努力提高干部素质，认真改进工作作风；搞好村（居）民委员会的建设；加强对农村基层政权建设工作的领导"等做出了规定。

在基层群众自治制度的确立过程中，两部专门性法律的颁布具有标志性意义。1987年11月24日，第六届全国人民代表大会常务委员会第二十三次会议通过《村民委员会组织法》，1987年11月24日，中华人民共和国主席令第五十九号公布该法，规定自1988年6月1日起试行。1989年12月26日，第七届全国人民代表大会常务委员会第十一次会议通过《居民委员会组织法》，1989年12月26日，中华人民共和国主席令第二十一号公布该法，自1990年1月1日起施行。之所以《村民委员会组织法》颁布后经历了长达十年的试行期，而《居民委员会组织法》一经颁布便得以施行，原因在于：一方面，当时我国农村人口占据绝对多数，实行村民自治是一项关涉多数人口的重大政治改革，因此必须要谨慎；另一方面，历史上我国长期由乡绅、宗族管理农村，虽也有自治成分，但不是现代意义上的自治，新中国成立后很长一段时间又是实行人民公社制，因此，农村自治和民主传统比较缺乏，在农村立刻实行基层群众自治可能存在风险。相比而言，当时城市人口较少，并且城市人口整体素质较高，更适合实行自治。1998年，党中央高度肯定村民自治，江泽民总书记将村民自治与包产到户和乡镇企业并称为亿万农民的伟大创造，该年11月经过修订后的《村民委员会组织法》取消试行的限定，得以在全国正式实施。

普沃斯基在民主化研究中归纳的两个方法论路径对于我国基层群众自

治制度建立的背景和动因分析很有价值，上文分析基层群众自治的复兴和确立主要是从结构主义和制度主义的视角进行的，即强调宏观的政治经济体制改革对于基层群众自治制度复兴和确立的影响。另一个是行为者分析视角，即强调精英在重大政治变迁中的作用，这就不得不提到彭真。1987年11月23日第六届全国人大常委会第23次会议上，彭真指出："一方面，十亿人民通过他们选出的代表组成全国人大和地方各级人大，行使管理国家的权力……另一方面，在基层实行群众自治，群众的事情有群众自己依法去办，由群众自己直接行使民主权利。在这方面，我们还有欠缺……没有群众自治，没有基层直接民主，村民、居民的公共事务和公共事业不由他们直接当家作主办理，我们的社会主义民主就还缺乏一个侧面，还缺乏全面的巩固的群众基础……办好村民委员会，还有居民委员会，是国家政治体制的一项重大改革，对于扫除封建残余的影响，改变旧的传统习惯，实现人民当家作主，具有重大的、深远的意义。"[①] 从彭真的论述可以发现，他将基层群众自治式的直接民主和人民代表大会式的间接民主都视为社会主义民主的重要组成部分，前者的完善对于更好地实现人民当家做主具有重要意义。

在基层群众自治制度的确立过程中，围绕能否实行基层群众自治和怎样实习基层群众自治引发了较大争议。首先，其他三项基本政治制度在1954年宪法中就有相关规定，唯独基层群众自治制度是在改革开放以后人民群众创造性地探索实践，并且在4年内就被写入1982宪法中，在党内和部分学者看来，这的确显得有些"激进"。其次，基层群众自治制度是一项直接民主制度，我国的代议制民主制度实践较长，发展较为健全，而直接民主实践则较为缺乏，它的实践对我国政治体制到底会形成多大冲击并没有得到系统论证，也就是说存在一定的风险性。最后，在党内和部分学者看来，基层群众尤其是广大农村群众整体素质还不够高，能否有效地实践

[①] 彭真：《通过群众自治实行基层直接民主》，人民网，http://cpc.people.com.cn/GB/64184/64186/66701/4495380.html。

直接民主值得怀疑。即便在20世纪80年代末《村民委员会组织法》和《居民委员会组织法》颁布以后，对村民委员会性质定位仍然存在很大分歧，有的主张定为一级行政组织，有的主张定为半行政、半自治组织，还有的把村民委员会的自治绝对化。第一种观点的理由是村民委员会的规模基本上是一级行政组织的管辖范围；村民委员会实际担负着一级行政组织的功能；农村工作需要把村民委员会定为行政组织。他们担心如果不把村民委员会定为行政组织，不用行政手段把农民管住，农村就会失控，农民就不听话。① 从当时党内和学界的观点来看，在党的领导下推动基层群众自治是主流，即既反对将基层群众组织政权化，又反对自治绝对化。

二 20世纪90年代的基层群众自治实践

1978年改革开放开始直到20世纪80年代末期《村民委员会组织法》和《居民委员会组织》的颁布主要是我国探索、创制和确立基层群众自治制度时期，截至1999年底，全国设有居委会11.5万个（其中家属委员会1.3万个），居民小组124.7万个，居委会委员50.1万人。村委会80.1万个，村民小组555.7万个，村委会委员351.3万人。② 单从基层群众自治组织数量上看，20世纪90年代与80年代并无明显变化，但是，由于有了宪法和两部专门法对基层群众自治的保障，基层群众自治实践在20世纪90年代进入黄金期。基层群众自治制度在实践中发挥了什么功能，存在哪些问题，政府对此做出了哪些新的改革和调整，学界又围绕基层群众自治展开

---

① 王先胜：《论村民委员会的群众自治性质》，《广西大学学报》（哲学社会科学版）1989年第1期。
② 《1999年民政事业发展统计报告》，中华人民共和国民政部财务司网站，http://cws.mca.gov.cn/article/tjbg/200801/20080100009396.shtml。

了哪些争论，这些问题在20世纪90年代得到了更为系统的研究。

（一）20世纪90年代基层群众自治实践的背景

进入20世纪90年代，基层群众自治实践进入黄金期，这主要有如下一些原因。其一，宪法和《村民委员会组织法》以及《居民委员会组织》的保障。20世纪80年代末，这两部专门法的颁布将宪法中基层群众自治的规定具体化，分别就农村和城市基层群众自治组织的性质、形式、职责等做了详细规定。这两部法律的颁布一方面表明了中央对基层群众自治的态度，一定程度上终止了党内和学界对基层群众自治的争议和质疑；另一方面也为基层群众自治实践提供了法律保障。

其二，20世纪80年代基层群众自治的成功经验。80年代既是基层群众自治制度的创制期，同时也是基层群众自治实践的探索期。80年代，全国很多村和社区在形式上已经建立了村民委员会和居民委员会，虽然并不完善，但一方面，由于基层自治制度比较健全，确立过程比较渐进，以及基层自治和民主并不对高层民主和政权构成根本性冲击等原因，基层群众自治并没有出现之前担心的危险和动荡；[①] 另一方面，这些基层群众自治组织在实践中在满足人民群众政治参与，组织基层公共建设，维持基层组织社会秩序，传达政府公共政策，沟通政府与社会等方面发挥了积极作用，这些成功经验得到了中央政府的认可，成为90年代基层群众自治实践得以扩大的重要条件。

其三，满足人民群众政治参与的需要。"传统的家族组织不可能为村民自治提供所需要的组织资源，反而会扭曲村民自治的精神。只有市场化过程中形成的理性化社会和农民的自我组织，才能为村民自治的成长提供必

[①] 徐勇：《基层民主：社会主义民主的基础性工程——改革开放30年来中国基层民主的发展》，《学习与探索》2008年第4期。

要的社会条件"①，改革开放进入90年代，我国逐渐确立了社会主义市场经济体制，市场经济建设的发展，为这个阶段的出现提供了重要的经济基础、社会基础和体制条件，社会主义市场经济的推行和发展，将使基层群众自治发展成为中国民主化发展的必然取向。② 经济利益的多元化导致公民社会和公民观念的变化，在新的理性化、世俗化社会中，他们迫切需要通过扩大政治参与来维护自身的利益，扩大基层群众自治能够满足人民群众政治参与的需要。

其四，20世纪90年代我国民主政治建设的主题转向基层群众自治。20世纪80年代，在改革开放的大背景下，围绕政治体制改革有很多争论。受西方自由民主模式的影响，民主很大程度上被等同于竞争性选举民主，激进政治改革诉求最终导致1989年政治风波的发生。当事件平息后，20世纪80年代末90年代初，国家和社会在深刻反思了中国民主发展的道路与路径后，逐渐形成了一种共同的选择——走渐进的民主发展道路。③ 越来越多的人认识到，在中国照搬西方自由民主制度既不应该，也不可能，20世纪90年代，选举民主在中国民主话语和实践中都进入低潮，官方和学界都将新的焦点转到了基层群众自治和基层民主。从一定程度上可以说，学界对基层群众自治和基层民主的关注是80年代选举民主受挫并对其反思之后的替代。与选举民主有不同遭遇的是，同时在80年代逐渐兴起的基层群众自治得到了中央的认可。从渐进改革的视角看，它对中国的政治体制冲击要小得多，官方也迫切需要一种新的民主政治建设路径来取代80年代盛行的选举民主；在部分学者看来，这或许会成为中国民主政治建设的一个新"突破口"。因而，在80年代为很多人所忽视的基层群众自治在90年代成为官方和学者关注和争论的焦点。

---

① 徐勇：《村民自治的成长：行政放权与社会发育——1990年代以来中国村民自治发展困境的反思》，《开放导报》2004年第6期。
② 林尚立：《基层群众自治：中国民主政治建设的实践》，《政治学研究》1999年第4期。
③ 林尚立：《公民协商与中国基层民主发展》，《学术月刊》2007年第9期。

（二）基层群众自治的主要形式

《村民委员会组织法》中就村委会的组成、职责、选举、村民会议和村民代表会议、民主管理和民主监督等方面做出了具体规定，同样《居民委员会组织法》也就居委会的性质、任务、职能、组成、选举、居民会议等方面也做出了具体规定。以此为基础，90年代基层群众自治开始大规模在全国范围内推行和实践，具体工作由民政部在负责执行，见表1。

表1　民政部制定的有关村民选举与村民自治的法规、条例

时间	名称
1990年9月26日	《民政部关于在全国农村开展村民自治示范活动的通知》
1994年2月8日	《全国农村村民自治示范活动指导纲要（试行）》
1994年12月13日	《民政部办公厅关于印发〈关于全国农村村民自治示范单位命名管理工作的意见〉的通知》
1995年2月27日	《民政部关于进一步加强村委员会建设工作的通知》
1996年2月8日	《民政部关于做好村民委员会换届选举工作的通知》
1996年9月10日	《全国村民委员会换届选举经验交流会议纪要》
1997年1月2日	《民政部关于贯彻全国农村基层组织建设工作座谈会精神，全面加强村民委员会建设的通知》
1997年8月5日	《民政部关于进一步建立健全村务公开制度，深化农村村民自治工作的通知》
1998年1月6日	《做好1998年村（居）民委员会换届选举工作的通知》
1998年12月6日	《中共中央组织部、中共中央宣传部、民政部、司法部、国务院法制办工作关于学习宣传和贯彻执行〈中华人民共和国村民委员会组织法〉的通知》
1998年12月18日	《民政部办公厅关于贯彻执行〈村民委员会组织法〉若干问题的补充通知》
1999年7月30日	《民政部关于努力保证农村妇女在村民委员会成员中有适当名额的意见》
2000年7月11日	《民政部关于建立村民委员会选举情况统计报表制度的通知》
2000年7月	《村民委员会选举情况统计报表制度》

资料来源：郎兴友：《发展中的民主：政治精英与村民选举》，西北大学出版社2009年版，第55页。

其一，民主选举。民主选举在基层群众自治中具有核心地位，与民主决策、民主管理和民主监督比较起来，其参与性最广。在代议制民主中，民主选举主要表现为县乡两级人民代表通过公民直接选举产生，县以上的人民代表通过下一级人民代表选举产生。在基层群众自治中，民主选举主要指在每三年一届的村民会议和居民会议中，村（居）民通过一人一票的方式选举产生村（居）委会的主要组成人员，在有村（居）民代表会议的村（社区）中，村（居）民直接选举产生村（居）民代表。为了保障选举的民主性，《村民委员会组织法》和《居民委员会组织法》就无记名投票、公开计票、联名罢免等做出了制度性的规定，并且就直接提名、差额选举等也做出了制度性的规定，这增加了基层选举的竞争性和民主性。

其二，民主决策、民主管理、民主监督。民主选举通常要3年才举行一次，为了保障基层自治和民主，基层群众自治组织的日常事务还需要民主决策、民主管理和民主监督。基层自治主要表现为村和社区的内部事务不再由上级行政机构直接干预，而由村委会和居委会来协商做出决策。决策、管理和监督过程中，人民群众可以直接参与，也可以通过选举代表的方式参与基层组织事务，基层人民群众在实践中不断丰富基层群众自治的实现形式。首先，在会议形式上，为了决策的民主性、代表性和效率性，在农村地区，人民群众在实践中又探索出"村委会、村民会议、村民代表会议、村民小组、村务公开监督小组、村民民主理财小组为主体的村民自治体系"。[①] 其次，在选举和表决形式上，基层群众探索出了村民公决、两票制、海选、两推一选、一肩挑、一制三化等形式，极大地丰富了基层群众自治制度体系。这些新的会议和表决形式为实现民主决策、民主管理和民主监

---

① 詹成付：《和谐社会背景下的村民自治走向》，《华中师范大学学报》（人文社会科学版）2005年第2期。

督提供了制度基础。

（三）基层群众自治中的主体关系

要分析基层群众自治的实践，除了要关注基层群众自治的制度之外，还需要将各主体放到制度之下，分析制度约束之下主体如何行为问题。

其一，村（居）民与村（居）委会。从《村民委员会组织法》和《居民委员会组织法》法律文本来看，村（居）民是基层群众自治组织中的权力主体，村（居）委会及其组成人员由村（居）民选举产生，对村（居）民负责，受村（居）民监督，这是人民主权理论和代议制理论运用到基层群众自治中的理论逻辑。在实践中，一方面，村（居）委会必须重视民意，他们的权力来源于村（居）民，尤其在村（居）委会换届选举中，为了获取选票，候选人对民意的重视将表现得更为突出；另一方面，村（居）民往往在办理涉及自身事务的时候，会选择主动与村（居）委会接触，但由于参与意识、时间、精力等的限制，村（居）民往往很少全面直接参与村（居）委会的日常工作。尤其是市场化和城市化过程中，村（居）民本身对村（社区）的依附性在减弱，他们越来越不关心村（社区）事务。此外，在村（社区）中，村（居）委会干部并没有较强的责任意识，也没有全面的问责机制，往往并不能全面做到对人民负责。

其二，村（居）民与村（居）民代表。由于村（居）民并不能完全参与日常事务，因此在《村民委员会组织法》和《居民委员会组织法》中还规定了村（居）民代表会议制度，即由村（居）民选举产生村（居）民代表，由他们代表村（居）民管理和决策日常事务，并对村（居）委会加以监督。这是代议制民主理论在基层群众自治中的运用，其目的是增强基层群众自治的可行性，使基层群众自治和民主得以真正落实。在基层群众自治实践中，村（居）民代表通常是一些比较有威望的人，在农村中通常是体制精英、宗族精英和经济精英等,在城市中由于血缘关系的淡化,通常是一些学识较高、热衷集体事务的人。高层民主中,人民很难直接接触到人民代表,但在基层群众自治中,由于是直接民主,并且涉及的地域范围较小,因此村(居)民可以直接接触到村(居)民代表,将利益诉求表达出来,即便代表机制出现问题,由于自治的范围是在村或社区,村(居)民也可以绕过村(居)民代表直接与村(居)委会或者村(居)党委接触。

其三,村(居)委会与村(居)党委。在国家权力结构中,长期以来一直存在着党政关系问题,同样在基层群众自治组织中也存在着"两委"关系问题。首先,谁是最高决策组织?依据党的领导原则,无论是国家机关还是群众自治组织,原则上都应该接受党的领导。但是,基层群众自治组织不是一级政权机关,党不能采用领导政权机关的方式领导村(居)委会,而应充分尊重其自治。实践中问题随即产生,即到底应该由村(社区)党委做最高决策,还是由村(居)委会做最高决策?其次,对谁负责?在国家机关中,依据党的领导原则,决策实权在党委常委会中,照此推理,是否在基层群众自治组织中也应该遵行实权在村(居)党委呢?这又和基层群众自治存在冲突。依据负责原则,村(居)委会是由村(居)民直接选举产生,那么在负责机制上首要是对村(居)民负责,依据党的领导原则,村(居)委会又应该坚持村(居)党委的领导,由于党代表人民群众的利益,并且遵行支持村(居)委会的自治工作,多数情况下这种冲突并不明显,但是在少数情况下,这两种负责机制难免发生冲突。最后,自治是否应该延伸到村(居)党委?村(居)委会由村(居)民直接选举产生,这体现了基层群众自治,目的是使村(居)委会真正代表人民群众的利益,直接选举并没有涵盖村(居)党委,但是村(居)党委又在基层群众自治中发挥着与人民群众利益密切相关的作用,那么是否应该在基层群众自治组织中将直接选举涵盖到村(居)党委中呢?在实践中,湖北省随州市人民群众探索出"两票制",即村支部选举要经过两次投票,首先全体村民的"信任票",只有获得足够的"信任票",才能作为支部候选人;其次全体党员的选票,只有获得多数党员的选票才能当选村支部成员。"两票制"有利于消除村(居)党委游离于基层群众自治之外的现象,强化其对人民群众的责任性。

其四,村(居)委会与乡镇政府(街道办)。在实行人民公社制和单位制时期,国家权力全面渗透到村和社区中,并不存在村(居)委会和乡镇政府(街道办)的划分,实行"政社分开"和改革单位制之后,才有了这两者的划分。从性质上看,前者属于基层群众自治组织,而后者属于一级政权机关。实践中两者的理想关系是,一方面要保障基层群众自治,避免基层政府直接干预基层群众自治组织内部事务;另一方面又要保证基层政府在必要的领域积极作为,使基层群众自治得以更好实践,但现实是,基层政府直接干预基层自治组织事务的现象非常普遍。面对这种问题,在基层民主研究中兴起了"乡村关系"研究,有学者认为乡镇政府与村委会之间存在复杂的三重关系:乡镇党委与村党支部之间是领导与被领导关系,体现的是党的领导原则;乡镇政府与村委会在村民自治事务范围内是指导与被指导关系,体现的是村民自治原则;乡镇党政机关与村级组织之间在贯彻执行党的方针政策、国家法律、政府公共政策等事务方面是行政管理与被管理的关系,体现的是依法行政原则。[1] 越来越多的学者发现,"乡级民主"也是实现基层自治和民主的重要组成部分,要实现良好的基层群众自治,就不单单要关注基层群众自治组织本身,还需要关注基层政府。因此,有学者提出,在实行村民自治的过程当中,必须看到,它不过是中国整个政治体制改革中的一个环节,在村一级不可能孤立地实现社会主义民主,还必须有乡镇以上各级党政机关自身的政治体制改革来配合,必须强

---

[1] 郭正林:《论乡村三重关系》,《北京行政学院学报》2002年第2期。

调上下互动和联动。① 在"乡村关系"和"乡级民主"研究中,一种观点认为,国家应该从农村撤退实行"自治扩展",即将自治的范围延伸到乡镇级别,而将国家的政权边界回撤到县级,即通常所说的"县政乡治"或"农村自治",乡镇即行废止;另一种观点则反对,认为乡镇政权发挥了重要作用;温和派的观点则试图调和二者;② 还有观点认为应该将县政下放给乡镇,扩大乡镇;有学者并不认同,提出应该把乡镇政府改变成县政府的派出机关——乡镇公所。③

(四) 比较视野下的基层群众自治

基层群众自治有其特殊性,这种特殊性在比较视野下将更好地体现出来。一方面,外部基层群众自治与民族区域自治之比较。从相同点上看:基层群众自治制度和民族区域自治制度同为我国基本政治制度;基层群众自治和民族区域自治的本质都是分权,即中央权力向地方权力的让渡和界分;基层群众自治和民主区域自治都是为了更好地保障人民群众的自治和民主权利。从不同点上看:其一,民族区域自治制度形成早于基层群众自治制度。在1954年宪法中,民族区域自治制度已经被写入宪法,虽然在20世纪50年代也有基层群众自治实践的初试,但是基层群众自治制度的确立是在改革开放后的20世纪80年代。其二,民族区域自治和基层群众自治分权的性质不同。虽然两者都是中央与地方的分权,但前者属于中央政府与地方政府的分权,属于国家机关内部的分权,在民族区域自治得以保证的

---

① 张厚安:《村民自治:中国农村基层民主建设的必由之路》,《河北学刊》2008年第1期。
② 吴新叶:《基层自治扩展:农村治理的困境与出路》,《内蒙古社会科学》(汉文版)2005年第2期。
③ 张厚安:《中国特色的农村政治》,徐勇、徐增阳主编《乡土民主的成长——村民自治20年研究集萃》,华中师范大学出版社2007年版,第413页。

前提下，民族地区仍然是中央政府的地方机关。后者属于国家与社会的分权，属于国家权力控制之外的社会自治，从自治的领域和形式来看，较前者更广。其三，民族区域自治和基层群众自治存在的层级不同。前者主要存在于省级、地市级、县级和乡级行政层级中，属于一级政权机关，从行政隶属上是单一制之下的中央与地方、领导与被领导关系，民族区域自治地方需要向中央承担财务责任。后者主要存在村或社区层级，不属于政权机关，没有向上级政府承担财务的责任。其四，民族区域自治和基层群众自治的实现方式不同。前者主要是在民族地区选举产生民族区域自治机关（人民代表大会和政府），国家机关形式设置上与其他非民族地区并无较大区别，主要是民族区域自治机关的人员组成上更多地体现民族性和地域性。后者则主要通过直接民主的方式实现民主选举、民主决策、民主管理和民主监督。其五，民族区域自治和基层群众自治的主体不同。前者自治的主体是各级行政层级的公民，后者自治的主体是村或社区范围内的村（居）民。其六，民族区域自治和基层群众自治的内容不同。前者属于民族地区范围内的政务，后者则是与自治单位人民群众利益直接相关的村（社区）事务，不包括政务。其七，民族区域自治和基层群众自治的领导人性质不同。前者自治中的各级领导人属于国家公职人员，而群众自治组织的领导人不属于国家公职人员，而是从自治体成员中直接选举产生，且不脱离生产劳动，只能根据协商享受一定经济补贴。[①] 外部除了可以比较基层群众自治和民族区域自治外，还可以比较我国的基层群众自治和其他国家的基层自治，例如与美国的乡镇自治不同，我国基层群众自治既有党的领导，又有国家权力的参与。

另一方面，内部村民自治和居民自治之比较。村民自治和居民自治同属于基层群众自治，都是在改革开放之后我国政治经济体制改革大背景下

---

① 参见徐勇《论中国农村村民自治的创造性和独特性》，《求索》1997年第4期。

产生并发展的，其相同点有很多，这里不详述，而其不同点则需要详细分析。徐勇教授在比较城乡自治时将两者的差异归纳为如下几个方面。其一，制度变迁的路径和特点不同。农村自治更具自发性，城市居民自治更具规划性；村委会对人民公社具有全面替代性，居委会不可能完全替代原有城市组织（如单位制度），而仅仅是一种新的自治制度平台；村民自治以自然人为基础，居民自治还包括法人团体等；村民自治的村民资格以生产资料集体所有制为基础，较容易获得，居民自治则因为无共同的经济基础而各具流动性。其二，组织体系的建构与运作机制的创立不同。村民自治源于人民公社制，其主权者地位通过相应的形式得以表现；居民自治由于地域性和规划性而带有行政化色彩。其三，发展的起点和绩效不同。村民自治在 20 世纪 80 年代出现，而居民自治在 20 世纪 50 年代便出现，在 20 世纪 80 年代获得推广；虽然城乡自治中都面临参与不足、参与能力不高等问题，但村民自治更为严重。[①] 总之，从基层群众"自治"的这一切入点来看，两者最为典型的区别就是村民自治的自治性强于居民自治，农村村民自治的特点较为突出，城市居民自治的特性还没有充分显现出来；村民自治是农村发展带有根本性的途径，而城市居民自治的作用则相对有限。[②] 这是因为，农村生活地域较具固定性，村民之间关系更为密切，这就更为容易形成一个稳定的、关心自治事务的群体，除了自治组织之外，村民通常并没有其他的组织依托，以表达自身的经济和政治利益诉求，其利益表达渠道相对单一；相比城市居民则更具流动性，社区居民之间并无密切的人际关系，这不利于通过沟通协商社区事务，此外，社区居民通常在社区之外有与其生活、工作、医疗、养老、教育等更为密切的单位依托，他们还有更

[①] 参见徐勇《"绿色崛起"与"都市突破"——中国城市社区自治与农村村民自治比较》，《学习与探索》2002 年第 4 期。

[②] 邓泉国：《农村村民自治与城市居民自治兴起的背景与动因比较》，《当代世界与社会主义》2008 年第 1 期。

为多样的其他组织依托，因此对社区事务的关心相对薄弱。其实，从村民自治和居民自治的产生过程也能说明这一点，村民自治是由农村人民群众在实践中探索并加以推广的，而城市居民自治则是由政府规划性地推广的，在建构过程中行政强制性更加强烈。

20世纪90年代，基层群众自治得以在全国范围内实践，其价值和问题也逐渐表现出来，由此引发争议。但是从中央的态度来看，中央一如既往地推动基层群众自治。1987年通过的是试行期的《村民委员会组织法》，1997年，党的十五大报告在有关基层民主论述时提到"城乡基层政权机关和基层群众性自治组织，都要健全民主选举制度，实行政务和财务公开，让群众参与讨论和决定基层公共事务和公益事业，对干部实行民主监督"。1998年《村民委员会组织法》取消试行，并且在1988年《村民委员会组织法（试行）》的基础上进一步规范化和扩大化基层群众自治的内容，将民主选举、民主决策、民主管理和民主监督写入正式实行的《村民委员会组织法》中。总之，当今基层群众自治的制度和实践模式在20世纪90年代基本得以确立。

◇ 三　基层群众自治变迁中的自发与建构

很多国家都有基层自治，通过上文对我国基层群众自治产生、变迁及其实践的分析可以发现，我国的基层群众自治有其特殊性，这种特殊性主要表现在我国的基层群众自治制度变迁中表现出自发性与建构性的统一，这与我国党的领导原则密切相关。基层群众自治制度变迁中，国家从来就没有消失过，一直参与制度本身的建构；在未来基层群众自治制度发展中，20世纪90年代以来的基层群众自治实践已经表明，分权不等于放任自治，而是应该在分权的前提下强化国家治理基层社会的能力，以更好地维护基层群众自治。

(一) 国家主导的基层群众自治

其一，我国基层群众自治产生上具有自发性，而制度的确认和推广过程具有建构性。在人民公社制被废除以后，农村地区一定程度上处于失序状态，正是在这种背景下，广西和贵州山区农村村民自发地建立了村委会等基层自治组织，用以维护农村治安，组织公共建设，宣传政府政策等。但是，"与西方地方自治是经过长期自然生成而得到国家法律认可的路径不同，中国的农村村民自治一开始就有国家立法以授权的性质，即村民自治是基于国家难以通过单一的行政管理有效治理社会而将部分治理权下放给基层，并在这一层次实行直接民主的方式治理。中国的村民自治权不是自然生成的，而是国家赋予的"[①]。从20世纪80年代以来反对建立基层群众自治制度的声音就一直存在，其中有的主张将村和社区一级组织建立成政权组织。从当时的情况来看，在废除人民公社制后，国家也完全有能力用新的基层管理制度取而代之，而不一定要建立基层群众自治制度。但中央通过综合权衡，认识到实行基层群众自治长期来看符合人民群众的根本利益，也能满足人民群众扩大政治参与的诉求。因此，中央不但认可部分农村地区探索并实践的基层群众自治，还利用行政力量将基层群众自治制度化、法律化，通过宪法和专门法保障基层群众自治权利，并且还在其他农村和城市地区推广基层群众自治，民政部推动的"示范村""示范社区"以及国家级的"实验区"等就是国家主导基层群众自治建设的典型表现。进入21世纪，中共中央办公厅和国务院办公厅又分别于2001年和2004年下发《关于进一步做好村民委员会换届选举工作的通知》和《关于健

[①] 徐勇：《村民自治的成长：行政放权与社会发育——1990年代以来中国村民自治发展困境的反思》，《开放导报》2004年第6期。

全和完善村务公开和民主管理制度的意见》，以推动基层群众自治有效进行。

其二，比较而言，村民自治产生较具自发性，而城市居民自治产生较具建构性。虽然在20世纪50年代就已经有城市居民自治，但是我国基层群众自治制度意义上的城市居民自治是在改革开放之后。从时间上看，这种意义上的城市居民自治的产生晚于村民自治，它是国家对村民自治认可之后在城市社区加以推广的。在中国的居民自治中，政府发挥着主导作用，居民自治属于政府主导型自治，居民自治是政府主导下的"规划性变迁"。其原因是中国的城市居民自治处于萌生状态，很不成熟，需要政府的自觉培育和引导。[1] 在具体的实践过程中，城市居民自治的自治性也不如村民自治，这与城市社区的单位制度相关。废除了单位制之后，城市居民的自治权扩大了很多，但仍然难以完全摆脱对单位的依附，依附单位导致疏远社区自治事务。

总之，我国的基层群众自治制度确认和推广过程中带有明显的国家赋权特征，"虽然谁都无法否认市场经济的发展、社会结构的变化以及个体的日益独立是中国基层民主发展的根本动力，但这并不能改变中国基层民主成长的逻辑起点来自国家建设对民主需求这个事实。忽视了这一点，也就无法真正看清中国基层民主的实际含义"[2]。需要分析的是，为什么国家要在1978—1982年将基层群众自治写入宪法，在20世纪80年代末制定专门的《村民委员会组织法》和《居民委员会组织》，并且在90年代之后主导并推广基层群众自治呢？这与我国改革开放以来人民群众政治参与诉求扩大有关，80年代选举民主盛行从一个方面也说明了公民政治参与的诉求在扩大，以人民大会制为主的代议制民主属于间接民主，并不能很好地满足

---

[1] 参见徐勇《论城市社区建设中的社区居民自治》，《华中师范大学学报》（人文社会科学版）2001年第3期。

[2] 林尚立：《公民协商与中国基层民主发展》，《学术月刊》2007年第9期。

人民群众直接进行政治参与的诉求,而基层群众自治属于直接民主,一定程度上能够满足人民群众直接进行政治参与的诉求。相比选举民主而言,基层群众自治主要涉及基层自治组织范围之内的事务,即便实践中基层民主出现问题,也是局部性而非全局性的,对国家政治体制的潜在冲击相对较小。在人民群众政治参与和政治民主诉求扩大的背景下,基层群众自治既能满足这种诉求,又不存在较大风险,所以中央一直主动推动基层群众自治发展。实践证明这是一项正确的战略性选择,国家明智的选择就是主动推动和引导民主化发展,否则,国家就无法拥有对民主化的主动性。国家一旦在民主化中陷入被动,其结果不外两种:要么被民主化所削弱,使国家陷入低质民主的泥沼;要么国家竭力压制民主的挑战,使国家陷入专制的恐惧。[1]

国家主导的基层群众自治的结果是,虽然从法律上和形式上看我国的基层群众自治组织具有自治属性,不是一级政权组织,但是本质上它仍然具有一定程度上的行政属性,对政府的政治、经济和社会政策在基层社会中得以执行发挥了重要功能。从有利的一面来看,正是由于国家的认可和支持,我国基层群众自治制度才能够力排众议,在较短的时间内建立起来。在制度的变迁过程中,由于国家将其定位成四项基本政治制度之一而加以推广,国家力量的支持本身就有助于完善基层群众自治制度,以产生更好的制度绩效。从不利的一面来看,自治本质上是要在国家与社会之间分权,国家主导基层群众自治制度变迁难免给国家干预自治留下了制度空间,实践中基层政府过度干预基层群众自治主要就是由于这种原因造成的。

---

[1] 林尚立:《基层民主:国家建构民主的中国实践》,《江苏行政学院学报》2010年第4期。

(二) 国家社会路径下的基层群众自治与国家定位

从方法论上看，在基层群众自治研究中使用最多的就是国家社会路径，即将国家和社会二分，把基层群众自治看成社会对国家的分权。国家社会路径对划清国家与社会的权力界限，保障基层群众自治发挥了积极作用。但是，在使用这一方法论路径时，有必要考虑到它是基于哪些国家的经验而提出的，这种经验本身真实与否，尤其是在中国的基层群众自治研究中有多大适用性？

国家社会路径的基本假设是把权力和权利二分，即国家属于权力领域，而社会属于权利领域，两者在动态中实现平衡。在对待这种分析路径时需要认识到：其一，它主要是基于西方民族国家建构和民主化过程中的经验而来，即强调社会的自发性及其对国家权力的限制，但是如果将其运用到落后国家的现代国家建设及治理中，其还具有多大适用性就需要具体分析。需要追问，社会权利就天然具有正当性吗？其二，国家社会路径将国家与社会二分，实质上具有"限权满足"，即强调社会权利对国家权力的限制，需要追问，这种经验是真实的吗？换句话说，这种社会中心主义的历史是真实的吗？以"自然权利"和"社会契约"为核心的社会中心主义理论体系被认为是建立在英国、美国、法国经验基础之上的，但是，对这些国家制度变迁经验的全景式研究发现，国家的重要性在社会中心主义那里被淡化了，甚至被忽视了，社会中心主义只是这些国家部分经验的理论抽象。[1]

也正是在这种背景下，20世纪90年代以来以米格代尔、埃文斯、奥斯特罗姆为代表的学者提出了国家在社会中、国家与社会共治、公与私合作伙伴关系等理论，认为国家与社会存在合作与互补的关系，二者是互相形塑的，

---

[1] 杨光斌：《被掩蔽的经验，待建构的理论——社会中心主义的经验与理论检视》，《社会科学研究》2011年第1期。

试图打破国家社会二分，尤其是社会中心主义。①

　　既然国家社会路径本身存在局限性，那么在将其运用到我国的基层群众自治研究中就需要谨慎，避免将自治就等同于基层群众自治组织中社会权力的扩张和国家权力的清除。一方面，从我国基层群众自治的历史经验来看，西方民族国家经验基础上的国家社会二分和社会中心主义的自治在我国并不完全适用。在我国的基层群众自治的变迁过程中，社会范畴的基层自治虽然自发产生，但在很短时间内就被纳入国家建构性的政治民主建设范畴中，国家试图主导和控制基层群众自治发展进程，所以实质上国家发挥了主导型作用。国家之所以参与主导基层群众自治，是为了既满足人民群众对民主的诉求，又使得基层民主和自治有序推进。另一方面，从未来基层群众自治发展方向来看，国家与基层群众自治应该建立一种良性的互动关系。"国家权力的适当退出为自治创造了前提条件，但这并不意味着国家就此不协调社会关系和社会利益；社会自主性和独立性的发展为自治创造了必要基础，但这也并不意味着自治就能自发地成长。从本质上讲，发展自治的出发点是国家与社会实现良性协调，而不是国家与社会走向完全对立。"② 我国的基层群众自治，不应该排除国家，也不可能排除国家，"在社区治域，并不排斥政府权力，相反要以政府权力的存在为依托。所以，社区自治体存在于政府行政区区域内，并是行政治理的对象体"③。当下有必要将基层群众自治纳入整个国家治理能力和治理体系现代化当中，实现自治和治理的良性互动。以基层群众自治中的民主监督为例，普通村（居）民受到时间和能力的限制，往往很难真正意义上监督村（社区）干

---

　　① 李姿姿：《国家与社会互动理论研究述评》，《学术界》2008年第1期。
　　② 林尚立：《基层群众自治：中国民主政治建设的实践》，《政治学研究》1999年第4期。
　　③ 徐勇：《论城市社区建设中的社区居民自治》，《华中师范大学学报》（人文社会科学版）2001年第3期。

部,在这种情况下,如果国家不参与基层群众自治,就会给基层腐败留下空间。我国历史上长期因为国家权力难以下达乡村而给地方乡绅和宗族势力留下存在空间,在传统政治中,这有助于维护乡村政治秩序,但是在现代政治中,如果没有国家权力对基层群众自治组织有效的和必要的治理和监督,地方黑恶势力、家族势力等都会影响到基层群众自治的有效运作。

在基层群众自治研究中,一直都有有关基层治理(乡村治理和社区治理)的研究,很多学者都将治理理论运用到中国基层治理研究中,如有学者提出乡土精英模式,[1] 还有学者将其进一步细化为以村组干部和民间精英为主体的乡村治理[2]。这些研究不再采用市民社会理论,而是将治理理论运用到基层群众自治中,这是研究范式的创新,但可以发现这些研究仍然是在乡村范畴之内分析治理主体,忽视了国家力量的重要性。基层自治和治理应该以良好的治理绩效为导向,这是简单强调自治所不能保障的,既然是治理,在当今中国国家的缺位其绩效往往是难以保证的,建设社会主义新农村以及与之密切相关的农村基层民主政治建设的发展,都可能因缺乏必要的财政保障而止步不前。[3]

既然已经明确国家有必要参与基层群众自治,那么更为重要的问题就是在基层自治中给国家定位,通过定位实现既要国家保障基层群众自治的自治性,又要有能力在必要的情况下参与基层群众组织治理,以更好地维护基层群众自治。实质上,这比简单地将国家排除在社会自治之外难度更大,因为它不是"不管",而是要在尊重基层群众自治的前提下"管得有效"。如何给国家定位?有学者提出国家作为村民自治的主体,应该首先是

---

[1] 参见张铭、王迅《基层自治模式转型——杨村个案研究》,社会科学文献出版社2008年版,第205—228页。

[2] 参见周红云《社会资本与中国农村治理改革》,中央编译出版社2007年版,第98—135页。

[3] 史卫民:《中国村民自治走向未来》,徐勇、徐增阳主编《乡土民主的成长——村民自治20年研究集萃》,华中师范大学出版社2007年版,第51页。

自觉的、内省的，而且是正义的，既能权衡村民自治的成本与收益，又能够把握短期行为和长远利益……国家在推行村民自治过程中要做到逐渐将本身位移到村民自治客体的位置。① 这是基于我国国家主导基层群众自治建设的历史和现实而提出的，这就要求国家与社会变二元对立为相互协作。在未来基层群众自治发展过程中，有必要在国家社会路径基础上借助统合主义的某些合理因素，超越社会中心主义和国家中心主义，倡导国家与社会的合作主义路径，既尊重和维护基层群众自治，又保障国家能有效干预基层群众自治，干预应该立足于更好地维护基层群众自治。

四 基层群众自治的价值与问题

基层群众自治实行30多年来，实践中它对维护基层群众利益发挥了积极作用，同时实践中也暴露出基层群众自治制度本身存在诸多问题，这些问题与基层群众利益背道而驰，这反过来也推动制度本身的调整和变迁。

（一）基层群众自治的价值

既有研究中有关基层群众自治的价值研究已经非常多，本文主要从政治、经济、文化和社会三个宏观视角对基层群众自治的价值做出分析。

首先，从政治价值来看，其一，基层群众自治本质是国家与社会之间的分权，从表面上看国家权力有限地退出基层组织限制了国家行为能力，但是实质上国家活动范围的缩小反而推动了基层（尤其是农村）生产力的巨大解放，反而提高了国家能力，包括国家的合法化能力、汲取能力等。

---

① 陈洪江、吴素雄：《村民自治社会整合功能的两重分析》，《社会主义研究》2003年第6期。

改革开放以来，我国不仅在基层社会强化群众自治，在其他领域同样开放和培养社会自治，如民间组织快速发展。现代国家理论已经表明，国家在该管的领域管好，将国家本身管不好的领域交由社会管理，这才是提高国家能力的根本之道。其二，通过30多年的实践可以发现，基层群众自治扩大了公民参与，锻炼了公民自治能力，保障了人民当家做主的权利。在人民公社制下，基层群众的政治、经济甚至生活行为的方方面面都处在国家权力的干预之下，公民个体的创造性和积极性得不到发挥，国家干预的全面性也就没有真正的基层民主可言。随着经济利益的多元化、公民受教育水平的提高、公民权利意识的增强等，这一系列结构主义范畴的变量的新变化带来公民的政治参与诉求的提高。比较政治变迁和民主化的经验告诉我们，政治民主化并不能以简单地推行普选为目标，而应该有序有效地推进。在我国社会主义民主政治建设过程中，短期内既然不能在全国范围内推行普选，那么就有必要首先在基层组织中推行群众自治，这既可以锻炼公民政治参与和政治民主的能力，为将来更大范围的政治民主做准备，又可以有效缓解公民对政治参与的诉求。基层群众自治在扩大公民参与、锻炼公民自治能力的同时也对我国的民主政治和国家治理能力形成新的挑战，也就是说，公民的政治参与和政治民主诉求必然会超出基层民主范畴，向高层民主范畴扩展，对于国家来说，既要有效回应这种新的更高的民主诉求，也要认识到，高层民主本身的完善对于基层民主更有效运行也至关重要。其三，基层群众自治是对我国社会主义民主政治体制的完善和补充。长期以来，我国的民主政治主要以代议制为主的人民代表大会制度为核心，一方面，人民代表大会制度主要是一种间接民主制度，公民的直接民主诉求很难得到有效保障；另一方面，人民代表大会制度主要是选举民主，选举了人民代表之后公民的民主权利就很难有效行使，它不能充分保障公民对政治经济事务的全面和全程参与权。基层群众自治从上述两方面弥补了人民代表大会制度的不足，整体上完善了我国社会主义民主政治体制。

其次，从经济价值看，改革开放以后，我国逐步确立社会主义市场经济体制，和计划经济体制相比，社会主义市场经济体制下市场逐渐发挥基础性作用。为了更好地和经济体制改革相适应，基层群众组织的政治形式也随之做出调整，以调动人民群众的积极性和创造性，推动生产力解放。在农村地区，农村家庭联产承包责任制是一种新的土地产权制度，与这种经济体制改革相适应，在政治体制领域，基层群众组织开始实行自治，通过基层自治更好地推动生产力的解放。说到底，政治范畴的基层群众自治归根结底要落脚到治理绩效上，这是检验制度本身有效性与否的关键，依据拉里·戴蒙德的划分，治理绩效包括政治绩效和经济绩效，也就是说基层群众自治要达到推动基层民主更有效实现，基层社会更有效得到治理，同时更为重要的是要实现基层生产力的发展，提高人民群众的生活水平。在基层政治体制和经济体制改革的互动过程中，基层群众自治的经济价值充分地展现了出来，政治制度和经济制度本身的调整产生了巨大的制度绩效，包括政治绩效和经济绩效，前者上文已经论述，后者也就是基层群众自治的经济价值。实践证明，改革开放30多年来，基层群众的生活水平得到了较大提高。

最后，从文化和社会价值看，一方面，基层群众自治增强了公民参与意识，有助于公民文化的培养。在我国传统农村社会中，依据阿尔蒙德的划分，属于村民型和臣民型的政治文化，基层群众自治扩大了公民政治参与权利，尤其是一人一票的基层选举强化了基层群众的主人翁意识，培养了公民文化。公民文化的培养反过来有助于基层群众自治更有效地实践，同时也对整个社会主义民主政治建设有积极价值。另一方面，基层群众自治有助于基层群众更全面地认识民主。在基层群众自治产生之初，人们对于民主选举的期望尤其对促进农村经济发展的期望很高，没有认识到民主制度本身能力的有限性。① 经过30多年的实践,基层群众对包括基层选举在内的基层自治的价值和问题都有了更为全面的认识。选举的意义是什么,选举的问题是什么,选举能解决什么、不能解决什么等一系列问题都在基层群众自治实践中反映出来。通过对选举辩证地认识,更有利于公民理性政治参与文化的形成,越来越多的基层群众认识到,即便有了基层民主选举,也并不意味着有了良好的基层群众自治。20世纪80年代很多人热衷于选举民主,在公民政治参与文化尚未理性化的背景下,往往容易将良好的治理绩效就等同于选举民主,认为有了选举就有了一切。我国基层群众自治中的基层选举实践表明,问题远非如此简单,这对于分析选举与高层民主的关系有启示意义,当下强调国家治理能力现代化更具战略意义。

除此之外,有学者认为基层群众自治的价值不是单一性的,而是全局性的。"中国社会的现实发展,尤其是社会主义市场经济的发展,决定了基层群众自治的发展将作为经济和社会发展的内在要求而成为必然的趋势。从这意义上讲,基层群众自治的发展对中国社会发展所具有的意义,不仅仅体现在民主的建设上,而且体现在社会的协调发展和总体进步上。"② 这种分析视角是将基层群众自治放到我国改革开放的整体大局中来理解其价值。

(二) 基层群众自治的问题

和基层群众自治的价值一样,有关基层群众自治问题的研究同样非常

---

① 郎友兴:《"草根民主"的民主意义:对村民选举与自治制度的理论阐释》,徐勇、徐增阳主编《乡土民主的成长——村民自治20年研究集萃》,华中师范大学出版社2007年版,第158页。

② 林尚立:《基层群众自治:中国民主政治建设的实践》,《政治学研究》1999年第4期。

多。有学者将村民自治的问题归纳为：乡村关系出现脱节、冲突和扭曲现象；两委矛盾突出，内耗不断；行政意图、家族宗族、宗教、派性、黑恶势力等因素干扰村委会选举，违规选举和贿选现象屡屡出现；"四个民主"发育不平衡，重选举，轻民主决策、管理和监督现象普遍存在，村民自治有走向村委会"自治"的趋势四个方面。① 还有学者将其归纳为三个方面：日益扩大的政治参与与制度供给和保障不足之间的矛盾；日益扩大的民主要求与传统的治理体制和方式之间的矛盾；人民群众日益增长的政治参与要求与自身民主素质较低的矛盾。② 有关这方面的研究没有必要再赘述。③ 分析基层群众自治的问题，可以从自治观念、自治能力、自治制度和自治绩效四个方面展开。

其一，自治观念。基层群众自治的有效运行有赖于基层群众自治观念的健全，在这方面还很欠缺。一方面，基层群众的自治观念不够强。自治观念是提升自治能力、完善自治制度和实现自治绩效的基础，只有拥有较强的自治观念，才能实现良好的基层群众自治。自治观念不强与我国历史上长期缺乏自治文化相关，需要强调的是，这种自治文化不是宗族和家族自治式的文化，而是与现代政治相适应的公民文化。比较而言，在美国这样有着悠久乡镇自治文化传统的国家，基层群众自治观念则十分强，这对基层自治和美国民主都有非常重要的价值。由于缺乏自治观念，往往基层群众不会主动关心和参与基层群众自治事务，很多基层群众自治组织中的干部就是利用这一点可以肆无忌惮地腐败。随着西方公民文化和社会资本

---

① 胡宗山、唐鸣：《论社会主义新农村建设过程中的村民自治》，《政治学研究》2009年第1期。

② 徐勇：《基层民主：社会主义民主的基础性工程——改革开放30年来中国基层民主的发展》，《学习与探索》2008年第4期。

③ 有关基层群众自治问题的系统研究还可以进一步参见尹焕三等《村民自治面临的社会焦点问题透析——对全国第一个村民自治示范县的追踪考察》，山东人民出版社2004年版。

理论的引入，有学者提出从社会资本角度改善中国的乡村治理。①

另一方面，基层群众有限的自治观念中还存在非理性化的不足。首先，参与还是不参与基层群众自治往往以自身的利益为标准，很多基层群众主动接受贿选，支持家族政治而非公共政治，他们往往只关注眼前利益，谁给他实在"好处"就选谁，无视这些观念和行为对基层群众自治的危害。其次，从当下基层群众自治观念来看，由于自治参与的效能感较低，他们将基层群众自治制度视为"形式"而已，这种观念进一步使他们疏远基层群众自治。自治观念的培养，尤其是理性的自治观念的培养是一个长期的过程，既依赖于观念本身形成的良性路径依赖，又依赖于公民从基层群众自治中获取到的实实在在的效能感。

其二，自治能力。有学者将村民自治中的村民参与能力低的原因归纳为三个方面：公共参与的结构不够健全，一些村民自治所需要的公共参与功能难以实现；公共参与的结构分化不足，村民的公共参与遭遇严重障碍；非法结构畸形发展，村庄公共权力的正常运作受到消极影响。② 基层群众自治能力的缺陷在基层选举中表现得最为明显，在很多农村和城市社区，政治冷漠现象非常明显，致使基层群众自治沦为"老人政治"，往往去参加投票的都是家庭中的老人。这是由多方面原因造成的：第一，主观条件限制自治能力。基层尤其是农村地区的公民受教育水平和政治参与能力还不够高，受限于此，一方面，他们对基层群众自治的价值认识就存在不足，不会积极地参与政治；另一方面，这还会影响到他们的组织化能力，我国农村社会普遍社会组织化程度低，体现为现代民主理念的村民自治所需要的现代社会发育严重不足。分散的村民难以组织起来以集体行动参与公共事

---

① 周红云：《社会资本与中国农村治理改革》，中央编译出版社2007年版，第248—254页。

② 卢福营：《论村民自治运作中的公共参与》，《政治学研究》2004年第1期。

务，影响公共权力，满足个人的社会需求。① 因此有学者提出重构和整合村庄社区组织，以提升其组织化能力，包括整合村级领导集团，重构村级配套组织，主动规范和整合农村其他组织等。② 第二，客观条件限制自治能力。当下基层组织快速地变迁也限制了基层群众的自治能力。对于农民来说，单纯依靠土地和农业维持生产生活的传统农业社会正在解体，城市化和工业化使得很多农民逐渐进入城市，他们的角色已经不完全是农民，而是半农民半城市居民，甚至除了户籍还在农村之外，其他的生活生产都完全脱离农村。农村地区人口流动性的增强使得他们往往很难有时间和成本参与到农村基层群众自治中，受户籍限制，他们在城市中也没有平等地参与社区事务的权利。比较而言，越是落后地区的农村，越是西部地区的农村这种限制越明显。对于城市居民来说，社区中居民往往职业、教育水平、地区来源等组成较为多元，与他们所在的单位比较，社区事务与他们的生活关系也并不密切，他们不像农村那样有较强的地域认同感和归属感，所以基层城市居民自治能力也受到限制。由于主客观条件的限制，在面对基层群众自治过程中的村干部腐败，家族、黑恶势力干预基层群众自治等现象时，他们往往很难有效参与决策、管理和监督，这也是有必要在基层群众自治的民主监督环节引入政府监督的原因。

其三，自治制度。基层群众自治制度是基层群众自治行为的依据，有学者从法律文本出发将《村民委员会组织法》的问题概括为在关键问题上应然性规定太多，缺乏操作性；具体内容上存在不严谨、相互冲突、杂乱；保障实施机制单一和残缺；章节结构不合理等。③ 制度代表

---

① 徐勇：《村民自治的成长：行政放权与社会发育——1990年代以来中国村民自治发展困境的反思》，《开放导报》2004年第6期。
② 参见卢福营《村民自治的发展走向》，《政治学研究》2008年第1期。
③ 程瑞山、贾建友：《村民自治制度运行研究》，中国社会科学出版社2013年版，第81—84页。

权力的结构形式，制度本身存在问题，就可能导致实践中出现权力关系混乱。

第一，在乡村关系上，基层政府干预基层群众组织自治的现象比较普遍。随着基层群众自治的整体发展，基层政府很难公开干预村委会选举，他们转而便利用行政权力控制村干部和农村公共治理。如对村干部实行"诫勉制"，对村级财务实行"村财乡管"，代替村委会出让农民土地等。人、财、物均由县乡地方政府所控制，村民自治有自治形式而无自治的内容，因此沦为空壳化。[①] 由于基层群众自治本质是要划清国家与社会权力的边界，避免基层政府过度干预基层群众自治，这个问题实质上是最为核心的问题之一，因此有关它的研究也非常丰富。如徐勇教授提出，应为乡村管理创造有利的宏观环境；合理划分乡政管理与村民自治之间的权限；规范权力主体的政治行为；改进乡政管理的施政方式。[②] 虽然上文说在民主监督环节有必要引入政府监督，以应对基层群众主客观条件限制下的自治能力不足，但这并不代表政府对基层群众自治的全面干预。如何在保证基层群众自治的前提下更好地发挥政府监督对基层群众自治的积极功能，这尤其需要在自治制度上划清职权。

第二，在村两委关系上，由于自治制度本身的不足导致两委权力分配不清。乡村关系不是领导与被领导关系，但村（社区）党委和村（社区）委员会是否应该是领导与被领导关系呢？基层群众自治组织中的两委关系是否与政权机关中的两委关系有所不同？这一系列的问题都有待基层群众自治制度本身的完善。

如果说经过30多年的基层群众自治发展，自治制度本身已经不断完善，

---

① 参见徐勇《村民自治的成长：行政放权与社会发育——1990年代以来中国村民自治发展困境的反思》，《开放导报》2004年第6期。

② 徐勇：《论乡政管理与村民自治的有机衔接》，《华中师范大学学报》（哲学社会科学版）1997年第1期。

那么从制度实现制度化则是更为现实和重要的问题。在实践中，往往自治制度成为形式，支撑基层群众自治实践的是另一套"潜规则"。例如，虽然法律规定基层人民群众有民主协商、民主管理和民主监督的权利，但是实践中协商和管理仅仅局限于村（社区）干部或者个别强势精英；再比如，法律规定了公平、公开、竞争的民主选举，但是实践中往往支撑基层选举的并不是法律制度，而是人情、血缘、地域等。如何发展制度本身，这就需要从基层群众自治制度绩效来反思制度本身。

其四，自治绩效。自治绩效是对自治观念、自治能力和自治制度结果的检验，上文归纳了基层群众自治的各种价值，但是归根结底，要看基层人民群众对其认可程度，所以从自治绩效角度来分析基层群众自治中的问题最有说服力。在市场化和城市化背景下，农民尤其是城市居民的主要利益关注点并不在基层群众自治组织中，这是因为，他们个体的经济社会利益主要来源于市场中的个体劳动和国家福利。相比基层群众自治中的政治参与并不能获得相应的效能感。以基层选举为例，虽然它提供给人民群众政治参与的权利，但很多人对基层选举的结果并不认同。一方面，在选举过程中，贿选、选举舞弊、家族和黑恶势力干预选举等现象比较普遍，名义上选举的竞争性对结果并没有显著影响；[①]另一方面，选举不过具有形式意义，选与不选、选谁结果都一样，因此他们往往选择不参与。在未来基层群众自治发展的过程中，有必要从自治绩效尤其是人民群众对基层群众自治的评价角度发展基层群众自治。

十八届三中全会提出在我国推进协商民主，其基本用意和推进基层民主类似，目的是更为稳妥有序地推动我国的民主政治建设。在基层民主中，同样有必要改变只重视选举民主的现状，引入协商民主，但是，协商民主在基层组织中推进难度更大。这是因为，高层组织可以以制度化的行政力

[①] 王淑娜、姚洋：《基层民主和村庄治理——来自8省48村的证据》，《北京大学学报》（哲学社会科学版）2007年第2期。

量来推进协商民主,但是在基层组织中并不存在这种强制力量。即便形式上模仿某些协商民主的做法,往往也只有协商的形式,无民主的实质。总之,基层群众自治实行30多年来,实践中暴露出的问题越来越清楚地启示我们,基层群众自治和基层民主不是孤立的,在公民文化相对缺乏、公民自治和民主能力还不足、高层民主还不健全的大背景下,要想获取有效的基层群众自治,这并不可能。因此,有必要将基层群众自治放到整个中国民主政治建设的大背景下进行分析。

◇五 基层民主与中国民主政治

从基层群众自治产生以来,它对中国民主政治的价值就引发了广泛争议,尤其是在20世纪80年代末选举民主在中国遭受重创后,官方和学术界都将更多的注意力放到了基层民主。有必要区别基层群众自治研究中经常使用的几个概念:基层群众自治主要指村和社区范围内的自治,自治的本质是国家与社会的分权,从《村民委员会组织法》和《居民委员会组织法》来看,基层群众自治主要包括民主选举、民主决策、民主管理、民主监督;基层民主则涵盖基层政权(通常是区县、乡镇和街道)和基层社会(村和社区)的民主,主要包括基层政权的民主选举与民主管理、城市的居民自治、农村的村民自治和企事业单位的民主管理制度。在本文中,基层群众自治和基层民主主要指村和社区一级的自治和民主,通常未将两个概念详细区分。其实,分权本身就是一种民主形式,[①] 分权本质的基层群众自治本身也就是基层民主。所以分析基层群众自治与中国民主政治的关系,实质上就是分析基层民主与中国民主政治的关系。

---

① 杨光斌:《作为民主形式的分权:理论建构、历史比较与政策选择》,《中国人民大学学报》2012年第6期。

在中国社会主义民主政治体制中，基层民主是四项基本民主政治制度的一个组成部分。从类型学上看，基层民主与高层民主对应，它们共同构成中国的民主政治，此外还可以将中国民主政治划分为选举民主和协商民主等。因此，说中国民主政治成长的轨迹和路径从20世纪80年代的选举民主演变到90年代的基层民主并不严谨，因为基层民主并不排斥选举，反而是鼓励选举；但是，80年代的选举民主显然不是基层民主中的选举，而是倡导在高层民主中实行西式竞选，这样来看说中国民主政治成长的轨迹和路径从80年代的选举民主演变到90年代的基层民主又是合理的。

经过30多年基层群众自治实践，其成就与问题都比较全面地表现了出来，在认识基层民主与中国民主政治的关系时有必要思考。第一，到底这30多年来基层民主对于中国民主政治发展起作用与否？通常在这种是否问题上学界基本能达成共识，即基层民主推动了中国民主政治发展，完善了中国民主政治制度体系。第二，更为关键的问题是，这30多年来到底基层民主对于中国民主政治发展起了多大的作用以及未来基层民主对于中国民主政治发展又能起多大作用？这个问题存在较大争议。从学界有关基层民主与中国民主政治关系的既有研究来看，仝志辉归纳出推进论、怀疑论和否定论三种分析基层民主与中国民主化关系的争论焦点，[1] 本文也将二者关系归纳为三种主要态度。

一种态度较为乐观。一方面，部分学者因为20世纪80年代选举民主的失败陷入对中国民主政治发展的困境和迷茫之中，这时他们开始将注意力转到90年代的基层民主上，认为这种自下而上的民主模式会成为中国民主政治成长的新推动力。另一方面，部分学者从中国民主政治发展的渐进性和过程性角度出发来认识基层民主，如林尚立认为"中国民主的发展已在

---

[1] 参见仝志辉《村民自治的研究格局》，《政治学研究》2000年第3期。

改革和经济、社会发展过程中形成一条具有良好现实基础的发展道路,即通过基层民主建设来推动民主政治整体发展的道路"①。在对80年代的选举民主反思的基础上,他们认为这种激进西式民主模式并不可行,也不负责。相比从基层开始,渐进推行中国民主化更为合理,中国的民主化进程应该是一个循序渐进的过程,应该是一个从基层做起,基层快于上层的过程。这样似乎更为稳妥一些。②基层民主对于锻炼公民民主观念和民主能力至关重要,随着公民权利意识的增长,他们必然会逐渐扩大民主诉求,对高层民主形成新的挑战,这是中国民主政治渐进稳步推进的动力。

另一种态度较为悲观。项继权将对基层群众自治和民主质疑和否定的理由归纳为如下几个方面:乡村民主率先发展违背民主一般规律;我国国家建设和现代化较基层群众自治重要,必然会干预自治;农村缺乏民主的资源和能力。③笔者认为悲观的态度可能主要来自四个方面。其一,部分学者仍然认为竞争性选举民主才是中国民主政治发展的根本之道,因此在他们看来,基层民主充其量只能是补充地位,甚至认为基层民主实质上在回避民主。其二,部分学者从民主素质论或者民主条件论出发,对基层群众尤其是农民行使民主的能力表示质疑,认为他们并不具有这样的能力。其三,即便部分学者并不一定认同选举民主,在中国的民主政治体制之下,他们也并不看重基层民主,相比而言,他们认为以人民代表大会制度为主的高层民主制度改革和完善才是中国民主政治发展的关键。简单地说,在自下而上或自上而下二分的民主模式中,他们更看重自上而下。即便自下而上,部分学者也并不把体制内的基层民主视为关键,而更重视体制外的

---

① 林尚立:《基层群众自治:中国民主政治建设的实践》,《政治学研究》1999年第4期。
② 王振耀:《中国的村民自治与民主化发展道路》,《战略与管理》2000年第2期。
③ 参见项继权《论中国乡村的"草根民主"》,徐勇、徐增阳主编《乡土民主的成长——村民自治20年研究集萃》,华中师范大学出版社2007年版,第108—109页。

社会抗争（如群体事件），认为这种"抗争民主"或"维权民主"才是自下而上推动中国政治民主的关键。其四，即便在部分起初对基层民主比较乐观的学者看来，近30年的基层群众自治实践绩效也让他们的预期破灭，基层选举中贿选、舞弊，公民参与冷漠、非理性，基层政府干预基层群众自治等问题严重影响了基层民主的治理绩效，现实是基层民主似乎也并没有发挥推动中国民主政治发展的明显作用，进而他们从乐观转向悲观。

还有一种态度比较折中。这种折中的态度通常也在官方的正式会议文件中得到论述，它通常强调基层民主对于保障人民当家做主的积极作用，同时将基层民主作为中国特色社会主义民主政治的一个有机组成部分。中国最高决策层提出了"有领导的民主秩序"构想，有意识地选择了"自上而下"和"自下而上"双向路径以推动中国民主政治发展。[1] 折中态度一般在对基层民主定位时将其视为一种新的民主路径，一般同时注意到价值和问题，相比更重视其价值，对其前景保持乐观。

经过30多年的实践，官方对基层民主整体持认可态度，并且利用国家力量推动基层群众自治和民主发展。在我国的宪法当中，基层群众自治制度已经成为我国四项基本政治制度之一，但相较于人民代表大会制度、中国共产党领导的多党合作和政治协商制度以及民主区域自治制度，基层群众自治制度存在被国家力量抬高的情况。为什么会被抬高？这和国家主导的中国民主政治建构背景相关。在国家有规划性的中国民主政治建构过程中，全国范围内的普选或者扩大范畴的竞争性选举不能在短期内实现，但可以先在敏感程度较低的基层率先进行更为全面的民主实践，这既可以锻炼公民政治参与能力，为将来公民更加理性有效地行使民主权利做准备，又可以一定程度上回应公民扩大政治参与和政治民主的诉求。可见，依靠国家力量抬高基层群众自治制度的地位是必要的，也是为我国更为稳步有

---

[1] 杨龙芳：《论中国政治市场开放进程中宪政民主与基层民主的协调发展》，《经济社会体制比较》2004年第2期。

效地推进社会主义民主政治建设大局服务。

从基层民主与中国民主政治关系的方法论路径角度看,分析中通常很多学者都采用二元变量之下的"上下互动"路径,即把基层民主看作"下",将国家民主看作"上",基层民主和国家民主是并列关系,基层民主和中国民主政治则是包含关系,后者包含前者。例如,徐勇就采用"上下互动"路径分析二者关系,将基层民主称为社会主义民主的基础性工程,认为基层民主的发展是一个不断深化和扩大的历史过程,基层民主愈发展,国家民主政治大厦的基础愈牢固;而国家民主的建设,又会进一步促进基层民主的发展,形成基层社会民主与国家民主的良性互动。① 在实践中,这种"上下互动"路径有助于我们看清一个事实,即中国最高决策层出于"有领导的民主秩序"构想,在"自上而下"和"自下而上"之间选择是明显地重视发展基层民主,在民主政治行为上也有意识地选择推进村民自治、居民委员会自治,并以此为中国民主政治的突破口。② 应该说近年来国家优先重视发展基层民主的做法已经为很多学者观察到。之所以这么做,前民政部官员王振耀认为,在《村民委员会组织法》起草之初,高层领导试图以基层民主作为乡镇、县市以及国家民主的试验田。③ 有学者也进一步提出,中国最高决策层意在通过从村到乡,从乡到县,从县到省,从省到全国范围内实现普选,中国的乡村民主关键在于权威和自由的平衡。④ 不过部分持悲观态度的学者并不会认同上述对官方意图的猜测,原因在于他们

---

① 徐勇:《社会动员、自主参与与政治整合——中国基层民主政治发展60年研究》,《社会科学战线》2009年第6期。

② 杨龙芳:《论中国政治市场开放进程中宪政民主与基层民主的协调发展》,《经济社会体制比较》2004年第2期。

③ 郎兴友:《发展中的民主:政治精英与村民选举》,西北大学出版社2009年版,第231页。

④ 何包钢:《村民自治和民主理念》,徐勇、徐增阳主编《乡土民主的成长——村民自治20年研究集萃》,华中师范大学出版社2007年版,第106页。

怀疑官方是否意在推行国家民主。

本文看来,从局部范畴来看,20世纪90年代为人们热议的基层民主对于完善我国民主政治制度和保障人民群众当家做主地位无疑也发挥了积极作用。但从整体范畴来看,30多年的基层民主实践表明,它对于中国民主政治的价值可能被抬高了。这是局限于"上下互动"路径的结果,它着眼于基层民主对于中国民主政治的作用,但是却忽视了更为重要的民主政治的治理绩效问题。在中国这样规模巨大的社会中,民主的建设和发展的合理路径到底应该是从上到下还是从下到上的问题,实际上是一个假问题。道理很简单,在这样快速变革和发展的国家中,民主不是为了民主而存在的,而是为了人与社会实现共同的进步和发展而存在的。[①] 倘若基层民主在实践过程中难以达到应有的治理绩效,不能获得基层人民群众的认可,那么这种民主形式本身的价值就值得怀疑。因此,在定位基层民主与中国民主政治的关系时,可以将发展前者视为推进后者发展的一种路径,但是经验表明前者并不能成为后者的"突破口"。这实际上给我们提出了更为艰难的问题,即中国民主政治该怎么发展?可以发现,有关这个问题的思考和争议还在继续,很多学者又将注意力转向了21世纪兴起的以民意测评为主的党内民主和技术带来的网络民主等新的民主政治形式。

即便在"上下互动"路径之下,一方面,除了分析基层民主对于国家民主的作用之外,也应该分析国家民主对基层民主的影响,某种程度上可以说,正是因为国家民主的不完善制约了基层民主更好地运行;另一方面,基层民主先行的实践纵然可以使得我国的民主政治建设更为稳妥,但是问题的另一面是有可能因此使得国家民主的发展滞后,这是"序列论"强调先后的固有缺陷。此外,我们在分析基层民主与中国民主政治关系的时候,往往还忽视了基层民主本身并不是孤立存在的,它的良好运行也是需要一

[①] 林尚立:《公民协商与中国基层民主发展》,《学术月刊》2007年第9期。

定的条件的，如有学者通过定量研究发现经济因素对村民选举和民主的影响是一种强相关关系，[①] 民主条件论所提出的经济、文化和社会"条件论"有其合理性。总之，对待基层民主，30多年的实践告诉我们，有必要对其进行准确定位，以促进其更好地为我国的民主政治建设大局服务。

[①] 何包钢：《经济因素是如何影响村民选举的》，徐勇、项继权主编《村民自治进程中的乡村关系》，华中师范大学出版社2003年版，第434页。

21世纪:党内民主、协商民主和网络民主的权力图景

毛启蒙[①]

2002年,中国共产党第十六次全国代表大会政治报告提出,"党内民主是党的生命,对人民民主具有重要的示范和带动作用"。这是中国共产党首次把党内民主提升到"党的生命"的高度。通过发挥党内民主对人民民主的"示范和带动作用",标志着党内民主继续成为新千年中国共产党领导中国特色社会主义民主政治的基本主张。同时,作为20世纪90年代中国基层民主发展的接续,协商民主作为中国民主政治的创新与实践,被视为具有竞争性民主所无法比拟的政治制度优势和国家治理绩效,因应了中国社会日益多元的利益结构、日益觉醒的社会权利意识、参与意识以及中国传统社会的文化机理,以"民主恳谈"为代表的协商民主形态,也成为21世纪中国民主政治发展的主要景观。党内民主与协商民主的话语及制度实践,展示了社会主义民主政治内生性、渐进性与非竞争性的特质,党内民主强调党组织对基层民主政治发展过程的引导和调节,而协商民主则强调政治参与中的合作、理性、对话与妥协,既反对照搬西方的竞争式民主,又强调"稳定高于一切"、渐进推进政治体制改革的价值设定。

---

① 中国人民大学政治系博士研究生。

可以说，21世纪中国的党内民主与协商民主相辅相成，共同形成了以基层民主政治为重点、自上而下引领、自下而上协同、渐进有序的现代民主国家建构模式。

然而，渐进式现代民主国家建构道路无法回避千年跨越过程中人类文明的新一波技术革命。作为人类社会新千年的时代性特征，信息技术革命浪潮"恰到其时"地席卷中国，互联网技术的革命性影响，既是中国共产党治理国家的机遇，也是挑战。伴随着改革开放以来的社会变迁，信息技术革命对中国传统的政治社会生态产生了广泛影响，对渐进式现代民主国家建构的制度设计和路径选择，无疑也产生了深刻影响——人们能借由互联网及时了解全世界的新闻热点与最新资讯，知情、参与、表达、监督等权利意识在信息全面膨胀、快速传播、高度透明的刺激下不断增强，相对封闭的信息垄断控制体系逐渐崩解，公民社会对政治国家回应性的诉求明显增强，公民社会从传统的政治参与者、抗争者，逐渐转变为新政治的建构者，出现了以网络民主为代表的新型民主政治形态，悄然改变着现代民主国家建构的动力体系和运作机制，促使以往由精英主导的政治体系开始主动吸纳公民社会的力量，政治权力体系逐步向开放和扁平化的格局转变。尽管网络民主仍处于权力主体的从属地位，并且在运行过程中仍存在一些局限，但至少昭示着现代民主国家建构的动力体系开始呈现出"一党主导，多元参与"的"内部多元主义"特质。

因此，对21世纪党内民主、协商民主和网络民主而言，"民主嬗变"的表述可能容易涵括它们的共性特征和意义影响。三者分别以自上而下、自下而上和扁平化的形态，逐渐调适着政党驱动型现代民主国家建构的历史逻辑、动力来源和运行机制，三者在平等、开放、参与等现代价值特制的影响下，汇成了重新"熔铸"现代民主国家运作机制及其政治社会生态的岩流，使中国现代国家治理体系和权力—权利关系格局为之一新。

◇ 引言：民主嬗变的实质是现代国家建构机制的调整

列宁说，国家问题"是关系全部政治的主要的和根本的问题"①。一切现实政治问题的探讨从根本上离不开国家的研究框架。作为人类政治共同体的基本组织形态，国家至少反映了特定地理范围内人们社会生活的基本价值目标和总体性制度安排。反过来说，任何涉及人们共同社会秩序的制度变化都会反映到国家建设中。民主制作为近代以来人类政治共同体的基本符号，无论其是否确实实行民主制度，统治阶级都会试图以"人民民主""主权在民"等话语来建构其统治合法性和正当性。如戴维·赫尔德在其《民主的模式》一书开篇就说，"今天，政治领导人们，尽管其观点迥异，但都无一例外地标榜自己为民主人士。全世界所有的政治制度都把自己说成是民主制度"②。杨光斌也提出，"在历史和理论的脉络上，'人民民主'只不过是现代民主政治的一种政治正确的说法，是民主理论的最高抽象，也是现代政治的一种合法性表达，是权力正当性的象征"③，民主"已经成为不以任何人和任何国家的意志为转移的时代潮流"④。可以说，在今天，国家与民主至少在话语宣示上的联结已然无法割断。现代意义上的"民族—国家"和"民主—国家"已经成为现代国家的两个基本特性，"前者是现代国家的组织形式，以主权为核心"，而"后者是现代国家的制度体系，

---

① 《列宁选集》（第四卷），人民出版社1972年版，第42—43页。
② [美]戴维·赫尔德，《民主的模式》，燕继荣等译，中央编译出版社2008年版，第1页。
③ 杨光斌、李冬：《以"党内民主带动人民民主"还是"以党内民主带动国家民主"》，《探索与争鸣》2012年第10期。
④ 胡伟：《关于"党内民主"的若干问题的思考》，《江苏行政学院学报》2002年第4期。

以主权在民为合法性基础"①。以主权为柱石的国家制度建设问题,以及以人民民主为基石的统治合法性与正当性问题,是任何现代国家建构所无法回避的两个基本命题。

政党驱动的历史逻辑和"党国同构"的制度生态,是中国现代国家建构的基本情境,而其过程中"民族—国家"与"民主—国家"的非均衡性,构成了现代民主国家建构的主要矛盾。

首先,从历史逻辑来说,现代国家建构的本质是基于国家主权独立和人民主权的原则重新调整国家内外部权力—权利关系。与西欧现代国家建构的历史逻辑不同,中国现代国家建构问题直到19世纪后半叶才伴随世界殖民主义浪潮席卷而来。从19世纪末到20世纪中叶,如何建构现代国家始终是中国政治和知识精英艰难求索的问题,独特的文化传统、社会机理以及内忧外患的历史境遇,使得以列宁主义和民族主义为核心的建党建国路径逐渐在思想激荡和战乱频纷中崛起。无论是中国民主革命先行者孙中山思想成熟时期关于"以党建国""以党治国"的"建国方略",抑或是中国共产党在艰难曲折中探索中国社会主义道路,最终都汇成了政党驱动型的现代国家建构模式,区别于英美式社会力量主导型和德日式国家主导型国家建构路径②。徐勇就说,西欧是先有公民社会,后有公民国家,再有政党政治,而中国则是先有政党竞争,后有现代国家,再有市民社会③,林尚立则将这种政治逻辑概括为"政党是国家的前提"④,而美国学者西达·斯考切波也在比较法国、俄国和中国革命时说到,法国革命的结果具有"资产

---

① 徐勇:《"回归国家"与现代国家的建构》,《东南学术》2006年第4期。
② 杨光斌:《政治学的基础理论与重大问题》,中国人民大学出版社2011年版,第6页。
③ 徐勇:《现代国家建构中的非均衡性和自主性分析》,《华中师范大学学报》(人文社会科学版)2003年第5期。
④ 林尚立:《党内民主——中国共产党的理论与实践》,上海社会科学院出版社2002年版,第106页。

阶级"性质,而俄国与中国革命诞生了政党领导下的国家组织,产生了发展导向型的政党—国家①。

其次,从制度结构和政治生态来说,在新中国探索现代国家建构道路的过程中,中国共产党集中了国家几乎各个领域最主要的精英群体,党的组织架构与国家政治体制具有高度的同构性,使党的各项方针政策能以近乎"无缝对接"的形式转换为国家政策,形成了一种"党国同构"或"党员国家"②形态。正是这种制度结构,一方面发挥了中国共产党领导国家民主和社会民主的积极作用,赋予了中国人民亘古未有的民主权利;另一方面也造成了党内民主与人民民主的同步性,国家各个层面和领域的民主制度建设很大程度上依赖于执政党的自身建设,这种自上而下单向度的现代民主国家建构模式也会逐渐面临世代演化所带来的合法性弥散问题。因此对于"党国同构"体制生态上的现代国家建构而言,应然且理想的逻辑则主要寄希望于执政党自发的开放性改革,即向公民社会等现代性社会力量开放其执政合法性与正当性建构的权力空间,形成一种"内部多元主义"的良性合作格局。

所以,置于21世纪中国民主政治的研究语境中,无论是探讨党内民主、协商民主还是网络民主,从根本上离不开这种历史逻辑和制度生态,因为现代国家建构就是要解决以政党为核心的国家权力与公民权利之间的张力问题③。换言之,中国的国家权力已然实现了与中国共产党执政权力的衔接,那么权力与权利之间的张力或者说是现代国家建构的主要问题,首要表现自然就是党的执政权力与公民权利之间的关系问题。21世纪以来,党

---

① [美]西达·斯考切波:《国家与社会革命——对法国、俄国和中国的比较分析》,上海人民出版社2007年版,第202页。

② 胡鞍钢:《一个好的中央政治局常委会及其机制设计:以中共第十六届为例》,胡鞍钢、王绍光、周建明主编《第二次转型:国家制度建设》,清华大学出版社2009年版,第189—190页。

③ 曾毅:《"现代国家"的含义及其建构中的内在张力》,《中国人民大学学报》2012年第3期。

内民主和协商民主不断推动着中国共产党及其领导的国家权力体系的开放性调适，赋予了群众以政治公共事务上更多的知情权、参与权、表达权和监督权，"把党的执政地位与实行民主政治相贯通"①，而网络民主的兴起无疑又拓宽和加深了这种开放性调适和贯通的广度和深度，公众除了利用互联网获取更多信息以外，还获得了自发建构新政治和公共议题的能力和平台，传统的信息和权力结构开始呈现出扁平化、平等化、非中心化的趋势，中国公民社会力量正在成为中国特色民主政治道路探索、创制与实践的共同参与者，形成了一种由中国共产党领导的，政党—群众与国家—社会合作共同参与的新型国家建构机制。

一 党内民主："党国同构"制度生态的开放性调适

党和国家领导体制是社会主义民主政治制度建设的核心内容，没有党和国家领导体制的制度化、规范化和程序化，就没有整个中国社会主义民主政治的制度化、规范化和程序化②。政党驱动的历史逻辑和"党国同构"的体制生态决定了，至少在制度变迁的时序上来说，"国家生活（即国家的政制）的民主化有赖于党内民主"，或者说"党内民主是国家民主的前提"③，是"民主政治发展的逻辑起点和关键"④。

---

① 胡伟：《民主政治发展的中国道路：党内民主模式的选择》，《科学社会主义》2010年第1期。
② 胡鞍钢：《党的"十六大"与中国走向》，胡鞍钢、王绍光、周建明主编《第二次转型：国家制度建设》，清华大学出版社2009年版，第155页。
③ 杨光斌、李冬：《以"党内民主带动人民民主"还是"以党内民主带动国家民主"》，《探索与争鸣》2012年第10期。
④ 胡伟：《关于党内民主的意义和范畴的思考》，《毛泽东邓小平理论研究》2002年第4期，第73页。

（一）党内民主是 21 世纪中国民主政治的逻辑起点

中国共产党关于党内民主的理论资源与实践经验源远流长，但走过的道路并不平坦。历史上，政党驱动的历史逻辑和"党国同构"的制度生态，造成了"党内民主状况的好坏，都会对国家的政治、经济、社会生活产生直接而重大的影响"[①]，一旦党内民主出现问题，包括人民民主在内的党和国家事业也都往往受到波及，甚至陷入停滞或倒退。改革开放以后，为了纠正以往党在自身建设和领导社会主义人民民主建设过程中出现的问题，总结和汲取权力过分集中、党内个人专断和个人崇拜的经验教训，提出了发扬党内民主，以党内民主带动人民民主的政治主张。1987 年，党的十三大政治报告首次对党内民主和人民民主的关系做了阐述："以党内民主来逐步推动人民民主，是发展社会主义民主政治的一条切实可行、易于见效的途径"；同时，党的十三大还首次对中央委员会预选实行了候选人多于应选名额 5% 的差额选举，以实际行动宣示了党将通过自身的民主制度建设和实践，为引领和带动人民民主提供制度借鉴和实践经验。

发扬党内民主，以党内民主带动人民民主的理论创新，是党在 21 世纪加强自身执政能力建设的主要内容。2001 年，江泽民在进入 21 世纪的"七一"讲话中提出"通过发展党内民主，积极推动人民民主发展"的思想。同年 9 月，十五届六中全会做出《中共中央关于加强和改进党的作风建设的决定》，提出"通过发展党内民主，积极推动人民民主的发展"。2002 年，十六大政治报告首次将党内民主提升到"党的生命"高度，强调"党内民主是党的生命，对人民民主具有重要的示范和带动作用"。2004 年党的十六届四中全会通过《中共中央关于加强党的执政能力建设的决定》，将"发展

---

① 杨德山：《论党内民主建设的理论创新》，《党建研究》2008 年第 11 期。

社会主义民主政治的能力","逐步扩大基层党组织领导班子成员直接选举的范围"等纳入执政能力建设工作中。2007年,胡锦涛在十七大政治报告中再次提出,"要以扩大党内民主带动人民民主,以增进党内和谐促进社会和谐"。2009年6月29日中共中央政治局第十四次集体学习以党内民主为主题,胡锦涛强调,必须高度重视和积极推进党内民主建设,最大限度凝聚全党智慧和力量,最大限度激发全党创造活力,最大限度巩固党的团结统一。同年的十七届四中全会通过《中共中央关于加强和改进新形势下党的建设若干重大问题的决定》指出,"党内民主是党的生命,集中统一是党的力量保证","坚持以党内民主带动人民民主,以党的坚强团结保证全国各族人民的大团结"。从"切实可行、易于见效"到"党的生命",反映了中国共产党对如何领导和建设社会主义民主政治日渐清晰和自信的思想理论体系,对从制度实践层面发扬党内民主、发挥党内民主对人民民主引导带动作用,具有重要的指导意义。

发扬党内民主,以党内民主带动人民民主的制度创新,是21世纪社会主义民主政治制度建设的基本图景。2002年7月中央颁布《党政领导干部选拔任用工作条例》,从规范干部选拔任用工作方面加强党内民主建设。2004年2月颁发《中国共产党党内监督条例》,坚持党要管党、从严治党的方针,发展党内民主,加强党内监督。同年9月,中央颁布《中国共产党党员权利保障条例》,从制度上进一步明确党员在党的政治生活中的主体地位,切实保障党员的知情权、参与权、选举权、监督权,发挥党员的积极性、主动性、创造性,增强党的创造力、凝聚力和战斗力。2006年8月中央连续下发《党政领导干部职务任期暂行规定》《党政领导干部交流工作规定》《党政领导干部任职回避暂行规定》三个文件,坚持党管干部原则,健全领导干部任职管理的制度化、规范化、程序化。2008年7月中央颁布《中国共产党全国代表大会和地方各级代表大会代表任期制暂行条例》,通过加强党的各级代表大会制度建设,切实发挥党的代表大会对党的决策和各项日常工作的监督。2009年7月中央印发《关于实行党政领导干部问责的暂行规定》,明确规定党政领导干部应当受到问责的七项内容,健全和完善了党政领导干部监督问责机制。2010年3月中央印发《党政领导干部选拔任用工作有关事项报告办法(试行)》《党政领导干部选拔任用工作责任追究办法(试行)》《地方党委常委会向全委会报告干部选拔任用工作并接受民主评议办法(试行)》《市县党委书记履行干部选拔任用工作职责离任检查办法(试行)》,进一步加强干部选拔任用管理工作全过程监督,将组织监督和民主监督、干部选拔任用工作的过程监督和效果监督有机结合。21世纪以来关于党内民主建设的党内规章的颁布,涉及党的作风、干部选拔任用、党员权利、集体领导和集体决策、监督问责以及党的代表大会制度等领域,反映了制度建设在党内民主建设中的核心地位,表明了党在21世纪将不断通过推进党内民主的制度创新和体制机制创新,为党内民主带动人民民主的先行性、示范性和促进性奠定坚实基石。

(二) 党内民主与社会民主的融合:党内民主的基层创新

中国的"党国同构"体制生态决定了,在党内民主理论创新、制度创新和实践创新的背景下,党组织生活到党的决策—执政方式和用人方式的民主化,必定会推动国家政治生活的民主化[1],可以说,党内民主"直接关系到国家政治民主化的发展进程"[2]。21世纪以来,随着基于传统意识形态和克里斯玛型合法性来源的逐渐弥散,要巩固和加强党的执政地位,就需要发挥民主制度对多元化社会的政治整合功能,以民主制度吸纳政治参与诉求。党内民主作为中国现代民主政治的逻辑起点,而基层民主作为社

---

[1] 杨光斌、李冬:《以"党内民主带动人民民主"还是"以党内民主带动国家民主"》,《探索与争鸣》2012年第10期。

[2] 林尚立:《当代中国政治形态研究》,天津人民出版社2000年版,第438页。

主义民主政治建设的基础工程，二者的融合自然对于发展实践中的人民民主具有尤为关键的意义：顺应20世纪八九十年代基层民主政治建设的制度生态影响，从中汲取理论资源和实践经验，通过改进基层党组织与人民群众的权力—权利关系，建构新型的国家社会关系，成为党内民主基层创新的主要导向。具体来说，即通过基层党组织领导班子成员由党员和群众公开推荐与上一级党组织推荐相结合，扩大基层党组织领导班子直接选举范围等措施，主动吸纳新时期"两委"关系格局下基层社会日益强烈的政治参与诉求，促进党内民主与社会民主相融合，以党内民主带动人民民主，形成基层社会的民主善治机制。正是这种党内民主与人民民主在基层政治实践中的融合，与中央层面统一领导和推动的理论创新和制度创新一道，构成了21世纪中国民主政治的主要图景。

20世纪90年代，既是改革开放以后中国社会矛盾的井喷期，也是中国基层民主政治建设发展的活跃期。在基层农村，随着村民委员会实行直接选举和农村税费改革，村党组织委员会和村委会的"两委矛盾"开始凸显，村党组织的权威地位和农村社会矛盾的多发，造成农村基层党组织的合法性和公信力问题成为推动基层民主创新的突破口，一些地方主动或被动地从以村委会直接选举为核心的基层群众自治建设走向基层党组织的民主政治建设，并以基层党组织的民主建设再反过来带动了基层人民民主深入纵深发展，实践中形成了从村到乡镇，乃至到县一级党组织的自下而上的渐进过程，产生了诸如"两票制""两推一选""公推直选""民主评议"等程序技术创新形式。以原初形式"两票制"为例，其基本做法是在农村或乡镇党组织换届选举过程中，先组织群众或群众代表参加的民意测评，让群众对党组织委员会候选人投"信任票"，信任票过半数以上的才能成为正式候选人，最后由全体党员投"选举票"[1]。这种民主形式的核心在于，将

---

[1] 包俊洪、吴治平：《乡村选举中的"两票制"》，红旗出版社2004年版，第3页。

党内民主延伸到人民民主之中,"把群众对党员干部的推荐作为党内推荐和最终选举的基本依据",以群众"信任票"行使"提名权",旨在"在具有广泛群众基础的村民委员会自治中形成也具有广泛群众基础的党的领导"[1],体现党的领导与人民当家做主相统一,以党内民主与基层群众自治的合力效应来推动中国民主政治建设[2]。

一般来说,1991年初山西省河曲县城关镇岱狱殿村在村党支部班子成员选举首创"两票制",成为相关实践和制度创新的滥觞。当地村民针对村党支部书记的问题向县工作组提出要求:一是不许上级指派村党支部书记,二是村党支部书记管着全村而不仅是党员,所以应该由全体村民选举产生。工作组根据村民要求做出决定,由每户派出一名代表以投票方式确定村党支部书记候选人,然后召开党支部大会选举村支部书记。这种被"逼"出来的选举技术创新,结果成效既为群众满意,也让村党支部书记竞选人所信服,反映了村委会直接选举之后村庄权威结构新的产生方式,一方面"重塑了农村党支部的权威基础",另一方面"消解(缓和)了两委关系的矛盾与冲突,使两委关系在新的基础上再次达到平衡"[3]。同年10月,城关镇出台《关于采用"两票制"建设农村党支部班子的实验方案》,在全镇范围内推广"两票制",增强群众在村权威结构核心——党支部班子产生过程中的发言权和参与权。1992年3月河曲县颁布《关于推行"两票制"建设农村党支部的选举办法》,同年5月印发《关于推行"两票"建设农村党支部的三项制度》,将"两票制"扩展到党员和村支部班子的民主评议和任职

---

[1] 林尚立:《党内民主——中国共产党的理论与实践》,上海社会科学院出版社2002年版,第295页。

[2] 佟德志:《从党内民主和村民自治看中国民主政治发展的合力效应》,《政治学研究》2008年第4期。

[3] 景跃进:《两票制:组织技术与选举模式——"两委关系"与农村基层政权建设》,《中国人民大学学报》2003年第3期。

评价、党员干部培养选任以及党员发展工作中①，拓宽了"两票制"的适用范围。此后，以"两票制"做法为主要内容的模式创新逐渐在山西、内蒙古、河南、河北、安徽、四川、湖北等地推广。如1998年底四川村级党支部成员实行"公推直选"，遂宁市市中区部分乡镇进行乡镇长、乡镇党委书记公推公选，开全国之先河，同年年底眉山在全区11个乡镇推广党委、纪委、政府班子由全乡党员"公推直选"，1999年4—5月山西省临猗县卓里镇"海推直选"党委书记、镇长。这些都在一定程度上改变了乡镇和村一级党组织负责人由"党委定人头，党员举拳头""领导定名单，群众画圈圈"的现象，为党内民主的基层创新注入了丰沛的实践经验。

进入21世纪以后，"两票制""两推一选"等党内民主的基层创新逐渐得到自上而下的肯定和自下而上的推广。2000年11月，中央印发《关于在农村开展"三个代表"重要思想学习教育活动的意见》提出，大力推进村党支部领导班子成员选拔任用制度的改革，实行"两推一选"和"公示制"，肯定了党内民主基层创新形式，推动相关制度和实践创新的新发展。2001年，湖北省随州市瓜园村对涉及村民切身利益的重大事项实行"两会制"，先由村两委提案，再由村党员大会讨论提出议案，最后由村民代表会议议决，切实增强了基层群众对农村公共事务的知情权、表达权、参与权、监督权，传统"两委"特别是党支部委员会独揽决策权的体制机制，开始向群众主体的民主决策转变，也在很大程度上解决了以往"两委"相互推诿扯皮的问题，实现了党的领导与村民自治的有机融合，从基层公共事务决策和治理绩效层面彰显了党内民主带动人民民主的实效。

2002年7月中央下发《关于进一步做好村民委员会换届选举工作的通知》，"提倡拟推荐的村党支部书记人选，先参加村委会的选举，获得群众承认以后，再推荐为党支部书记人选；如果选不上村委会主任，就不再推

---

① 相关资料参见董江爱《"两票制"、"两推一选"与"一肩挑"的创新性——农村基层党组织执政能力建设的机制创新》，《社会主义研究》2007年第6期。

荐为党支部书记人选"①，标志着"两票制"等类似做法以中央决策的形式正式在全国推广。同年9月，湖北省京山县杨集镇首次通过"海推直选"方式选举产生新一届镇党委、镇政府班子，由全体选民或党员直接提名镇党委书记、镇长和"两委"班子成员候选人，选举方式也由等额选举改革为差额选举，"第一次将竞争机制引入基层政权体系，将自我封闭的政治体系向社会开放"②，成为著名的"杨集实验"。

党的十六大召开以后，以选举制度创新实验为代表的党内民主基层创新加快了步伐，浙江、四川、湖北、江苏等地开展了党内差额选举、民主评议和党代会常任制试点。2003年四川省雅安市在党代表例会上对所有主要领导进行测评，如果没有获得70%以上的信任票，则启动问责程序。2004年9月，党的十六届四中全会再次提出，要"逐步扩大基层党组织领导班子成员直接选举的范围"，推动"两票制""两推一选"和党员干部民主评议向基层党委主要领导干部"公推直选"深入，并被逐步扩大到基层政府和人大选举等领域。2004年8月吉林白城市镇党委书记实行党员差额直选，同年10月江西吉安市乡镇党委书记"公推差选"，2004年以后成都实行"三会"开放、"三务"公开，2005年8月四川省委组织部决定在全省18个市州、30个县市区推广公推直选乡镇党委书记工作，2010年上海市黄浦区部分街道以世博服务保障工作为契机，建立党员"三评"制度，这些都成为党内民主与基层人民民主相结合的创新形式。

因此，各地党内民主的基层创新形式，深层次上都是"党国同构"体制生态中源于外部压力下党内选举制度的逐渐改革，以及对基层政治权威合法性来源结构的重新调适，"将过去那种难以直接体现民意的间接民主转

---

① 《中共中央办公厅国务院办公厅发出通知进一步做好村民委员会换届选举工作》，《人民日报》2002年8月19日。

② 徐勇、贺雪峰主编：《杨集实验：两推一选选书记镇长》，西北大学出版社2003年版，第12页。

换为能够真实表达党员和群众意愿的直接民主","很好地实现了以党内民主引导和兼容人民民主"①,自下而上地为广大群众参与现代民主国家的制度构建和政权合法性建设提供了更多机会,开放了推动现代民主国家建构的动力体系。

(三) 21 世纪党内民主发展与中国现代国家的建构

民主政治是现代国家建构的基本内涵。从 21 世纪中国共产党发扬党内民主、以党内民主带动人民民主的进程来看,根基在基层社会,核心内容是选举技术程序的改革创新,关键意义是拓宽了基层党组织和国家政权合法性建设的基础和来源,而实质是党的理论创新、制度创新与基层实践创新的融合。

首先,党内民主的发展调适了国家权力与社会权力二者之间的配置关系。与 20 世纪八九十年代的农村基层选举相比,"两票制""两推一选""公推直选""公推差选"和民主评议等作为党内民主形式的基层创新,呈现出基层社会政治权威产生过程中更为根本性的民主价值。从动力来说,一方面离不开村委会直选以后社会力量对基层政治权威体系改革的"倒逼";另一方面也是党在加强自身建设过程中对自下而上民主政治实验向纵深发展的引导。从影响来说,发扬党内民主,以党内民主带动人民民主,抓住了候选人提名和选举程序这两个基层民主政治活动的核心。至少在选举机制上,使得在不改变农村二元权力结构的前提下,"为党支部提供了一个自下而上提取权力的信任资源的渠道,从而巩固和维新了农村基层党组

---

① 任中平:《基层民主在党内民主带动人民民主进程中的地位作用与实现路径》,《天府新论》2014 年第 1 期。

织的合法性基础"①,为真正落实基层群众的民主选举、民主决策、民主管理和民主决策提供了制度渠道。进而言之,中国现代民主国家建构的关键,就在于增强普通群众在基层民主政治和社会治理的制度基础——党内选举中的话语权,以党内民主解决以往过分强调集中造成的基层党组织合法性与其政权有效性之间的制度断裂,重新调适"党国同构"体制生态中国家权力和社会权力的配比关系。因此,"两票制"等创新的意义,正是在坚持党的领导原则基础上,将基层群众纳入国家基层政权建设的动力和机制之中,实现"党内民主与人民民主之间的有效互动""成为共产党领导的社会主义国家民主政治建设的重要动力资源"②。

其次,党内民主的创新发展融合了党的领导和选举制度两个民主政治的核心问题。著名民主理论家罗伯特·达尔曾说,"可能没有什么政治制度能像选举制度和政治党派那样深刻影响民主国家的政治面貌了"③,二者共同确立了现代民主国家政治权力来源和权力行使的主体和机制。置于中国现代民主国家建构语境之中而言,"党国同构"的体制生态决定了,"党内民主制度所要协调的各种关系虽然主要是党体系内的关系,但在执政过程中,这种关系和党在执政时与国家、与社会、与其他党派和社会组织所建立的体系外的关系有十分重要的互动作用"④。具体来说,就是社会主义民主政治的发展,需要将中国共产党的领导与社会主义民主选举两个要件结合起来,将党的领导、人民当家做主和依法治国结合起来,将党内民主的

---

① 郭正林:《中国农村二元权力结构论》,《广西民族学院学报》(哲学社会科学版)2001年第6期。
② 林尚立:《党内民主——中国共产党的理论与实践》,上海社会科学院出版社2002年版,第240页。
③ 罗伯特·A. 达尔,李风华译,《论民主》,中国人民大学出版社2012年版,第110页。
④ 林尚立:《党内民主——中国共产党的理论与实践》,上海社会科学院出版社2002年版,第101页。

实现形式与社会民主的实现形式统一起来,找准党内民主和人民民主在权力配比上的"黄金分割点",真正赋予人民群众在基层政权建设和管理基层公共事务中的充分权力。回顾历史也可以看到这一点,20世纪90年代"两委"矛盾关系的"倒逼"机制,最终通过"两票制""公推直选"等党内选举程序和技术创新得以解决,实质就是人民民主的问题通过党内民主形式解决,更加反映出21世纪以后党内民主的基层创新对于党的执政和选举机制的重要意义,促进了党的政治领导权在基层"延伸"部分与群众选举制度改革、群众自治之间的融合。

最后,党内民主的创新发展增强了社会主义人民民主的真实性。民主集中制是中国共产党的基本组织原则,很长的一段时期,在党的基层组织选举和干部配备上,集中的色彩往往大于民主,基层党组织选举在具体实践中往往由上级党组织发挥实际的决定作用,乡村党组织的人选往往都是上级党委酝酿决定之后,再经选举这一"形式"得以确立,选举的真实性和民主性无从谈起[1]。然而,在党的一元化领导下,随着改革开放以后现代化所产生的利益分化和张力,客观上对"党国同构"的体制生态产生一定冲击,特别是90年代全国范围村委会实行直接选举以后,这种矛盾或张力在基层社会日益凸显。而要化解这种冲突和张力,就需要党通过自身的民主调适、权力体系开放,以及政党国家与公民社会之间权力权利分配改革来增强既有体制的包容性和生命力。发扬党内民主,以党内民主带动人民民主的意义,正是在于通过党自身的选举程序技术改革,为增强人民民主的真实性提供制度支撑,以执政的有效性反过来强化人民民主实现形式的实际功能。正如徐勇在2008年所说,"本世纪以来,我国基层党内民主建设发展迅速的一个重要经验,就是党组织的开放性,由过去在封闭组织体制内少数人选少数人向广大群众开放,由广大群众推荐,并以民意为基础,

---

[1] 陈家喜、成守勇:《乡村党组织选举改革:阶段实践与发展前进》,《社会主义研究》2005年第6期。

从而极大地增强了党组织的活力"[1],党组织活力的增强倒推回去就证明了,党内民主带动人民民主的制度创新是有效的、管用的。可以说,"两票制""公推直选""公推差选"和民主评议等制度创新,构建了政治参与制度绩效、基层社会治理成效与政治权威合法性形塑之间的制度桥梁,实现了民主价值、制度和程序的统一,使得基层党组织在产生及管理公共事务过程中具有"党内民主与人民民主的双重民主性质"[2],包括选举、表达、管理、参与、监督、自治等在内的基层人民民主活动通过党内民主带动人民民主的程序创新逐步得到真正实现。

二 协商民主:中国民主形式的优先选择

2013年11月,中国共产党十八届三中全会审议通过了《中共中央关于全面深化改革若干重大问题的决定》(以下简称《决定》),《决定》指出"推进协商民主广泛多层制度化发展","构建程序合理、环节完整的协商民主体系,拓宽国家政权机关、政协组织、党派团体、基层组织、社会组织的协商渠道。深入开展立法协商、行政协商、民主协商、参政协商、社会协商"。从1999年浙江省温岭市创新"民主恳谈"等农村基层民主政治参与形式,到政治协商纳入党和国家未来深化改革的重点领域,其间十余年,经历了党和广大人民群众对中国协商民主的不断探索、创新和实践,使得这种民主形态已经成为新时期中国政治发展的重要内容。置于中国现代民主国家建构的语境中而言,协商民主为始终渐进前行的中国政治改革提供

---

[1] 徐勇:《论党内民主与人民民主的有机衔接和良性互动》,《社会主义研究》2008年第4期。

[2] 陈家喜、成守勇:《乡村党组织选举改革:阶段实践与发展前进》,《社会主义研究》2005年第6期。

了一条柔性合作、寻求共识的参与式治理式民主形式,在社会转型和矛盾多发期尽可能减少了竞争性民主形式可能带来的社会分化。相对党内民主突出党组织在政权建设中的民主引领功能而言,协商民主则推动了党和国家在国家治理意义上的民主政治创新,为社会主义人民民主提供了新的实现形式,充实了政党驱动历史逻辑和"党国同构"体制生态中现代国家建构的主体,自然成为探讨21世纪中国民主政治发展不可回避的制度形式和实践形态。

(一) 中国协商民主产生的学术背景、历史逻辑与现实环境

从理论来源而言,现代协商民主理论兴起于20世纪后期的西方国家,是作为对传统代议民主和选举民主的修正而产生的。1980年,约瑟夫·毕塞特在《协商民主:共和政府的多数原则》一文中首次从学术意义上使用了"协商民主"一词,成为协商民主理论研究的滥觞。此后,基于协商民主内涵的直接民主和参与民主的因子,国外学者围绕协商民主的概念、内涵及其意义展开了广泛热烈的探讨与研究,并开始对中国民主政治理论和经验研究产生影响。2002年年末,国内学者俞可平在《当代西方政治理论的热点问题》一文中引介了"协商民主"概念及其基本意涵,他在文中说,协商民主理论认为,代议民主"已经与现代公民的要求及社会的发展不相适应,公民与官员之间就共同相关的政策问题进行直接面对面的对话与讨论,是政治民主最基本的要求之一,也是任何其他方式所不可取代的"[1]。这段文字既介绍了协商民主是如何运行的,也揭示了西方兴起协商民主理论的原因,为后来中国协商民主理论的译介、研究,以及结合中国已有民主形式的经验研究开启了一个窗口,也为中国协商民主实践和制度创新发

---

[1] 俞可平:《当代西方政治理论的热点问题》,《理论参考》2003年第1期。

展提供了理论支撑。

尽管协商民主理论真正进入中国不过十余载，但中华大地上协商政治的文化因子、现实实践却有比较深厚的基础，如李君如所言，对中国来讲，"中国人学会选举（票决）民主是近代以来的事情，而且现在我们还不是很成熟，还在继续完善。而中国人对协商民主是有悠久传统的"[1]。

具体来说，一是中国儒家主张的"和"文化以及程朱理学的"说理"传统，主张"君子和而不同"的多元、包容和合作精神，强调"君有过则谏"，以说理规范君主政治，重公、重言，以及对言语效用的积极评价等传统，都多少渗透于中国社会机理和观念之中。而"协"表示和睦、融洽，"商"表示众多人合力，故协商具有通过参与、讨论、交流、表达取得一种包容各种意见的和声的意思，体现出一种和而不同的参与和包容精神[2]，这种传承对中国社会对接和融化现代协商民主的元素起到了潜移默化润物无声的影响。二是群众路线的话语为协商民主提供了思想意识形态和工作方式传统上的基础，作为中国共产党在长期革命斗争中形成的"三大灵魂"之一，群众路线的主要形式就是在工作中注意联系群众、鼓励群众参与基层政权建设，而民主协商事实上就是一种群众路线的制度化形式。三是协商政治、人民政协在中国共产党话语和现代国家建构中的建设性作用，使得中国在概念、观念和制度上对协商民主并不陌生，比如，民主革命时期党在根据地实行"三三制"政权建设时，毛泽东同志就提出，"我们一定要学会打开大门和党外人士实行民主合作的方法，我们一定要学会善于同别人商量问题"[3]，反映了党在革命斗争时期就已经有了协商政治形态的早期探索与成功经验。1949年，肇始于新中国成立之初的中国人民政治协商会

---

[1] 李君如：《协商民主：重要的民主形式》，《文汇报》2006年7月27日。

[2] 蒋德海：《论协商民主中的协商和民主的关系》，《同济大学学报》（社会科学版）2013年第6期。

[3] 《毛泽东选集》（第三卷），人民出版社1991年版，第810页。

议，通过各党派、各阶层、各界别、各民族、各宗教以及无党派等各界人士的参与，以双周座谈会、协商座谈会、最高国务会议等形式共同商议新中国的建国方略与施政方针，为包括多党合作政治协商在内的社会主义人民民主制度奠定了基石，形成了与人大选举民主相结合的制度体系[1]，也为中国协商民主的制度实践写下了厚重一笔，可以说，"中华人民共和国的成立，是我国协商民主的标志性成果"[2]。因此可以说，"中国的政治协商理念和实践先于西方协商民主理论而产生，但与西方协商民主理论又有着某些共同之处"[3]。

概而言之，现代协商民主在中国的土壤和实践，"既有'和合'的政治文化传统作基础，又有现行政党制度和基本政治制度作前提"[4]。正如张维为所说，"从中国特色社会主义民主建设的实践中不难看出，凡是成功的制度安排，往往都体现出中华文明传统因素、红色因素和西方有益元素三者的有机结合"[5]。尽管中国协商政治的文化因子和制度实践在发展过程中经历了一些曲折坎坷，但从政治社会的认知和接纳来说，从本土土壤中生长出的协商民主，仍然具有相当广阔的创新发展空间，这与西方协商民主发端于自由民主制的消极应对显然不同[6]。

---

[1] 虞崇胜、何志武：《选举民主与协商民主的互动效应分析》，《学习与实践》2007年第1期。

[2] 张献生、吴茜：《坚持、完善和发展我国社会主义协商民主》，《新视野》2007年第5期。

[3] 虞崇胜、王洪树：《政治协商：协商民主在中国的理论创新与实践探索》，《中国人民政协理论研究会会刊》2007年第2期。

[4] 黄军勇：《民主恳谈：协商民主的中国式选择对化解执政矛盾的启示》，《湖北行政学院学报》2007年第5期。

[5] 《访谈房宁、张维为、苏长和民主，让人民当家作主》，《人民日报》2014年8月18日。

[6] 陈家刚：《中国协商民主的比较优势》，《新视野》2014年第1期。

（二）"温岭模式"：透视中国协商民主的生长过程

今天作为中国协商民主典型案例的"温岭模式"，是以浙江省温岭市建立的基层群众民主恳谈、参与式预算恳谈制度等为代表的群众政治参与形式和基层自治形式。之所以赋予其对于中国民主政治的重要意义，关键在于这种民主形式提供了基层群众与地方政府平等对话的平台，而"公民与政府之间的平等对话一直是民主理想的核心"[①]，是现代民主国家的基本制度生态。

"温岭模式"肇始于1999年浙江省温岭市松门镇进行的民主恳谈试点，而就其雏形而言，可以追溯到1998年10月温岭市在牧屿镇进行的"民主日活动"试点，由村两委与党员、村民代表就村重大事项开展面对面对话，在当时被视为改进农村传统思想政治工作的创新手段。1999年，在温岭市下属村镇"民主日"等形式基础上，温岭市委围绕农业农村现代化建设推动民主恳谈活动试点。6月25日，松门镇召开了第一届"农业农村现代化建设论坛"，改以往"干部对群众的说教"为"干部与群众的对话"，吸引了100多名群众自发前来，经过乡镇干部与群众双向交流、协商、咨询的方式来解决群众关切的现实问题，群众干部就当地的村镇建设规划、投资环境、液化气价格、邻里纠纷等进行坦诚务实的直接对话，许多问题得到了答复、解释甚至现场即时解决，得到了群众好评，还有群众将这种形式称为"松门镇的焦点访谈"。

松门镇的试验改变了以往思想政治工作模式下的说教形式，充分尊重了群众在乡镇公共事务中的主体地位，化解了新形势下基层农村公共投入增加带来的利益诉求多元化和社会治理问题。1999年9月，温岭市委在试验结果的反馈基础上，顺势向全市各级村镇推广了松门镇的做法。次年8

[①] 陈家刚：《协商民主：概念、要素与价值》，《中共天津市委党校学报》2005年第3期。

月，温岭市委在松门镇召开现场会，决定将各地开展的"民情恳谈""村民民主日"等活动形式统一定名为"民主恳谈"。8月21日，温岭市委发出《中共温岭市委关于在我市非公有制企业开展"民主恳谈"活动的意见》，将非公有制企业的工资恳谈等形式纳入民主恳谈范畴。2001年6月21日，温岭市委发出《中共温岭市委关于进一步深化"民主恳谈"活动加强思想政治工作推进基层民主政治建设的意见》，2002年10月9日再次发出《中共温岭市委关于进一步深化"民主恳谈"推进基层民主政治建设的意见》，推动下属各级组织民主恳谈的规范化、制度化和程序化，为更多基层组织和群众所采用，确立了协商民主早期形式在中国土地上的成长形态。而温岭民主恳谈也从过去的家长里短、个案问题转向教育、环保、城镇规划等公共领域，并逐步将社区和市级各职能部门工作纳入了民主恳谈轨道，使之成为市镇职能部门决策的前置程序。2004年9月，根据五年来的经验，温岭市委发出《中共温岭市委关于"民主恳谈"的若干规定》，对民主恳谈的性质做了界定，即"民主恳谈是扩大基层民主，推进民主决策、民主管理、民主监督的重要载体"，使得温岭民主恳谈对探索中国基层协商政治的意义更加凸显，也推动民主恳谈逐渐从基层群众自治范畴向地方正式的制度化民主政治建设的引入。同年，温岭"民主恳谈"荣获第二届"中国地方政府创新奖"。次年7月，温岭市提出要将民主恳谈纳入人大财政预算审议环节。2005—2007年，先后在新河、泽国等乡镇进行试点，通过群众"参与式预算恳谈"监督和管好政府的"钱袋子"，一方面加强了社会监督对政府财政的管束，增强了政府预算的透明度和公正度；另一方面则激活了基层长期比较虚化的人大监督职能，使得群众在参与人大立法决策和监督过程中学习了更为全面的民主政治知识，培育了现代民主的理性精神，训练了政治参与的能力。

从温岭民主恳谈的发展历程和相关经验研究观点来看，这种形式的协商民主经历了从试验性到民主政治制度化的转变过程。比如2001年8月13

日《瞭望新闻周刊》刊发《专家评说台州农村思想政治工作》一文，其中中央党校冯秋婷说，台州的工作经验具有"民主恳谈""真"、思想政治教育"实"、民主"真"三大特点；万福义说，台州的形式和经验"真正恢复了党的思想政治工作传统"，"激发了群众，能够成为一种新型的加强思想政治工作的根本方法"①；2002 年台州市委宣传部在《党建》杂志刊文，把"民主恳谈"界定为"在党组织的领导下，广泛发动群众参与、有序开展，平等对话，双向交流，既讲道理又办实事的一种基层思想政治工作的新形式"②；张小劲在调研中则发现，"民主恳谈会"是作为"缓解干部—群众矛盾的一种便宜手段而提出来的"，是"政治思想工作"的一种操作形式③；何俊志更为直接地提出，"'民主恳谈会'首先是发轫于一种政权内部的权力延伸机制，是传统的意识形态部门所开展的一场思想政治教育活动。是在思想教育活动遇到新问题之时，才产生出了创新的冲动"④；何包钢在介绍中国协商民主时也提到这样一段内容，"浙江温岭的宣传部官员发现，协商制度产生的原因之一，是由于当今商业背景下传统的基于政治意识形态的政治动员作用已不太明显，宣传工作必须适应迅速变革的经济和社会生活。于是，人们被迫去寻找一种现代的参与形式和新的意识形态工具，以吸引崇尚物质利益的村民。他们发现，协商会是一种把干部和群众召集在一起并解决实际问题的有效形式"⑤。可见，浓厚的"思想政治教育"意味着渗透了官方和社会对温岭协商民主早期意涵的界定，其实质就是在基层

---

① 《专家评说台州农村思想政治工作》，《瞭望新闻周刊》2001 年第 33 期。
② 浙江台州市委宣传部：《基层思想政治工作的新形式——"民主恳谈"活动》，《党建》2002 年第 1 期。
③ 张小劲：《民主建设发展的重要尝试：温岭"民主恳谈会"所引发的思考》，《浙江社会科学》2003 年第 1 期。
④ 何俊志：《权力、观念与治理技术的接合：温岭"民主恳谈会"模式的生长机制》，《南京社会科学》2010 年第 9 期。
⑤ 参见何包钢、陈承新摘译《中国协商民主制度》，《浙江大学学报》（人文社会科学版）2005 年第 3 期。

协商民主试验后果和影响还不确定的情况,尽可能使其保持可控的状态。

因此,温岭民主恳谈从出现到蓬勃发展,其含义从思想政治教育工作手段到民主价值的凸显,一是表现出对基层党委政府对民主恳谈的试验和引导性质,即从基层党委政府所熟悉的思想政治工作出发,侧重基层治理而非选举,或者说是"将基层政府的既有权威和合法性作为前提肯定下来,将注意力转向政府过程,探索怎样在行政过程中吸纳民众参与,从而提高政府决策的合法性和政策执行的有效性"[1]。二是针对市场经济环境下,中国农村民主发育不良、群众政治参与不足等弊端而进行的基层民主政治建设试验,呈现出对自身民主政治社会基础、实践经验的理论总结和创新。三是改变了中国"长期以来仅存在县级以上的'官方的'政治协商制度",而"不存在'官民双方'的'互动式'的基层民主协商制度"[2] 的现实,对于现代民主国家建构中权力—权利关系格局调适具有重要意义。从2001年6月的《中共温岭市委关于进一步深化"民主恳谈"活动加强思想政治工作推进基层民主政治建设的意见》到2002年10月的《中共温岭市委关于进一步深化"民主恳谈"推进基层民主政治建设的意见》,思想政治教育话语的逐渐剥离,事实上也逐渐深化了"温岭模式"对中国协商民主乃至社会主义民主政治的实践、创新和发展功能。

作为中国协商民主实践的创新形式,几乎与温岭民主恳谈同时产生的"城市版"协商民主形式,即1999年上海市卢湾区基层组织在群众自我创造基础上,发展形成的包括决策听证会、矛盾协调会、政务评议会、群众事务代理制度在内的"三会一代理"工作法:通过事前听证使决策民主化科学化、事中协调使各方利益寻找到平衡点、事后评议把工作成效的评判

---

[1] 景跃进:《行政民主:意义与局限——温岭"民主恳谈会"的启示》,《浙江社会科学》2003年第1期。
[2] 刘巧红:《温岭"民主恳谈"的宪政意义》,《法治研究》2009年第4期。

权交给群众①。"三会"根据需要邀请居委会成员、社区民警、治安调解社工、司法助理员、法律工作者或者政府有关部门的相关人员参加对话协商，增强了社区事务协商的实效。"三会一代理"工作法在基层工作中坚持"协商、协调、自治、自主"，强化"各方共同参与"意识，建立健全党委领导、政府负责、社会协同、公众参与的社会管理格局，围绕基层街道社区涉及民生、旧区"动拆迁"改造、社区环境、物业管理等推动政务公开和社区事务协商②。此外，上海市黄浦区五里桥街道还探索建立了"五会"配"五制"工作法，即现场办公会配套领导包干制、社区事务综合调处会配套诉求转接制、服务群众促和谐议事会配套社情民意月报制、民生实事提议会配套民生实事项目征询契约制、矛盾排查分析会配套社会稳定风险评估制，引导社区协同，最大限度把群众的诉求矛盾解决在基层，化解在萌芽状态③。2007年5月，上海市第九次党代会把基层听证会、协调会等作为推进社会主义民主制度化、规范化和程序化，保证人民依法行使民主权利的重要措施，标志着"三会一代理"等基层群众民主协商、政治参与、当家做主的制度形式纳入地方民主政治制度化建设范畴。除了基层协商民主的"温岭模式""上海版本"以外，还有"四川版本"和"河南版本"等形式，如成都市在基层民主建设中形成了包括党的常委会（全委会）、人大常委会和政府常务会在内的"三会"开放制度，河南省邓州市建立"四议两公开"制度，使党内民主和基层协商民主相结合，确保群众对涉及切身利益事务的决定权。

进入21世纪以后，根据党和国家改革发展的内外部环境、任务和使命，

---

① 参见王琪《"三会"制度的实践与思考》，《上海党史与党建》2007年11月号。
② 参见中共上海市卢湾区委组织部《探索"三会一代理"制度创新群众工作长效机制》，《上海党史与党建》2008年7月号。
③ 《上海五里桥街道：探索"4+1工作法"架起党群关系"连心桥"》，http://theory.people.com.cn/GB/40557/227442/230834/17266556.html。

协商民主的话语不断丰富，2006年2月中共中央颁布《中共中央关于加强人民政协工作的意见》指出，"人民通过选举、投票行使权利和人民内部各方面在重大决策之前进行充分协商，尽可能就共同性问题取得一致意见，是我国社会主义民主的两种重要形式"；2007年11月国务院新闻办发布《中国的政党制度》白皮书提出，"选举民主和协商民主相结合，是中国社会主义民主的一大特点"，第一次确认了选举民主和协商民主概念；2012年党的十八大政治报告提出"社会主义协商民主是我国人民民主的重要形式"。2014年9月21日，习近平在中国人民政治协商会议成立65周年大会上讲话中提出，在中国社会主义制度下，有事好商量，众人的事情由众人商量，找到全社会意愿和要求的最大公约数，是人民民主的真谛。这些话语的变化和发展，展现了党在探索发展中国特色社会主义民主政治过程中对协商民主日渐清晰和自信的态度。

（三）21世纪协商民主与中国现代国家的建构

中国协商民主是本土实践与西方理论相结合的产物，深深植根于中国特色社会主义民主政治发展的土壤之中，自然也离不开政党驱动的历史逻辑和"党国同构"的体制生态。可以说，本土土壤提供了协商民主中国化的实践基础。其中，非竞争性作为"党国同构"体制生态的基本内核，客观上提出了合作共识的价值前提，而正是这种民主制度的价值预设，才形塑了中国协商民主发展的基本特质。

一是中国协商民主具有内生性。从中国协商民主的发端来说，作为主要动力和创造者的基层人民群众事实上并不知道所谓现代意义上的"协商民主"是何物。这种理论资源和实践经验在时序上的颠倒性，客观上则印证了中国协商民主的内生性特质。正如何包钢所说，"协商民主的动力来自中国农村公共利益的增多以及村民对公共利益的强烈关注，村民希望有更多的影响和参与公共利益分配的机会"①，正是这种现实关切从体制内部催生了人民群众自发的民主协商和参与式治理模式，如陈家刚评价协商民主功能所言，"现代社会的最显著特征就是文化的多元化，多元文化民主面临的最大危险就是公民的分裂与对立"，而"协商民主则是有效的应对形式"②。以浙江"温岭模式"为代表，市场经济带来的"小政府，大社会"格局、社会分化、人口流动、教育普及、信息开放等，客观上"倒逼政府在与社会的接口上做些文章"③。无论是"温岭模式"或"上海模式"，本质上都是通过协商参与等程序设计满足群众日益增长的利益关切和参与诉求，改"治民"思维为"民治"思维，以自上而下和自下而上的协商统一，促成基层治理体系在共识基础上的主动开放。因此，协商民主对于中国现代民主国家的建构功能也是如此，即通过创造群众自发创造、政府积极引导的体制内生性路径，为公权力与群众共同参与公共事务决策、协调和监督，形成多元共治的政治发展模式提供了制度化平台，客观上促进了"权力主体结构的重新构建"④，进而在政党国家和公民社会的不断互动与合作共治中，实现了现代民主国家建构动力机制的开放化、主体多元化和形态扁平化。

二是中国协商民主具有非竞争性。改革开放以后，传统权威统合性的体制生态面临着来自社会分层和利益多元化的挑战，在不得不告别非竞争性民主的条件下，选择竞争性还是协商性民主，就成为中国民主政治发展

---

① 何包钢、王春光：《中国乡村协商民主：个案研究》，《社会学研究》2007年第3期。

② 陈家刚：《协商民主与当代中国的政治发展》，《北京联合大学学报》(人文社会科学版) 2008年第6期。

③ 任中平：《四川的选举民主与浙江的协商民主——我国基层民主发展模式的一项比较研究》，《探索》2011年第1期；王绍光：《国家能力的重要一环：濡化能力》，胡鞍钢、王绍光、周建明主编《第二次转型：国家制度建设》，清华大学出版社2009年版，第108页。

④ 刘巧红：《温岭"民主恳谈"的宪政意义》，《法治研究》2009年第4期。

面临的选择①,换言之,"在社会多元分化的基础上,发展民主政治,要么走竞争性民主之路,要么积极发展协商性民主"②。中国协商民主的非竞争性特质一方面承认了社会多元化力量的政治参与权利,另一方面因应了现实体制生态中对维护党和国家权威的关切。对于国家基层政权建设和治理而言,协商民主避免竞争性选举或政党政治可能带来的民主绩效低下、相互掣肘、以党派利益为依归、"为反对而反对"的问题,呈现出非竞争性体制下的适用性和高效性。所以,无论是多党合作政治协商制度使立法和决策反映社会各方面成员的愿望和智慧,或是"温岭模式""上海模式"务求实效解决群众关切之现实问题,都呈现出对民意代表广泛性和工作务求实效的关切,集中关注"如何做事"③ 的问题,体现了社会主义协商民主兼顾民主与效率的内涵,形成了与社会主义选举政治相辅相成的关系,集权抑或分权、统治抑或治理、共识抑或博弈,事实上都在理性协商中得以妥善解决。所以,中国协商民主在实践中通过以"达成共识"而非"以投票作为解决问题的基础",克服了西方竞争性选举民主存在的拉票、贿选等问题,因应了社会主义民主政治凝聚各方共识的意涵④,从而实现了民主参与和治理绩效的双赢,呈现出更为柔性的制度包容空间,并在与选举民主相结合的过程中为中国民主政治的发展提供了更为丰富的选择空间。正如1991年3月江泽民在一次讲话中首次提到选举与协商两种基本民主形式时所说,人民通过选举、投票行使权利和人民内部各方面在选举、投票之间

---

① 林尚立:《协商政治:对中国民主政治发展的一种思考》,《学术月刊》2003年第4期。

② 李火林:《论协商民主的实质与路径选择》,《中国人民大学学报》2006年第4期。

③ 朱圣明:《基层民主协商的实践与探索——以浙江温岭民主恳谈为例》,《中国特色社会主义研究》2014年第2期。

④ 参见何包钢、陈承新摘译《中国协商民主制度》,《浙江大学学报》(人文社会科学版)2005年第3期。

进行充分协商,尽可能就共同性问题取得一致意见,是我国社会主义民主的两种形式。2006年7月27日,李君如也在《文汇报》刊文明确指出,"中国特色社会主义民主政治有选举和协商两种重要形式"①,充分肯定了协商民主符合中国国情、弥补选举民主不足、发展中国特色社会主义民主政治的积极作用。

中国协商民主以其内生性和非竞争性等特质,使得其成为一种兼具民主和治理的模式,一方面使党主动从凌驾于政治体系之上的领导决策角色转变为国家各个层面和领域政治社会事务的积极参与者,构建了一元化领导下的多元共治局面;另一方面通过协商民主的程序制度设计,提供了参与膨胀与建立社会共识之间的缓冲器,通过健全政治决策体系的对话、协商、回应与整合机制,缓冲了政党国家在向现代国家转型过程中来自外部的参与压力,避免了竞争性选举政治和多党政治中公共利益弥散的问题,使得21世纪中国民主嬗变以治理绩效的结果,彰显了民主政治的真实性。

三 网络民主:"异军突起"的民主政治之维

2008年6月20日,胡锦涛视察人民网,并在线通过视频和文字与网民进行了交流,此举被评论认为是"中国历史上第一次实现了最高层官方话语与最底层平民话语的互动"②。2009年、2010年全国"两会"前夕,温家宝通过中国政府网和新华网与网民围绕国计民生等议题进行对话,展现了党和国家"对互联网的重视,对网络民意的尊重","网络的力量已经成为

---

① 李君如:《协商民主:重要的民主形式》,《文汇报》2006年7月27日。
② 赵晓:《总书记上网与小平南巡——评网络民主为中国政治改革带来新契机》,www.cser.org.cn。

党和国家领导决策思维的一种支持"①。今天，这样的网络互动，已经是各级党委政府倾听和联络民意、推动决策科学化民主化的常态形式。置于社会主义民主政治发展的图景中而言，国家权力主体与普通民众直接对话的实现，离不开近十余年来网络民主持续发酵对中国政治社会生态所产生的深远影响。借由互联网技术，基于信息流动的国家权力—权利关系格局不断重塑，网络从"异军突起"的社会力量逐渐转变为国家政治体系吸纳的对象，通过在网络政治对话、协商和参与中经受民主政治训练，客观上也培育了网民理性的现代民主观念，尽管仍然存在一些问题，但平等、自由、理性等已经开始逐渐成为网络文化的价值内涵，扁平化、平等化、开放化和互动化成为互联网时代中国政治权力体系格局变动趋势的新特点。因此，相对党内民主和协商民主注重引导和试验而言，网络民主一出现就具有鲜明的"草根"与"体制外"特质，但正是这种特质实际上提供了结合群众政治参与和国计民生决策过程之间的互动交流，这种对接可能正是中国构建现代民主国家的一种体制机制形态，相对党内民主协商民主自下而上的实践而言，网络民主则独辟蹊径，借由现代互联网技术逐步实现了底层民主与高层民主之间扁平化的良性对接，对中国现代民主国家建构具有重要的意义。

（一）21世纪前后中国网络民主的发展轨迹

随着互联网技术和网络政治在全世界的传播和发展，网络民主也成为政治学研究的新主题。1994年中国全面接入国际互联网之后，互联网技术呈现蓬勃发展趋势。根据中国互联网络信息中心的统计，1997—2014年6月，中国网络用户数从62万增长到了6.32亿，互联网普及率达到

---

① 赵春丽：《网络民主发展研究》，经济科学出版社2011年版，第6页。

46.9%①。互联网时代的来临,加速了中国官方和理论界关于网络民主的研究。

国内学者俞可平很早就注意到现代通信技术对民主政治的影响,他在 2002 年就引介了"远程民主"的概念,提出"建立在现代高度发达的通信技术之上的大众传媒、舆论调查、民意代表、利益团体等制度,构成了代议民主的基础。只要充分利用并进一步改进这些间接民主的制度和手段,就能有效实现民主的核心理念,即"民享、民有、民治"②。国内学者侯彬把网络民主界定为"'电子人'以网络为载体和媒介形成'网络社区',依托'网络社区'进行政治表达和政治参与的新兴民主形式"③;徐明江认为,网络民主一般指"以公众的网络空间为场所,基于计算机网络技术的数字互动,积极表达政治意愿、参与政治活动的一种新型民主形式"④;叶敏认为,网络民主是"一种通过网络信息技术深化民主政治的过程"⑤;郭小安认为,"所谓网络民主,是政治主体借助网络技术,以政治互动为主要形式,以网络空间为载体,培育、强化和完善民主的过程",涵盖了现有民主的信息化、对现有民主的重塑和拓展以及引发新的民主形式三个层面⑥。透过国内学者关于网络民主概念的定义可以发现,既有将网络民主视为一种"新型民主形式",也有认为网络民主具有"深化民主政治""拓展了民众的公共参与空间"等意涵,概念界定的模糊事实上也反映了这样一个问题,

---

① 数据来源:中国互联网络信息中心,http://www.cnnic.net.cn/。
② 俞可平:《当代西方政治理论的热点问题》,《理论参考》2003 年第 1 期。
③ 侯彬:《试析"网络民主"特征及其对民主政治发展的影响》,《中共云南省委党校学报》2005 年第 1 期。
④ 徐明江:《"网络民主"与我国民主政治建设》,《当代世界与社会主义》2012 年第 4 期。
⑤ 叶敏:《中国式网络民主:作为自上而下的国家建构》,《中共杭州市委党校学报》2012 年第 3 期。
⑥ 郭小安:《网络民主的可能及限度》,中国社会科学出版社 2011 年版,第 130—131 页。

即对网络民主所处制度生态和政治话语研判的不清晰,要真正明确中国网络民主的政治意涵,则需要将其置于对中国现代民主国家建构的功能评价语境之中,即到底是"新型民主形式"的"创新""建构",抑或是"深化民主政治"所内含的类似西方的"增量""辅助"。

20世纪90年代末21世纪初,既是党和政府积极推动电子政府等网络民主基础设施快速建设的时期,也是改革开放以来社会问题多发、各种矛盾爆发、群众政治参与诉求显著增强的时期。制度化政治参与渠道功能实现的相对有限,进一步加剧了群众政治表达和参与的愿望和诉求。群众权益抗争的信访和社会群体性事件等呈现多发态势。而与此同时,借由国际互联网的传播,民主、法治、公平、正义等现代社会价值观念涌入中国,公民社会意识开始觉醒。党和政府日渐公开透明的政治过程与社会抗争浪潮、现代价值观念相碰撞,汇成了中国网络民主持续发酵的主要动力。

回顾21世纪以来中国网络民主的发展,最突出的表现无疑就是频繁发生的网络群体性事件,网络公共空间的热络不断掀起了网络抗争和对话的热潮,网民围绕公共事件和议题的讨论,完善并扩散着现代公民社会的观念和意识,推动着中国网络民主乃至社会主义民主政治走向成熟。1999年,以美国为首的北约悍然轰炸中国驻南斯拉夫大使馆,掀起国内网络舆论的抗议热潮,标志着中国网络公民社会开始走向政治生活的前台,这一年也被称为中国网络民主元年。2003年的"孙志刚事件"及其引发的网络舆论热潮,成为中国网络民主走向成熟的重要标志。一件以往可能隐而不报的个体事件,经过网络的持续传播和发酵,从同情受害者、痛斥相关责任人、质疑《城市流浪乞讨人员收容遣送办法》的合宪性、一大批相关责任人判刑或受到党纪国法惩处,最终推动国务院废止该部法律,展现了网络民主推动中国民主法治建设发展的强大动力。如韩志磊所说,"如果没有新兴的网络论坛的介入,'孙志刚事件'不可能引起国家各级领导和社会公众的高度重视","以关注个体、围绕突发事件为特征的网络舆论监督浪潮的兴起,体现了公民民主、公正意识的进一步觉悟"①。以"孙志刚事件"为代表，2009年云南"躲猫猫事件"、上海"钓鱼执法事件"等都引起了网络舆论的广泛关注，呈现了中国网络民主在维护弱势群体权益以及政策纠错等功能上的积极影响，迫使以往长期处于强势地位的公权力主体担责、认错，悄然改变了中国政治生态下的官民关系，对中国民主政治进程而言具有重要意义。与此同时，2008年、2012年经由网络先后爆出"南京天价烟房产局长事件""表哥"杨达才案等接连掀起网络反腐浪潮，一批腐败官员触"网"落马，反映出网络反腐已经成为社会监督的重要形式。2009年8月18日十七届四中全会通过《中共中央关于加强党建若干重大问题的决定》提出，"健全反腐倡廉网络举报和受理机制、网络信息收集和处置机制"，此后中纪委监察部12388举报网站上线，为网络政治监督提供了制度化平台，成为党依法治国、依法治党的的重要手段。可以说，制度化的社会监督正在借由网络民主得到更加充分的实践，社会监督的有效性借由网络舆情显著增强，弥补了以往立法监督、行政监督、司法监督的不足。

从被动反应网络事件到积极建立网络反腐平台，体现了中国网络民主的兴起"对于改善政府与公众（网民）的关系、增进双向沟通与合作、化解分歧与矛盾、夯实执政合法性的基础"的积极意义②，而置于政治参与渠道功能有限和民意抗争膨胀的博弈之中，互联网的出现无疑也营造了一个新的政治参与平台和社会矛盾情绪的缓冲器。对处于转型时期的中国社会而言，维护弱势群体权益、释放社会挫折感、约束权力主体的行为，追求民主法治公平正义等现代价值，成为既有体制生态下中国网络民主发挥功能的主要导向，这种功能与仍显乏力的制度化参与渠道，共同构建着互联

---

① 韩志磊：《中国"网络民主"发展现状、问题域对策研究》，《首都师范大学学报》（社会科学版）2005年第5期。
② 麦佰妍：《网络民主的发展趋势与应对策略——基于技术政治学的分析》，《贵州社会科学》2011年第1期。

网成为社会公众集聚社情民意、伸张权益诉求、进行政治监督的新渠道和新空间。可以说，中国网络民主以参与式民主形态改变了以往政治系统输入、输出和反馈严重失衡的状态①，构成了一种权力的技术监控逻辑和"新型的政治责任机制"②。

作为电子政府建设和网络政治参与发展的共同影响，网络民主日渐成为完善社会主义政治制度的重要形态。一方面，电子政府的建设促进了政府运转的民主化和透明化，为群众知情权、表达权、参与权和监督权的实现提供了便利。1999年国家发展计划委员会在其网站上开设"十五"计划讨论，标志着网络民主正式成为国家重大规划制定的意见征集程序。2002年新华网首次面向网友征集"两会"建言，通过网络征集民意、"两会"代表委员与网民在线深度沟通已经成为中国民主政治的常态，改变了以往由政治经济或知识精英为主导的决策立法机制，由网民所代表的公民社会力量已经成为国家政治生活的重要组成。2006年3月14日，温家宝在十届全国人大四次会议的记者招待会上表示，"据人民网、新华网、搜狐网、新浪网和央视国际网不完全的统计，对政府工作提出的意见和给总理本人提出的问题，多达几十万条"，"作为人民的政府，应该接受群众的民主监督，也包括在网上广泛听取意见"③。"E两会"概念及其衍生形态已然成为中国网络民主的独特风景。经过网络民主的动员和参与，关切群众切身利益的现实问题可以及时传递到"两会"现场，通过媒体建构公共政治议题，影响国家制度化议政决策的议程设置，而人大代表、政协委员的议案也能够及时传达给广大群众，进行社会讨论和意见反馈。"两会"日益开放和透

---

① 郭小安：《网络民主在中国的功能及限度》，《中南大学学报》（社会科学版）2008年第5期。

② 叶敏：《中国式网络民主：作为自上而下的国家建构》，《中共杭州市委党校学报》2012年第3期。

③ 《在十届全国人大四次会议记者招待会上温家宝总理答中外记者问》，《人民日报》2006年3月15日。

明，群众政治参与的热情和效能感也显著增强，网络民主以共同参与式形态"解决了代议制下民众参与不足和参与冷漠的现象，使得民众在参与政治时变得前所未有的积极与主动"①。

与西方民主国家借助网络民主的便捷性进行选举政治动员、提高民主政治运转效率不同，21世纪以来中国网络民主的发展，客观上却是"释放了受到压抑的参与热情""激活了民主的活力"②。一方面为中国特色社会主义制度提供了更为宽广和直接的参与途径，"打破了精英垄断信息的格局"，"既提高了公民的自由表达权，又提高了公民参与的自主权"③，形成了一个党政精英与社会大众之间推动民主政治发展的互动协作关系；另一方面不断提升着代议制民主的质量，依托互联网通信手段建立起来的政治精英与社会大众的对话渠道，同样提供了选举民主之外的政治治理形式，与协商民主一道强化了民主价值与绩效之间的制度联结。换言之，就置于中国现代国家建构的语境中而言，网络民主推动中国现代民主国家建构、扩大群众直接参与以及构建现代国家治理体系的功能几乎是同步进行的，基于网络的协商政治提供了非竞争性体制下增强制度合法性和有效性的民主形态，这与西方国家利用网络民主在既有国家制度轨道上提高民主政治运转效率是不同的。

（二）现代民主国家建构语境下的中国网络民主

20世纪90年代末21世纪初，处于大变局时代的中国，同时面对着赶上信息技术革命和现代民主国家建构的双重使命，借由网络民主的催化力

---

① 赵春丽：《网络民主发展研究》，经济科学出版社2011年版，第70页。
② 郭小安：《网络民主的概念界定及辨析》，《天津行政学院学报》2009年第3期。
③ 郭小安：《网络民主的可能及限度》，中国社会科学出版社2011年版，第122页。

量，政党驱动的历史逻辑和"党国同构"体制的现实基础也悄然发生着变化。可以说，中国现代国家构建的历史逻辑和体制生态，既为网络民主发挥功能提供了土壤，也框定了其运行的限度。相对党内民主和协商民主而言，从 Web1.0 发展到 Web2.0 时代的网络形态，使得中国公众第一次以群体的面貌走到了中国现代国家建构的前台，党和政府不仅是推动网络民主发展的力量，也成为网络政治中一个相对平等的单元和主体，无论是以政府信息公开、提高行政效率为主轴的电子政府建设，抑或是"E 两会"等网络政治参与，都在试图借由互联网技术来重塑整个社会的信息传播结构及其深层次的权力—权利格局。政党国家权力与社会权利之间的直接互动甚至博弈，在以往高度集中的"党国同构"体制下几乎是难以想象的。进而言之，处于 21 世纪的中国，相对有限的政治参与渠道和群众日渐增强的政治参与诉求之间的矛盾，经由网络民主的催化，井喷而出的正是建构中国现代民主国家的强大动力。结合对中国网络民主兴起的轨迹、路径及其内涵的分析，可以在中国现代国家建构的语境下，对网络民主做以下三点界定：

第一，网络民主经历了从体制外到体制内的制度化吸纳过程。从 1994 年我国接入国际互联网开始，网络民主的兴起和发展，事实上都与中国现实政治社会的发展密切相关。从早期改革发展的技术理性到后来的网络民主建设，反映出网络民主在中国互联网发展中的"副产品"角色。基于网络民主及其衍生品的网络公民社会，从其表现形态上呈现对中国现代民主国家建构的"倒逼"机制，这是党内民主和协商民主所未能企及的功能。易言之，网络民主"在性质上是一种国家遭遇社会自发网络政治行为的冲击之后，主动进行的一种自上而下的网络政府创新活动"，其目的在于"通过技术优化制度的深层逻辑提高信息化时代的政府治理能力，并且有助于形成一种权力技术监控的新型政治责任机制"[1]。反观中国网络民主从萌芽、

---

[1] 叶敏：《中国式网络民主：作为自上而下的国家建构》，《中共杭州市委党校学报》2012 年第 3 期。

产生、发展、成熟到走向繁荣的过程，党和政府的角色也经历了从冷静观察、理性分析、积极应对到主动吸纳的过程，使得中国网络民主在国家和社会的合作下，从早期基于技术理性利用网络来拓宽意识形态引领和主流话语宣传空间的手段，到后来吸纳网络民意进入政策过程、为网络政治监督提供制度化的网络平台，成为代议制民主的重要补充，"民主功效也从最初的差强人意转变为现在的高质量、高效率"，"良好功效及其独特的成长路径使我国网络民主被视为中国特色的增量民主，服务于基于宪政的权力制衡体系"①。可以说，这段过程既展现了网络民主的"半体制外"和制度化吸纳双重特征，也彰显了中国特色社会主义民主政治生态的弹性和包容力，在现代民主国家建构过程中则是一种国家政治权力和以网络空间为代表的社会力量之间的良性合作和互动，"党国同构"体制通过体制自身对网络民主的积极吸纳和有效建构，"正在简化传统科层等级制度，使权力中心迅速下移，组织扁平化，集权和专制正在让位于分权和民主，一元决策中心正在发展为多元决策中心"，重塑着现代国家建构中权力—权利关系结构的弹性，增强着社会主义民主制度的韧性②。

第二，网络民主对中国现代民主国家的建构具有建设性。美国学者马克·波斯特在《网络民主——因特网和公共领域》一文中把网络民主界定为"网络民主为公民借助网络技术，通过网络公共领域加强和巩固民主的过程"③。从西方关于网络民主研究的一般观点来说，"网络作为一种辅助性的治理手段，突出的是它的便捷性和互动性""而在中国，网络之所以能发挥巨大的民主功能正是因为它具有虚拟性和隐蔽性。这种反差的出现只有

---

① 严炜、毛莉莉：《网络民主发展探析》，《社会主义研究》2013年第2期。
② 郑曙村：《互联网给民主带来的机遇与挑战》，《政治学研究》2001年第2期。
③ Mark Poster, Cyber Democracy: The Internet and the Public Sphere, in David Holmes, *Virtual Politics: Identity & Community in Cyberspace*, London: Sage Publication, 1997.

在中国的民主语境中才能得到解释"①。由于中国网络民主的兴起环境不同于西方,包括民主政治文化还不成熟、制度化参与渠道相对有限、大众媒介具有后发性等特点,使得网络民主从一产生就承担了比在西方国家更大的期待和责任,自然成为推动中国民主政治发展的建设性力量,既是推动国家政治治理的手段,也从根本上提供了培育现代公民意识、完善民主法治的技术。进而言之,在以往高度集中的"党国同构"体制基础上,公民社会的成长事实上是相对缓慢的,但网络民主却为公民社会提供了"党国同构"体制下难以骤得的表达和议题建构空间,"网络组织结构的扁平化取代了传统的科层制,网络话语权力的分散化取代了传统话语结构中的金字塔式权力结构"②。这种虚拟的公共领域的质量虽然并不理想,但"毕竟开启了民众讨论公共问题的新空间,这无疑是一种民主生活的操练,对社会公众的政治人格的形成具有重要的影响"③。中国式网络民主依托于信息传输极为发达的互联网技术,真正实现了信息作为民主政治"生命线的意涵"④,极大地拓宽了政治参与的空间。可以说,在一定意义上,中国网络公民社会的繁荣程度要远远高于现实公民社会的发展。鲜明的民主"建构"意涵日益成为中国网络民主的主要特征,其中呈现的自上而下的制度化吸纳到自下而上的网络政治参与,已经成为中国网络民主建构中国现代民主国家的重要机制。

第三,网络民主在中国现代民主国家建构中的问题。对于政治社会的发展而言,科学技术无疑是一把双刃剑。网络民主对中国民主政治的双重影响也是众多学者的广泛共识,机遇和挑战是贯穿中国网络民主发展的两

---

① 林雪霏:《从网络运作机制看中国语境中的网络与民主》,《理论视野》2010 年第 2 期,第 40 页。

② 熊光清:《网络公共领域的兴起及其影响:话语民主的视角》,《马克思主义与现实》2011 年第 3 期。

③ 叶敏:《互联网与中国民主政治发展:机遇与挑战》,《前沿》2010 年第 23 期。

④ 李永刚:《互联网络与民主的前景》,《江海学刊》1999 年第 4 期。

个关键词。透过网络民主在中国十余年的成长和发展，似乎正在呈献出日益丰沛的民主活力。然而，正如许多学者所指出的，相对于民主政治而言，包括互联网在内的技术永远是一种手段，过分盲目崇拜和期待网络民主的"建构"意义同样是危险的。从网络对政治过程影响的角度审视，网络是一种全新的政治传播媒介，而从政治传播的角度看，网络技术无疑为人类提供了最迅捷、介质综合性最强的传播手段，但传播技术的进步与民主不完全是成正比的关系①。具体来说，一是中国经济社会发展程度的差异性、非均衡性等特点，数字鸿沟和民主鸿沟等现象将长期贯穿于网络民主发展过程中，网络话语权的知识化、年轻化、财富化、城市化等"网络贵族民主"②成为侵蚀网络民主"建构"功能的主要问题，这种现象的存在使得网络民主对社会主义民主政治的功能呈现出严重的非均衡性，可以说，"只要信息鸿沟的存在，那么就不可能有真正的平等民主"③。二是网络在信息传播上的若干特征，使得"网络无政府主义""电子法西斯主义""情绪式民主""沉默的螺旋""群体极化"等问题，极有可能背离民主政治的基本价值，网络技术本身的"隐蔽性"和"离散性"带来的非理性参与行为都会对网络民主的功能产生负面影响④，亦如塞缪尔·亨廷顿关注的政治参与爆炸导致政治动荡等问题，都是网络民主可能带来的消极面。三是西方国家的意识形态和文化渗透、极端分裂主义和恐怖主义的网络煽动、主权国家的网络信息安全等，都可能对国家政权产生颠覆性影响。2009年新疆"7·5"事件就是境外分离势力通过互联网串联煽动，制造恐怖主义袭击和分裂主

---

① 娄成武、张雷：《质疑网络民主的现实性》，《政治学研究》2003年第3期。
② 郭小安：《网络民主的可能及限度》，中国社会科学出版社2011年版，第237—242页。
③ 唐丽萍：《从代议民主制到参与式民主制——网络民主能否重塑民主治理》，《兰州学刊》2007年第3期。
④ 郭小安：《网络民主在中国的功能及限度》，《中南大学学报》（社会科学版）2008年第5期。

义活动的现实案例。此外，2010年Twitter、Facebook等网站在"阿拉伯之春"中扮演的角色，最终导致个别阿拉伯国家的政权更迭，更加揭示出互联网技术对后发国家政权稳定的重大影响。

总而言之，置于中国现代国家建构的生态和语境中而言，尽管网络民主对中国现代民主国家的建构发挥了深刻的"建构"作用，但其"还不能说是一种完全或独立意义的民主形式。传统意义上的民主形式仍占据主导地位"[1]，权力对网络和信息的掌控，仍然是民主政治发展的基本生态。因此，这种与传统民主形式的定位关系，再次强化了政党驱动和"党国同构"对于中国现代民主国家的根本性意义，需要立足中国的现实国情和历史逻辑，把网络民主不断嵌入社会主义民主制度之中，推动国家权力体系格局主动吸纳网络民意，为以网民为表征的社会政治参与训练提供更为有序的生态环境，可能才是促进中国网络民主政治生态和实践不断走向成熟、彰显中国网络民主生命力和活力、体现社会主义制度优越性的应有之义。

◇ 结　语

探讨国家建设要以捍卫其与社会的关联性为前提[2]，赫尔德曾这样说，"在今天，民主要想繁荣，就必须被重新设想为一个双重的现象：一方面，它牵涉到国家权力的改造；另一方面，它牵涉到公民社会的重新建构。只有认识到一个双重民主化过程的必然性，自治原则才能得以确定。所谓双

---

[1] 侯彬：《试析"网络民主"特征及其对民主政治发展的影响》，《中共云南省委党校学报》2005年第1期。

[2] Karen Barkey, Sunita Parikh, "Comparative Perspectives on The State", *Annual Review of Sociology*, Vol. 17, 1991, pp. 526–527.

重民主化过程,就是国家与公民社会相互依赖着实现转型"①。21世纪以来党内民主、协商民主和网络民主的发展,本质上反映了这样一个事实,即中国民主政治发展从根本上离不开中国现代国家建构的历史逻辑和体制生态基础,离不开政党国家主动进行社会整合的自发行为。相对东亚其他国家,集中性体制生态基础上由政治精英主导的政治吸纳相对精英内部合作而言,对民主发展具有更为显性的作用。如陈家刚所说,"各种政治力量之间的良性互动是民主政治发展的重要动力。各种社会政治力量之间建立起良性的政治互动关系,才能避免出现政治失序状态,避免民主政治发展进程被打断,出现政治衰败状态"②。对于21世纪中国民主发展而言,这段话依然掷地有声,正视政党驱动的历史逻辑和"党国同构"体制生态是中国民主政治发展的应有之义,而对于中国这样一个民主后发的大国而言,强化政党国家对民主发展的引领作用,不仅没有消解民主绩效,反而在民主政治和国家治理的双向互动和巩固中,以最适宜中国国情的民主形式,增进了国家社会之间的良性互动与合作,以试验性方式逐步探索,既避免亨廷顿所谓的参与爆炸和政治动荡,又以最优的民主形式强化民主绩效。邓小平在《在党和国家领导制度的改革》中就说,"我们进行社会主义现代化建设,是要在经济上赶上发达的资本主义国家,在政治上创造比资本主义国家的民主更高更切实的民主"③。这既是中国探索发展中国特色社会主义民主政治以来积累的宝贵经验,也是陷入竞争性选举政治冷漠与困顿以及民粹主义街头政治中的西方民主所需要汲取的重要方面。

---

① [美]戴维·赫尔德:《民主的模式》,燕继荣等译,中央编译出版社2008年版,第312页。
② 陈家刚:《协商民主与当代中国的政治发展》,《北京联合大学学报》(人文社会科学版)2008年第6期。
③ 《邓小平文选》(第二卷),人民出版社1994年版,第322页。

被忽视的民主形式:自由、分权、法治与自治

严海滨[①]

在中国民主政治的成长轨迹中,除了选举民主、基层民主、党内民主、网络民主和协商民主这些一般意义上的民主形式得到了发展之外,还有一些特殊意义的民主形式比如自由、分权、法治和自治,也得到了一定程度的发展。我们知道,在民主转型研究中,大多数学者采用熊彼特、亨廷顿等的程序民主定义,把一个国家的最高领导人是否由投票选举产生作为民主转型的标准。但过度简约的程序民主定义,不但遗漏了民主发展的历史细节,而且还误导了后发展国家的民主建设。从历史经验来看,西方国家的民主在几百年甚至几千年发展演化中,不断吸收自由、分权、法治和自治这些元素,并把它们纳入民主体制之中,才使得民主在西方国家能够相对有效运转。自由、分权、法治和自治既是民主体制生存和发展的支撑条件,又是现代民主不可或缺的组成部分。因此,中国的民主政治建设在重视选举民主等民主形式的同时,同样不可忽视自由、法治、分权和自治的发展。

---

① 华东政法大学公共管理学院讲师。

◇ 一 作为民主形式的自由

(一) 作为民主基础的自由

现代民主的形成与自由主义的发展密不可分。在理论发展上，洛克、托克维尔、约翰·密尔等现代民主思想家，同时也是自由主义大师。而在促成现代民主制度建立的英国光荣革命、美国独立建国和法国大革命那里，自由是激发革命行动最响亮的口号。正如拉吉罗所言："自由主义刚刚走出封建阶段，刚刚以作为（至少潜在的）所有人共享权利的自由观念，替换掉作为传统特权或少数人垄断的自由观念，它就已经走上了民主政体之路。"① 但是，到了20世纪尤其是"二战"以后，民主在向西方国家以外的其他国家和地区传播的过程中，自由的因素却没有得到应有的重视。这主要有以下几个方面的原因。首先，由于熊彼特简化了的民主定义（不包含自由因素）逐渐得到认可，加上民主观念逐步在全世界深入人心，民主话语成为强势话语，这就造成了"民主（表达时的用词）变得引人注目，而自由主义（隐含的概念）则受到轻视"②。其次，与简化趋势相对应的是复杂化趋势，即学者们对民主的研究越来越复杂，为民主加上了许许多多的形容词③，大大扩展了民主的内涵和外延，从而使民主成为一个失去重心的

---

① ［意］圭多·德·拉吉罗：《欧洲自由主义史》，杨军译，吉林人民出版社2001年版，第347页。

② 乔万尼·萨托利：《民主新论》，冯克利、阎克文译，上海人民出版社2010年版，第318页。

③ 政治学者德雷泽克曾经列举了54种民主的修饰词：对抗性的（Adversarial）、聚合的（aggregative）、联合的（associative）、资本主义的（capitalist）、基督教的（Christian）、古典的（classical）、沟通的（communicative）、社群的（communitarian）、共识性的

概念，造成人们忽视了像自由这样一些对民主而言至关重要的元素。最后，平等是民主的本质特征，而自由与平等之间存在着一定的紧张关系，这导致很多人把自由看成洪水猛兽，以为只要抓住平等就算是深得民主精髓了。

上述三个原因当中，前两个只是表层的原因，第三个才是深层次的原因。解决第三个原因的问题，需要澄清人们对平等和自由之间关系的错误认识。实际上，平等和自由是现代民主最重要的两个方面，二者是相互依存、相互促进的关系，绝不能顾此失彼。现代民主的平等是自由基础上的平等。对于自由来说，平等意味着自由权的平等，如果没有平等的理念，自由就会像中世纪那样沦为少数人的特权。而对于平等来说，自由既是实现平等的前提，又是防止平等走向极端化的屏障。② 从时间上讲，自由的出现先于平等，中世纪没有现代意义上的平等，却存在着自由。从逻辑上讲，"如果没有自由，人们甚至无法提出平等的要求"③。也就是说，无自由者在平等问题上甚至连发言权都没有，更不要指望得到平等。从人性上讲，如果

（接上页注）（consensual）、协和式的（consociational）、宪政的（constitutional）、竞争性的（contestatory）、统合主义的（corporatist）、世界主义的（cosmopolitan）、委任式的（delegative）、审议的（deliberative）、发展型的（developmental）、差异的（difference）、直接的（direct）、话语式的（discursive）、生态的（ecological）、经济的（economic）、选举的（electoral）、精英的（elitist）、认识性的（epistemic）、女权主义的（feminist）、全球的（global）、草根的（grassroots）、绿色的（green）、司法的（juridial）、工业的（industrial）、合法的（legal）、自由的（liberal）、地方的（local）、多数的（majoritarian）、最低限度的（minimalist）、议会的（parliamentary）、参与的（particpatory）、人民的（people's）、多元的（pluralist）、平民主义的（populist）、总统的（presidential）、程序的（proceduial）、财产所有的（property-owning）、保护性的（protective）、按钮式的（push-button）、激进的（radical）、反思性的（reflective）、代议制的（representative）、社会的（social）、强势的（strong）、薄型的（thin）、跨国的（transnational）、一元化的（unitary）。见 John Dryzek, "Democratic Political Theory", in Gerald F. Gaus and Chandran Kukathas, eds., *Handbook of Political Theory*, London: SAGE Publications, 2004, p. 143。

① ［美］乔万尼·萨托利：《民主新论》，冯克利、阎克文译，上海人民出版社2010年版，第391—396页。
② 同上书，第391页。
③ 同上书，第423页。

没有自由，多数人对平等的要求往往会导致平均主义，甚至侵害少数人的利益。有鉴于此，萨托利指出，现代民主融合了平等和自由的理想，是一种"自由主义之中的民主"[④]。这种民主对平等和自由的融合也体现在具体的政治制度当中。民主选举的"一人一票，票票等值"原则要求，一个国家成年公民不受性别、年龄、种族、信仰、受教育程度、职业、财产状况等条件的限制，都享有宪法和法律所赋予的投票权，并且每张选票都具有同等的分量。同时，选举的自由原则要求，投票应该是无记名的，这样选民才可以在不受干扰的情况下自由进行投票；候选人名额应该多于当选名额，这样选民投票时才有自由选择的空间；候选人应该能够自由充分地表达自己的观点，这样选民才可以有效做出选择。

对于转型的次序而言，民主的自由方面甚至比平等方面更加重要。罗伯特·达尔曾概括了通往民主政体（多头政体）的三种典型道路：第一种是先实现自由竞争后实现平等参与，第二种是先现实平等参与后实现自由竞争，第三种是自由竞争和平等参与在短期内同时得到实现。[①] 这三种道路分别以英国和瑞典、从帝国到魏玛共和国的德国以及1789—1792年的法国为原型。显然，历史的经验告诉我们，自由优先的道路是最安全的转型路径。按照达尔的分析，这条道路首先在少数精英中发展起竞争性政治的规则、惯例和文化，然后再把其他社会阶层纳入到政治生活中来，这样，通过自由抗争获得平等参与权的大众，更容易接受和遵守已经成熟的规则和惯例，精英和大众都会为了维护共同安全体制而选择妥协。后两种道路则是危险的，因为竞争性规则在人数众多、利益复杂的人群中不容易建立起来，一旦爆发冲突便很难实现妥协。

达尔的研究提醒我们，在民主化过程中，必须重视和优先发展自由。萨托利曾用盖房和制砖的比喻来形容平等和自由的发展次序，他说："在盖

---

① [美]罗伯特·达尔：《多头政体——参与和反对》，刘惠荣、谭君久译，商务印书馆2003年版，第44—50页。

砖房之前先要制砖。这是程序上的顺序，也是程序上的必要。在这里，砖就是自由。"① 可见，自由是平等的必要条件但不是充分条件，而平等对于自由既不是必要条件也不是充分条件。"独裁政权可以强加给人们参与权（人人都要投票）的同时，否定参与的自由（没人能在投票中做出选择）。"② 在第三波民主化中，对自由的忽视导致了形形色色的介于民主和独裁之间的混合政权的出现，它们被最近的民主化研究者称为"竞争性独裁主义""选举独裁主义"和"半独裁主义"。③ 这些政权的共同特点是，它们的主要领导人都是经过全国性定期选举产生，选举也是在不同的政治力量之间进行竞争，但是选举过程缺乏自由和公正，统治者常常通过各种途径操纵、控制和收买选票。也就是说，选民虽然获得了平等投票权，但却不能运用选票自由表达自己的意愿。自由对于民主的重要性意味着，我们不能以狭隘的选举至上主义作为衡量民主化的唯一标准，而应该重视基于本国经验的自由表达、自发性组织的发展，因为这些自由元素的出现也是一个国家民主发展的组成部分。

（二）自由在中国的实践

按照西方选举民主的标准，目前中国还不能称为西式民主国家，但是不管按照什么标准，都不能说中国是个完全没有自由的国家。实际上，无

---

① ［美］乔万尼·萨托利：《民主新论》，冯克利、阎克文译，上海人民出版社2010年版，第425页。

② ［美］乔万尼·萨托利：《民主新论》，冯克利、阎克文译，上海人民出版社2010年版，第395页。孟德斯鸠也曾对这种独裁体制下没有自由的平等做过精彩的批判，他说："在共和国政体之下，人人都是平等的。在专制政体之下，人人也都是平等的。在共和国，人人平等是因为每一个人'什么都是'；在专制国家，人人平等是因为每一个人'什么都不是'。"参见孟德斯鸠《论法的精神》（上册），张雁深译，商务印书馆2004年版，第90页。

③ ［美］亨利·E. 黑尔：《混合政体：当民主和独裁混合时》，杨光斌主编《比较政治评论》（第二辑），中国社会科学出版社2013年版。

西式民主（政体层面的）而有自由也是大多数学者对中国政治的判断。尤其是互联网和信息技术的发展，为中国民众提供了可以表达、讨论和批判的相对自由的平台。郑永年认为，中国互联网的发展能够在国家和社会之间相互进行赋权和改造，基于互联网的集体行动虽然没有触发政治民主化，但是它们在很大程度上推动着政治开放、政治透明和政治责任制，从而促进了政治自由化。① 不过，美国学者白霖指出，民主化不仅是由政府的正式制度变革组成，还包括非正式制度的自由要素的出现，中国过去几十年在社会经济领域出现的一系列变化，意味着公民自由的增加，创造了中国的"原发性民主"②。基于前文的论述，我们同意白霖教授把自由的发展看成是民主化的组成部分，因而我们认为自由在中国的实践也是中国民主实践的形式之一。当然，我们也部分同意郑永年教授的观点，即互联网的发展推动了中国政治自由的发展。下面我们将主要讨论基于互联网的政治自由的情况。

网络公共论坛的形成，首先要有一定规模的网民存在。中国庞大的网民规模是基于互联网的政治自由得以推进的前提条件。2008年6月，我国网民数量达到2.53亿人，首次超过美国跃居世界第一位，并且一直在不断增长。根据中国互联网信息中心（CNNIC）发布的第34次《中国互联网络发展状况统计报告》（2014年7月），截至2014年6月，我国网民规模已达到6.32亿人，互联网普及率为46.9%，其中手机网民规模为5.27亿人，占网民总数的比例为83.4%。由于现有政治体制中政治参与的渠道相对缺乏，与其他国家相比，中国网民对于网络参政具有更高的期待和认可。根据中国社会科学院和美国加州大学洛杉矶分校2003年的调查，中国将近80%的网民认为"使用互联网能够让人更好地理解政治"，而持有相同看法的美国

---

① 郑永年：《技术赋权：中国的互联网、国家与社会》，邱道隆译，东方出版社2014年版。

② 白霖：《民主的多重路径》，杨光斌主编《比较政治评论》（第二辑），中国社会科学出版社2013年版。

网民比例是43%,日本是31%,韩国是48%;同样,中国网民认为"使用互联网能够对政府的行为有更多的发言权"的比例是61%,而美国的这个比例是20%,日本是24%,韩国是26%。①

庞大的网民数量与通过网络参与政治的期望相结合,必然对中国政治的发展产生巨大影响。从20世纪90年代中期以来,中国网民利用网络社区、BBS、QQ群、聊天室、论坛贴吧、博客、微博、微信等网络媒介,围绕环境保护、外交抗议、城管执法、土地拆迁、司法公正、网络问政、网络反腐等主题行使知情权、参与权、表达权和监督权,取得了一定的积极效果。以网络反腐为例,自2004年"山东济宁涉贪副市长下跪事件"初显网民威力开始,网络反腐事件的数量逐年增长,而相关部门对事件的回应和处理速度则逐渐缩短。近年来一大批地位和级别不低的涉贪官员都是经过网民揭发和曝光后被查处的,其中包括周久耕(曾任南京市江宁区房产局局长)、杨达才(曾任陕西省安全生产监督管理局局长、党组书记)、李亚力(曾任山西太原市公安局局长)、雷政富(曾任重庆市北碚区委书记)、陈雪明(曾任上海市浦东新区人民法院副院长)、蔡彬(广州市公安局番禺分局副局长)和刘铁男(曾任国家发改委副主任、国家能源局局长)。网络反腐是公民行使自由表达权利的一种途径,网民通过在网络空间揭发、讨论和批判官员的贪腐行为,推动着中国的政治自由化。因为政治自由既有防御性又有对抗性,它一方面意味着个人拥有免于权力限制和干涉的自由,另一方面使被统治者可以有效地反抗统治者滥用权力。② 国家认可网络反腐的行为,就表明网民的自由表达权得到了保护;而滥用公权力的涉贪官员被网民拉下马,正是政治自由发挥对抗性功能的体现。

---

① 郑永年:《技术赋权:中国的互联网、国家与社会》,邱道隆译,东方出版社2014年版,第127页。
② [美]乔万尼·萨托利:《民主新论》,冯克利、阎克文译,上海人民出版社2010年版,第331—333页。

不过，也有人认为中国网络的自由比较有限，其主要理由是中国存在着比较严苛的网络审查制度。中国的网络审查是不是严苛呢？哈佛大学教授金加里等最近对中国网络审查行为进行了科学严谨的研究，他们得出的结论是，在中国的网络上，对于国家、领导人和政策的批评是允许的，只有可能在现实世界引起集体行动的网络言论才会被删除。[1] 金·加里等的研究表明，网络审查行为并不能否认网络自由的存在。其实任何自由都是有限度的，大多数国家都对互联网进行一定的管制，只是管制的模式和程度有所差别。互联网和信息技术的发展日新月异，中国政府和网民之间也需要一定的时间来相互磨合和相互适应，政府和网民任何一方都不应该享有不受限制的权力，最重要的是要把网络审查和网络自由都纳入法治的框架之中。

二 分权民主

（一）作为民主形式的分权

把分权称为一种民主形式，我们可以从民主的本义和理论资源当中找到依据。其一，从民主的本义来看，分权是民主的题中应有之义。民主一词起源于古代希腊，意为"人民的统治"，其中"人民"主要有两层含义：在城邦民主的制度设计中，它是指全体城邦公民（不包括妇女和奴隶）；而

---

[1] 参见 Gary King, Jennifer Pan, and Margaret E. Roberts, "How Censorship in China Allows Government Criticism but Silences Collective Expression", *American Political Science Review*, 107, No. 2 (2013), pp. 326 – 343; Gary King, Jennifer Pan, and Margaret E. Roberts, "Reverse-engineering Censorship in China: Randomized Experimentation and Participant Observation", *Science* 345, No. 6199, 2014, pp. 1 – 10。

在亚里士多德等的著作中，它是指占城邦多数的平民或穷人。因此，所谓"人民的统治"实际上就是"多数人的统治"。"多数人的统治"就意味着需要分享权力，也就是分权。在古希腊，分权是通过人民直接参与或决定城邦的公共事务而实现的。与希腊城邦不同，现代国家规模庞大、人口众多，通过中央集权的官僚制度来治理日常公共事务。因而，对于现代国家来说，分权就是要让人民直接参与管理公共事务，这是一个向原始意义的民主回归的过程，我们称为"分权民主化"。

从早发国家与后发国家之间国家建设的区别来看，分权民主对于后发国家的意义更为重要。早发国家的国家建设次序是先有社会自治，再有经济市场化，最后再实行政治权力集中化，而像中国这样的后发国家则是先实行政治权力的集中化，再在政府主导下搞市场经济，最后才建构社会。也就是说，早发国家是在社会和市场的制约下进行的集权化，其政治权力集中程度远不如不受制约的后发国家。在后发国家，政治权力高度集中并垄断了社会和市场的所有重要资源，从而造成寻租空间巨大、腐败特别严重。要解决这个问题，后发国家必须进行一场分权民主化的大转型，"中央要向地方分权以形成权力分享与共治的中央—地方关系，政府要向企业分权以形成好的市场经济，国家向社会分权以形成好的公民社会"①。

其二，分权民主可以从许多主流思想家那里找到理论来源。孟德斯鸠在《论法的精神》一书中指出，共和国要防止权力滥用，就必须以权力约束权力，具体到制度设计上，就是要建立权力分割与制衡的制度，立法权、行政权和司法权应该分属不同的机构来掌握。在孟德斯鸠的政体分类中，共和国包含民主政体和贵族政体。因此，从孟德斯鸠这里，我们至少可以得出，分权是民主政体的原则之一。美国的开国之父们继承了孟德斯鸠的分权思想，以罗马共和国为原型，为美国设计了一套复合共和体制。这套

---

① 杨光斌：《作为民主形式的分权：理论建构、历史比较与政策选择》，《中国人民大学学报》2012年第6期。

体制不仅在中央国家机关之间实行三权分立,而且还让联邦政府和州政府分权共治,在州政府层面也实行三权分立。虽然开国之父们将这种分权色彩浓厚的体制称为共和政体而不是民主政体,但是自托克维尔之后,大多数思想家把它归为民主政体。托克维尔在讨论美国的民主时,尤为强调中央与地方之间的纵向分权,他认为"地方分权制度对于一切国家都是有益的,而对于一个民主的社会是更为迫切的需要"[1]。在托克维尔看来,中央集权虽然可以维持表面的秩序和安宁,但会消磨人民的公共精神,扼杀社会的创新活力,不利于一个民族的持久繁荣;而地方分权不仅可以弥补中央集权的上述缺陷,而且还能够培养公民对于国家的自豪感,抵抗国家权力的专制和暴政。[2] 不过,托克维尔并不是一概反对集权,他把集权分为政府集权和行政集权,前者是指在全国性法律的制定、对外关系等问题上的集权,后者是指在国内某一地区所特有的问题上的集权,他反对的是后一种行政集权。

当代的民主理论家萨托利也认为,分权是解决权力问题的民主方法。因为即使在民主国家,国家的权力也不等于人民的权力,人民相对国家来说其实是个局外人,人民不可能统统变成当局者,人民"从局外所能做的,充其量是削减当局者的权力,而这样做的最可靠途径就是分散权力,尤其是用抗衡的权力来牵制权力。换句话说,'中和权力'的技巧就是不允许过于强大的权力存在。至于'权力的民主化',未言明的必要条件是,这些制衡的权力应当尽可能具有民主的性质,应当把它们明确地交给由真正自愿的社团、真正参与式的团体组成的多元群体社会"[3]。萨托利在这里实际上

---

[1] [美]托克维尔:《论美国的民主》(上卷),董果良译,商务印书馆1997年版,第106页。

[2] 同上书,第96—108页。

[3] [美]乔万尼·萨托利:《民主新论》,冯克利、阎克文译,上海人民出版社2010年版,第468页。

指出了分权民主化的一个重要途径,即国家向社会分权。在萨托利看来,把民主政体理解为分权机制,同时也解决了民主与专家治国之间的矛盾,即用分权去实现权力非个人化,就可以既保留民主的政治结构,又利用专家的理性和知识来治理国家。

(二) 分权在中国的实践

在中国民主发展的轨迹中,分权民主体现得最为明显,中国是以分权改革为起点开启改革开放的。改革开放之前,中国是一个高度政治化的国家,每个人都被纳入国家单位(人民公社、国营企业和其他政治组织)之中,政治权力对人民生活实行全方位的渗透和干预,人们选择与什么人结婚,打算从事什么工作,如何消磨自己的休闲时光,甚至心里在想什么,等等,都是重要的政治问题。从权力干预的角度来看,改革开放总体上是一个国家权力收缩的过程,也就是国家向地方、市场和社会分权的过程。由于国家向社会分权主要涉及的是社会自治,这部分内容后文将会专门论述,这里我们主要讨论前两种分权的实践。

首先来看中央向地方分权。按照传统的划分标准,中国的国家结构形式属于单一制。但是,由于香港、澳门、台湾和民族区域自治区的特殊地位,一些学者把中国的国家结构称为复合单一制或混合制。实际上,经过改革开放以后中央向地方的分权,除去这些特殊地区的因素之外,就全国其他省和直辖市与中央的关系而言,中国也很难称得上是单一制国家。因此,有学者又提出了另外一些概念。比如,杨光斌从政治关系和经济关系二元化的角度,将中国称为"单一制下的经济联邦主义"[1]。郑永年则创造了"事实联邦制"(de facto federalism)一词,他认为中国的地方政府实际

---

[1] 杨光斌:《中国的分权化改革》,俞可平、李侃如等《中国的政治发展:中美学者的视角》,社会科学文献出版社 2013 年版。

上比联邦制国家的州和地方政府享有更大的权力。[1]

改革开放带来的地方政府权限变化主要体现在三个方面。一是行政管理权限的变化。1982年宪法和据此修改的《地方各级人民代表大会和地方各级人民政府组织法》划分并列举了各级地方政府的行政管理权限，使地方政府获得了本行政区域内经济、教育、科学、文化、卫生、体育事业，环境和资源保护，城乡建设事业和财政、民政、公安、民族事务、司法行政、监察、计划生育等工作的管理权。二是立法权限的变化。1982年宪法和据此修改的《地方各级人民代表大会和地方各级人民政府组织法》赋予省级人大和政府以及省级政府所在地的市和国务院批准的较大的市人大和政府具有地方立法权，改变了原有的中央一级立法体制。目前正在征求意见的《立法法修正案（草案）》拟赋予所有设区的市均具有地方立法权，这将大大扩大地方立法权的范围。三是财政权限的变化。计划经济时期主要实行"统收统支"的财政体制，地方政府的财权极其有限；20世纪80年代改革开放之后的财政模式是以"划分收支、分级包干"为特点的"包干制"，这种体制促使地方政府截留经济发展的成果，造成中央政府陷入严重的财政危机；1994年实行分税制改革，重新划分中央税与地方税，使得中央财政收入占全国财政收入比重超过50%。"财政分权尤其是分税制的两个最明显的结果是：在中央—地方关系上，中央直接管理经济的作用下降而宏观调控能力增强，地方政府的作用加强；在政治—市场关系上，削弱了政府的作用，加强了市场的作用。"[2] 但是，分税制也产生了严重的不良后果。由于中央拿走了过多的财政份额，同时把事权下移，强化了地方政府的自主性，这就导致很多地方政府过度依赖土地财政和房地产经济，进而出现了地方债务问题。

---

[1] Zheng Yongnian, *De facto Federalism in China*, World Scientific Publishing, 2007.
[2] 杨光斌：《中国的分权化改革》，俞可平、李侃如等《中国的政治发展：中美学者的视角》，社会科学文献出版社2013年版，第261页。

其次再看政府向市场分权。中国的改革开放是从计划经济向市场经济转变的过程，政府向市场分权是市场力量发展壮大的前提条件。政府向市场分权可以分为两种情况：一是主动分权，即政府（执政者）发现了集权存在的问题主动把经济权力下放给市场；二是被动分权，即政府（执政者）对社会自发的市场行为予以承认和赋权。20世纪70年代末到80年代的政企分开，是政府主动向市场分权的结果。计划经济时代中国的国营企业缺乏基本的经营自主权，从产品开发、生产投入、员工招聘到工资标准都由政府决定，严重制约了企业和社会经济的发展。中共《十一届三中全会公报》指出："现在我国经济管理体制的一个严重缺点是权力过于集中，应该有领导地大胆下放，让地方和工农业企业在国家统一计划的指导下有更多的经营管理自主权；应该着手大力精简各级经济行政机构，把它们的大部分职权转交给企业性的专业公司或联合公司；应该坚决实行按经济规律办事，重视价值规律的作用，注意把思想政治工作和经济手段结合起来，充分调动干部和劳动者的生产积极性；应该在党的一元化领导之下，认真解决党政企不分、以党代政、以政代企的现象，实行分级分工分人负责，加强管理机构和管理人员的权限和责任，减少会议公文，提高工作效率，认真实行考核、奖惩、升降等制度。"为了提高国营企业的业绩，改善国民经济状况，四川省在十一届三中全会之前就进行了扩大企业经营自主权的试点改革。十一届三中全会之后，政企分开的改革从四川省逐步扩展到其他省市，到1981年除西藏以外的全国6600多家国营企业都参与了这项改革。政企分开意味着国营企业突破了政府计划的束缚，开始接受市场规律的支配。

政府主导的经济分权虽然意义重大，但是为中国市场经济注入活力的关键因素则是社会自发的市场行为。正如科斯和王宁所指出的，改革开放以后，中国经济最为重要的发展并不在国家控制的国营企业，而是在国家控制最薄弱的地方，真正的改革先锋是那些落后的、被边缘化的群体，比如包产到户的农民、个体户、乡镇企业和经济特区，正是这些边缘力量将私营企业重新带回到经济体制当中,促使中国走向现代市场经济的转型之路。① 这些改革先锋力量最初的产生都不是政府行为,而是社会自发的行为,由于他们能够促进经济发展,又处于社会主义经济的边缘地位,不会威胁到社会主义政权,所以最后获得了官方的认可和推广,甚至以立法的形式对其加以保护。中国对1982年宪法的历次修改体现了私营企业和市场经济地位的逐步提高。1988年4月12日通过的宪法修正案确立了私营企业的合法地位,规定"国家允许私营经济在法律规定的范围内存在和发展。私营经济是社会主义公有制经济的补充。国家保护私营经济的合法的权利和利益,对私营经济实行引导、监督和管理"。1993年宪法修正案将我国的经济体制由"国家在社会主义公有制基础上实行计划经济"修改为"国家实行社会主义市场经济",标志着经济体制的根本变革。此外,这次宪法修改还废除了人民公社制度,确立"农村中的家庭联产承包为主的责任制"为农村基本经济制度。1999年宪法修正案规定非公有制经济是"社会主义市场经济的重要组成部分",2004年宪法修正案增加了"国家鼓励、支持和引导非公有制经济的发展"的表述,都进一步提高了非公有制经济的地位。

三 法治民主

(一) 作为民主形式的法治

法治与民主的关系源远流长。对古代雅典人来说,法治与民主几乎是同义语,法治本身就是民主政治的构成形式。在雅典民主的鼎盛时期,最重要的民主机构有三个:公民大会、500人议事会和人民法庭(也称陪审法

---

① [英]罗纳德·哈里·科斯、王宁:《变革中国:市场经济的中国之路》,徐尧、李哲民译,中信出版社2013年版。

庭)。其中,人民法庭的相关组成人员(包括法官)是通过抽签产生的,城邦30岁以上的所有成年男性公民不论处于什么阶层,都有入选资格。雅典城邦没有专门制定法律的公职人员,也没有专门从事法律工作的职业阶层,城邦所有的法律活动都是公民政治参与活动的组成部分。萨托利把这种法治称为"立法者统治",在这种统治下,法律由多数人的好恶来决定,缺乏稳定性,多数人的权力没有任何限制,平民的非理性很容易导致托克维尔所说的多数人的暴政(或 J. S. 密尔所说的"阶级立法")。苏格拉底之死就是雅典民主多数暴政的典型事件。

雅典民主是一种多数决民主,与之对应的是立宪民主,也就是现代法治民主。现代法治通过立宪时刻确立全社会共同遵守的规则,限制多数人的狂热和非理性,保障少数人的权利和自由,大大降低了民主发生多数暴政的可能性。美国的民主很好地证明了这一点,托克维尔说:"我们越是深思发生于美国的一切,就越是确信法学界是美国的能够平衡民主的最强大力量,甚至可以说是能够平衡民主的唯一力量……当美国人民任其激情发作,陶醉于理想而忘形时,会感到法学家对他们有一种无形的约束,使他们冷静和安定下来。法学家秘而不宣地用他们的贵族习性去对抗民主的本能,用他们的谨慎观点去对抗民主的好大喜功,用他们对规范的爱好去对抗民主对制度的轻视,用他们处事沉着的习惯去对抗民主的急躁。"[①] 现代民主是多数决民主和法治民主的组合物。按照罗尔斯的说法,现代政治可以分为宪法政治和日常政治,宪法政治通过司法审查保障公民的基本权利和自由,而日常政治遵循的是多数决原则。当日常政治侵犯少数人的权利和自由的时候,宪法政治便开始发挥其保障作用。因此,"关键是要在两种民主观念(宪法民主和多数决民主)之间做出选择"。一方面,"民主的宪法应确保某些基本的权利和自由不受日常政治(与宪法政治相对)之立法

[①] [美] 托克维尔:《论美国的民主》(上卷),董果良译,商务印书馆1997年版,第309页。

多数决的影响";另一方面,"即使那些支持司法复审制度的人也必须假定,在日常政治中,立法的多数决原则必须得到遵守"。①

我们在前文指出,自由优先于平等的政治参与。而法治是自由的保障,那么显而易见,法治民主既优先于选举民主,又优先于自由民主。法治优先的理由,不仅在于法治能够防止多数暴政,而且在于法治也是抵御专制暴政的屏障。西方早发国家在选举民主化之前,普遍经历了国家权力集中化的阶段,在这个集权化时期,人们利用古老的法治传统对抗王权,保障自由权利。历史经验告诉我们,没有法治就没有自由。正如洛克所言:"在一切能够接受法律支配的人类状态中,哪里没有法律,哪里就没有自由。"②不过,法治保障的自由并不是随心所欲的自由,其本身也受到法律的约束。"自由,正如人们告诉我们的,并非人人爱怎样就可怎样的那种自由(当其他任何人的一时高兴可以支配一个人的时候,谁能自由?),而是在他所受约束的法律许可范围内,随其所欲地处置或安排他的人身、行动、财富和他的全部财产的那种自由,在这个范围内他不受另一个人的任意意志的支配,而是可以自由地遵循他自己的意志。"③孟德斯鸠也表达了同样的意思:"自由是做法律所许可的一切事情的权利;如果一个公民能够做法律所禁止的事情,他就不再有自由了,因为其他的人也同样会有这个权利。"④

法治通过对平等条件下过度自由的约束,可以保障政治参与的秩序。在政治转型过程中,如果仅有法治而无自由和平等,民主就会缺少合法性;如果仅有自由和平等而无法治,一个国家的政治生活就有可能走向混乱与

---

① [美]罗尔斯:《政治哲学史讲义》,中国社会科学出版社2011年版,第4—5页。
② [英]洛克:《政府论》(下篇),商务印书馆1996年版,第36页。
③ 同上。
④ [法]孟德斯鸠:《论法的精神》(上册),董果良译,商务印书馆1997年版,第154页。

动荡。从比较历史的角度来看，在实现选举民主化之前，那些已经实现了法治民主化的国家，政治秩序就会比较稳定，民主质量就会比较高。反之，如果颠倒了顺序，先实行选举民主而没有法治保障，就会出现政治秩序的不稳定。英国和法国这两个老牌西方国家的民主化经验很好地说明了这一点。英国自1215年签订《大宪章》时，就开启了法治民主化的历程。《大宪章》虽然是贵族与国王之间签订的协议，但是它限制了国王的权力，开创了国王的行为必须遵守法律的传统。从1215年到1688年的几百年间，每当国王的权力偏离了"王在法下"的原则，就会遭到贵族和人民的反抗，查理一世甚至为自己的违法行为付出了生命的代价。1689年的《权利法案》和1701年的《王位继承法》则保障了议会的立法权，实现了国家权力重心由国王向议会的转变。此后通过1832年、1867年、1884年和1918年的改革法案分别使上层资产阶级、下层资产阶级、农民和城市工人获得了议会选举权。因此，可以说英国在实现选举民主化之前就建立了比较完善的法治民主，正是这种法治民主为选举权的开放奠定了法治秩序，保障了政治参与的有序进行。

相比之下，法国的民主化道路则充满了曲折和动荡。从1789年到20世纪中期，法国的政体一直在共和与帝制、民主与威权之间摇摆不定，按照蒂利的标准，其间共经历了8次革命。[1] 为什么法国大革命之后的民主政体不能巩固，政治秩序总是稳定不下来呢？通过与英国对比就可以知道，这主要是因为法国在政治转型之前没有实现法治民主化，没有以法治秩序代替人治秩序。在大革命之前，法国政府高度集权化和官僚化，三级会议已经中断了175年，专制王权得不到任何约束，路易十四甚至可以公然宣称"朕即国家"。由于旧政权控制着国家的一切，当大革命摧毁旧的政权时，权力的真空造成政治上的混乱，为此革命者建立了恐怖的雅各宾专

---

[1] [美]查尔斯·蒂利：《欧洲的抗争与民主（1650—2000）》，陈周旺、李辉、熊易寒译，格致出版社、上海人民出版社2008年版，第93页。

政统治，在简化的审判程序下通过推理判决就可以轻易把人判处死刑，革命者以自由的名义把成千上万的人送上断头台。罗兰夫人临死之前的名言"自由自由，天下古今几多之罪恶，假汝之名以行"，是对这种不受制约的革命自由观最震撼人心的控诉。法国大革命向我们充分展示了，如果没有法治民主作保障，自由的滥用就会导致自由的专制。法国的法治秩序一直到1958年建立半总统制时才稳定下来，这种半总统制适应了法国的历史与现实，既发挥了中央集权的优势，又对总统权力加以制约。

英国和法国的转型经验提醒我们，优先促进法治民主化的重要性。我们所说的法治民主化，至少应该包括以下几个方面：第一，根据民意制定法律；第二，任何机构和个人不能高于法律，政府必须在法律制约下运作；第三，民众必须在法律的制约下有序、理性地行使政治参与权利。① 其中，政府及其官员遵守法律这一点尤为重要，因为民众往往是上行下效的，掌权者遵守法律是法律权威得以确立的基础，也是民众有序参与政治的前提条件。"只有政治官员有动力去推崇公民权利，尊重选举结果，以及克制使用武力解决冲突，民主体制才能生存下来。"② 在后发国家，由于先天缺乏法治的观念和制度，实行选举民主以后，反对派往往不认可选举结果，这已经成为影响民主转型质量的一大顽疾。现代民主政治通过竞争性选举实现政府更替，这就要求参加竞争的政治力量共同遵守选举规则，尤其要求败选方及其支持者接受和认可投票结果。在这方面，拥有良好法治秩序的美国为世界做出了榜样。当2000年总统大选出现计票争议以后，民主党和共和党把官司一路打到联邦最高法院，最后联邦最高法院一锤定

---

① 杨建平：《法治民主：后发国家的政治选择》，《战略与管理》2001年第6期。
② Barry Weingast, "A Postscript to Political Foundations of Democracy and the Rule of Law", in Adam Przeworski and José María Maravall, eds., *Democracy and the Rule of Law*, Vol. 5. Cambridge University Press, 2003, p. 109.

音,做出了有利于共和党的"不公平"判决。结果民主党及其支持者平静地接受了这个判决,并没有出现街头政治。试想这种情况要是出现在法治不健全的新兴民主国家,很可能就会造成政治对抗甚至暴力冲突。例如,泰国民主的乱局为我们提供了典型的反面案例,它让我们的假设更加可信。

(二) 法治在中国的实践

通过前文论述,我们知道,法治民主在民主发展的次序中处于优先地位,没有法治就没有秩序。中国在十年"文革"期间,砸烂公检法,奉行"大民主",结果整个国家陷入无序和混乱之中。"文革"结束以后,在政治生活秩序恢复正常化的同时,中国也重新开始了建设法治国家的历程。

首先是观念的转变。邓小平深刻吸取"文革"的历史教训,多次强调法制的重要性。他在1978年《解放思想,实事求是,团结一致向前看》的讲话中说:"为了保障人民民主,必须加强法制。必须使民主制度化、法律化,使这种制度和法律不因领导人的改变而改变,不因领导人的看法和注意力的改变而改变。"在1980年《党和国家领导制度的改革》的讲话中,他指出,脱离法制、破坏法制是特权滋长的主要原因,只有真正遵守法制,才能彻底解决搞特权和违法乱纪的问题。1992年在南行讲话时,他又说:"还是要靠法制,搞法制靠得住些。"邓小平作为"文革"以后中共党内最有威望的领导人,他的这些讲话为法制合法性的确立奠定了基础。1982年宪法以根本大法的形式确立了法制的地位和权威,这部宪法明确规定:"一切国家机关和武装力量、各政党和各社会团体、各企业事业组织都必须遵守宪法和法律。一切违反宪法和法律的行为,必须予以追究。任何组织或者个人都不得有超越宪法和法律的特权。"而1996年在宪法和官方文件中实现了从"法制"（rule by law）话语向"法治"（rule of law）话语的转变，标志着中国从观念上进入了建设法治民主的时代。

观念转变以后，就是制度的发展。在制度上，法治民主首先要求建立立法的公众参与制度，以保障法律根据民意而制定。1982年宪法就是在公众广泛参与的情况下制定的，当时宪法草案经过全民讨论四个月，广泛吸收各方意见修改以后才提交全国人大审议。1989年通过的《全国人大议事规则》和2000年通过的《立法法》均对公众参与立法做出了专门的规定。《全国人大议事规则》第25条规定："全国人民代表大会会议举行前，全国人民代表大会常务委员会对准备提请会议审议的重要的基本法律案，可以将草案公布，广泛征求意见，并将意见整理印发会议。"《立法法》第34条规定："列入常务委员会会议议程的法律案，法律委员会、有关的专门委员会和常务委员会工作机构应当听取各方面的意见。听取意见可以采取座谈会、论证会、听证会等多种形式。"第35条又规定："列入常务委员会会议议程的重要的法律案，经委员长会议决定，可以将法律草案公布，征求意见。各机关、组织和公民提出的意见送常务委员会工作机构。"在实践中，座谈会、论证会、书面征求意见、听证会和公开征求意见已经成为公民参与立法的主要制度形式。其中，公开征求意见是公开性最强、参与程度最高和最具平等性的参与形式，互联网的发展为这种参与形式提供了极大的便利。从2005年7月到2014年7月我国先后在网络上公布过61部法律草案进行公开征求意见，其中收到意见最多的法律草案是2012年的劳动合同法修正案，共收到557243条意见。

除了根据民意制定法律，法治民主还要求政府遵守法律，而政府守法的前提是，必须建立有效制约政府权力的制度。根据我国的宪法设计，作为国家权力机关的人民代表大会，担负着监督和制约行政机关、审判机关和检察机关的责任。但是，由于人大代表中官员比例较大、人大会议采取举手和鼓掌表决、党委对人大的影响等因素，在过去的制度实践中，我国的人民代表大会长期被称为"橡皮图章",其实际权力与法定地位相差很大,也与法治民主化的要求相去甚远。因而可以说,人民代表大会逐步发挥实际作用的过程就是法治民主化的过程。从20世纪80年代开始,随着改革开放和市场经济的发展,人民代表大会的自主性在逐渐增强,所发挥的作用也越来越大。① 人民代表大会主要通过立法权、监督权、决定权、人事任免权四大职能来发挥作用,其中监督权和人事任免权集中体现了对行政机关和司法机关的监督和制约。中国人大制度迈向法治民主化的一个重要标志是,人民代表大会在行使监督和人事任免职能时从"一致通过"到出现反对票再到出现否决的转变。

表1　　政府工作报告和预算报告投票情况(2010—2014年)

项目 年份	政府工作报告			预算报告		
	赞成	反对	弃权	赞成	反对	弃权
2010	2836	36	25	2458	317	116
2011	2793	47	36	2391	362	118
2012	2752	90	49	2391	438	131
2013	2799	101	44	2307	509	127
2014	2887	15	5	2504	293	102

---

① 20世纪90年代以后,越来越多的学者开始注意到这个现象,并从立法行为、代表角色、监督权的行使、制度变迁等角度研究了人民代表大会发挥实际作用的情况。参见 Kevin O'Brien, "Chinese People's Congresses and Legislative Embeddedness Understanding Early Organizational Development", *Comparative Political Studies*, 27, No. 1, 1994, pp. 80 - 107; Young Nam Cho, "From 'Rubber Stamps' to 'Iron Stamps': The Emergence of Chinese Local People's Congresses as Supervisory Powerhouses", *The China Quarterly*, 171, 2002, pp. 724 - 740; Melanie Manion, "Authoritarian Parochialism: Local Congressional Representation in China", *The China Quarterly* 218, 2013, pp. 311 - 338; Murray Scot Tanner, *The Politics of Lawmaking in Post-Mao China*, University of Michigan, 1991; 孙哲《全国人大制度研究(1979—2000)》,法律出版社2004年版。

表 2　　　　　两高工作报告投票情况（2010—2014 年）

年份 \ 项目	最高法工作报告 赞成	最高法工作报告 反对	最高法工作报告 弃权	最高检工作报告 赞成	最高检工作报告 反对	最高检工作报告 弃权
2010	2289	479	128	2341	411	147
2011	2242	475	155	2306	434	130
2012	2311	429	115	2349	393	112
2013	2218	605	120	2339	485	121
2014	2425	378	95	2402	390	108

1988 年 4 月七届全国人大一次会议在选举"教科文卫委员会"主任委员时第一次出现了反对票①，此后反对票成为人大表决时的常态。1990 年，七届全国人大三次会议首次使用电子表决器进行表决，电子表决器的使用进一步保障了反对权利的行使。近年来，全国人大对政府工作报告、预算案报告以及中华人民共和国最高人民法院和最高人民检察院（以下简称"两高"）工作报告投票的反对票数量，已经成为反映社情民意的晴雨表。相比政府工作报告，两高政府工作报告和预算案报告获得的反对票比较多（见表 1 和表 2），这与民间对司法公正和预算公开的不满是一致的。中共十八大以来在司法体制和预算领域进行的改革，也在一定程度上反映了对人大监督的回应。如果说反对票对于政府只是一种鞭策的话，那么否决权的行使对于政府权力就是实质性制约了。虽然在全国人大层面上尚未出现行使监督权和人事任免权的否决案例，②但是地方人大在行使这两种权利时进

---

① 这是比较普遍的说法，另一说法是 1986 年全国人大六届四次会议时就已经投出了第一张反对票，由于笔者尚未找到权威资料予以确认，故采用多数人的说法。

② 全国人大在行使立法权时，曾经出现过两次否决的情况：1989 年 10 月 31 日，七届全国人大常委会第十次会议在表决《城市居民委员会组织法（草案）》时，由于对草案中的一个条款的个别措辞存在不同意见，因而未获通过；1999 年 4 月 29 日，九届全国人大常委会第九次会议否决了关于修改公路法的决定草案。

行否决的情况已经屡见不鲜。根据对新闻报道的查阅，我们发现较早的否决案例出现于1995年3月8日，当时河北省饶阳县十一届人大三次会议否决了县政府1995年预算草案。从那时起，几乎每年都会出现地方行政机关和司法机关的工作报告、人事任免、预算草案等被否决的情况，我们可以列举出最近几年的一些案例。

①2014年5月29日，广东省惠州市人大常委会否决了市中级人民法院院长提请的一名拟任审判员人选；②2013年9月29日，武汉市江岸区人大常委会否决了区政府拟追加资金1770万元改造市政道路的议案；③2012年2月23日，珠海市八届人大常委会一次会议否决了该市市长何宁卡提请的一名拟任局长人选；④2010年6月，湖南省临澧县十五届人大常委会第二十一次会议以整改工作未达到预期效果为由否决了县政府一专项工作报告；⑤2009年6月26日，浙江省玉环县人大常委会同时否决了县政府的两个审议意见落实情况报告；⑥2008年10月28日，广西北海市十三届人大常委会第十七次会议否决了市政府关于整治城市环境污染（臭水、臭气、噪声）专项工作的报告；⑦2007年1月24日，湖南省衡阳市第十二届人大五次会议否决了该市中级人民法院的工作报告；⑧2006年10月24日，郑州市十二届人大常委会第二十四次会议否决了市政府《〈关于解决城乡弱势群体看病难、看病贵问题的议案〉办理情况的汇报》；⑨2005年8月4日，新疆昌吉市六届人大常委会第二十次会议否决了市政府关于2004年财政决算和2005年上半年财政预算执行情况的报告；⑩2004年2月，山西大同市人大常委会否决了市政府《关于食品安全工作情况的报告》。

实践中发生的案例数量远远大于10个，限于篇幅，我们不可能一一列举出来。不过,即使是已经列举的这些案例,也能够说明地方人大在监督和人事任免方面对否决权的行使越来越常态化、制度化。

◇四 自治民主

(一) 作为民主形式的自治

自治与民主之间具有天然的联系。自治是指"个人或集体管理其自身事务,并且单独对其行为或命运负责的一种状态"[1]。民主的本义是"人民的统治"。因此,民主就是集体意义上的自治,正如科恩所说:"民主政体就是自治政体,由人民自己治理。""民主的实质就是社会成员参与社会管理,它就是自治。"[2] 自治与民主具有内在的一致性,无论是个人或集体支配自己的生活,还是国家由人民来治理,都是源于人们自主的需要和不希望被外在的力量强制干预的本能。

不过,虽然民主具有自治的性质和特点,但是自治却不一定是民主。从历史上看,很多自治实践都不属于民主,例如,西方国家中世纪的地方自治和城市自治,以及中国古代官僚君主制下的地方自治。上述这些自治的地方,相对于它们所隶属或附属的更大的共同体来说,在立法、行政、司法方面都享有不同程度的自治权。拿西方的城市自治来说,自治城市一般除了向其附属的封建主缴纳一定的赋税之外,自己管理自己的内部事务,拥有自己的法院、财税系统,甚至武装力量,并通过选举来

---

[1] [英] 戴维·米勒、韦农·波格丹诺:《布莱克维尔政治学百科全书》,中国政法大学出版社2002年版,第745页。

[2] [美] 科恩:《论民主》,商务印书馆2007年版,第8、273页。

产生公职人员。① 这些自治实践之所以不是民主，关键在于它们不符合民主的"多数人统治"的特征，中国古代的地方自治是乡绅和家族的治理，而西方中世纪自治的主角则是贵族。也就是说民主是大众政治，而前现代的自治是精英政治。例如，在意大利的自治城市共和国威尼斯，投票权是贵族才有的特权，贵族的数量从未超过2000人，占全部城市人口的1%—2%；如果将大陆算在内的话，他们的数量大约只有千分之一。②

现代社会的自治与民主密不可分，已经成为民主政治的重要组成部分。首先，现代自治就是民主自治。现代自治的民主性主要体现在自治共同体内部的权力分配与运行上面。民主化所带来的身份平等扩大到现代社会的方方面面，其中也包括使自治共同体内部成员的身份平等化了，自治不再是共同体内部少数人参与的治理，而是平等参与的民主治理。

其次，现代自治为代议制民主增加了合法性。由于现代国家面积广袤，人口众多，无法像希腊城邦那样实行直接民主，只能采取间接的代议制民主形式。在代议制民主中，不是由人民直接行使国家权力，而是由人民选举产生的代表组成代议机关来行使国家权力。相对于民主的本义，代议制民主具有合法性不足的问题，因为人民"只有在选举国会议员的期间，才是自由的；议员一旦选出之后，他们就是奴隶，他们就等于零了"③。而地方自治和社会自治直接管理地区和社会的公共事务，可以弥补代议制在民主合法性上的不足。

---

① 桑玉成：《自治政治》，（香港）三联书店1994年版，第12—13页。
② [美] 罗伯特·A. 达尔：《民主及其批评者》，曹海军、佟德志译，吉林人民出版社2006年版，第174页。
③ [法] 卢梭：《社会契约论》，何兆武译，商务印书馆2003年版，第121页。

最后，自治民主的实践发展，可以提高政体民主的质量。从功能上讲，自治能够防止中央过度集权，协助和改善政府治理，调动社会和地方的积极性，以及培养公共精神和参与能力。这些功能都有助于促进和提高国家层面的民主的质量，其中，自治对公共精神和参与能力的培养尤为重要，它是民主政体维持和发展的根基。人们对于自己所处的地方和团体既熟悉又有利益关系，因此也就有积极性去关心和参与地方和团体的公共事务，并在实践中了解参与的规则、提高参与的能力。只有在地方和团体事务中培养起了公共精神和参与能力，才能够在国家层面上更好地实践民主。托克维尔在《论美国的民主》中指出，新英格兰的地方乡镇自治促进了人们参政的热情、自由的精神和爱国的情感，对于维护美国的民主制度起到了重要作用。当今世界上民主质量比较高的国家，一般都有着比较好的自治传统。布赖斯曾高度赞扬了瑞士和美国地方自治对民主的作用，他说："世界上民治政府最能得民众之兴趣，从民众中吸取人才的，就是瑞士和北美合众国（特别是西北部诸邦）两国；可是这两国都是乡村地方自治最发达的国。这个事实可以证明下面一句格言：民治制度最好的学校及其成功的最好的保证，就是实习地方自治。"[1]

（二）自治在中国的实践

任何国家的政府都不可能事无巨细地去管理地方和社会事务，对于一个地域广袤的国家来说，地方自治和社会自治是实现有效治理的必然选择。中国历史上有着丰富的地方自治实践，君主专制时期素有"皇权不下县"的说法，族长、乡绅和地方名流构成了乡村社会治理的权力主体。除了地方自治，中国历来也不乏以扶贫救恤为目的的社会自治组织和制度，例如，

---

[1] [英] 詹姆斯·布赖斯：《现代民治政体》（上册），张慰慈等译，吉林人民出版社2001年版，第134页。

宋代的乡约、社仓及民国时期的储押农仓制度和合作社。① 然而，1949—1976年，中国的国家政权建设完全压缩了自治的空间，国家权力实现了对社会的全面渗透与控制，并通过单位制度、身份制度、就业制度和户籍制度使社会成员依附于国家。事实证明，这种没有自治的国家控制造成了国家的无效治理。改革开放以后，国家干预在基层社会和人民生活领域逐渐弱化，基层自治和社会自治慢慢发展起来。因为本书另有专门章节论及基层民主，所以我们在这里就只探讨社会自治的实践。

社会自治主要是指社会组织的自我管理以及对与其相关的公共事务的管理。社会自治与公民社会密切相关，社会自治以社会组织为主体，而公民社会是社会组织及其社会关系的总和，在微观层面上，公民社会就等同于"社会组织""民间组织"等一个个具体的结社形态。② 因此，公民社会与社会自治的发展都可以从社会组织成长状况中反映出来。社会组织的种类、数量和作用是反映社会自治和公民社会发展的重要指标。从种类上看，中国的社会组织经历了由单一化到多元化的转变。1978年以前主要是一些官方色彩浓厚的人民团体，其中影响较大的是工会、共青团、妇联、科协、侨联、台联、青联、工商联八大人民团体。1978年以后随着市场经济的发展，各类社会组织如雨后春笋般涌现出来。目前中国的社会组织，除了传统的人民团体之外，还包括各种学会、研究会、行业协会、商会、基金会、俱乐部、网络社团等。从数量上看，改革开放30多年以来，中国的社会组织获得了迅猛增长。根据民政部发布的2013年社会服务发展统计公报，截至2013年底，全国共有社会组织54.7万个。这个数字大约是2003年的3.9倍，是改革开放之初的1979年的50多倍。由于现实中大量社会组织没有在民政部

---

① 牛铭实：《患难相恤：论中国民间的自治与扶贫》，（香港）《二十一世纪》网络版2003年4月号，总第13期。

② 王名：《中国公民社会的兴起》，俞可平、李侃如等《中国的政治发展：中美学者的视角》，社会科学文献出版社2013年版，第167页。

门登记,按照王名教授的估计,社会组织总量是民政登记数量的8—10倍[①],因此,我国社会组织的实际数量在400万个以上。

社会组织的作用是很多学者关心的话题,因为它涉及公民社会与民主的关系问题。大部分学者继承托克维尔的传统,认为公民社会有助于民主转型和民主治理,[②] 不过,也有一些学者对这个命题进行了反思,认为公民社会并不必然导致好的政治,在政治制度化、负责任的政党、公民有序政治参与等因素缺乏的前提下,结社生活有可能带来坏的结果。[③] 不同于上述观点,我们从自治民主和分权民主的角度认为,如果社会组织在管理自身以及与其相关的公共事务时,分享了国家的权力,承担了原本属于国家的一些职能,那么这种社会自治本身就是民主政治的组成部分。

中国的公民社会组织积极参与社会公共事务,在环境保护、行业管理、社会管理、社会服务、社会救助等国家权力主导的领域发挥着越来越大的作用。例如,中国第一个藏族民间组织——青藏高原环长江源生态经济促进会,多年来与国际非政府组织一道,在保护藏羚羊等高原濒危动物方面取得了显著成效;2001—2003年,温州打火机协会联合打火机企业采取集体行动抵制欧盟具有反倾销性质的CR法案,最终延迟了该法案的实施,为

---

① 王名:《中国公民社会的兴起》,俞可平、李侃如等《中国的政治发展:中美学者的视角》,社会科学文献出版社2013年版,第167页。

② 参见 Giuseppe Di Palma, "Legitimation from the Top to Civil Society: Politico-cultural Change in Eastern Europe", *World Politics*, 44, No. 1 (1991), pp. 49 - 80; Marcia A. Weigle and Jim Butterfield, "Civil Society in Reforming Communist Regimes: The Logic of Emergence", *Comparative Politics*, 1992, pp. 1 - 23; Larry Jay Diamond, "Toward Democratic Consolidation", *Journal of Democracy*, 5, No. 3 (1994), pp. 4 - 17; Rau, Zbigniew, *The Reemergence of Civil Society in Eastern Europe and the Soviet Union*, Westview Press, 1991;[美]罗伯特·帕特南《使民主运转起来:现代意大利的公民传统》,江西人民出版社2001年版。

③ Sheri Berman, "Civil Society and the Collapse of the Weimar Republic", *World politics*, 49, No. 3 (1997), pp. 401 - 429; Simone Chambers and Jeffrey Kopstein, "Bad Civil Society", *Political Theory*, 2001, pp. 837 - 865.

中国相关企业赢得了技术改进的宝贵时间;① 上海、深圳、北京等地的非政府组织近年来通过向当地政府提供公共服务购买项目,探索出了一条以合法与专业的方式进入公共服务领域的新模式;2011年4月由邓飞等500多名记者和国内数十家媒体联合中国社会福利基金会发起的"免费午餐"公益项目,利用网络平台传播爱心,在成立之初的短短5个月就募集到1690余万元善款,惠及77所学校的1万多个孩子,并促使国家启动实施农村义务教育学生营养改善计划。虽然上述几个具体案例尚不足以展示社会组织作用发挥的全貌,但是管中窥豹、可见一斑,它们至少可以说明,中国社会自治的范围在不断拓展和扩大。

五 结语

民主不可能"忽如一夜春风来",民主政体也不是一天建成的。我们今天看西方国家的民主,往往为其制度模式所吸引,却容易忽视这些制度模式建立的过程。选举民主的确立以及近几十年来民主转型的研究范式强化了这种倾向。实际上,从比较历史的眼光来看,西方国家的民主发展经历了漫长和曲折的过程。在这个过程中,民主不断吸收自由、分权、法治、自治等元素为其保驾护航,最后通过逐步开放选举权实现了有序的全国性选举民主。西方的历史经验告诉我们,从概念上讲,现代民主不仅是选举民主,更是融合了自由、分权、法治、自治等多种元素的概念体系,自由民主、分权民主、法治民主和自治民主都是现代民主的组成部分;从发展次序上讲,相比选举民主,自由民主、分权民主、法治民主和自治民主处于优先发展的地位,选举民主是"上层性民主",自由民主、分权民主、法

---

① 王名:《中国公民社会的兴起》,俞可平、李侃如等《中国的政治发展:中美学者的视角》,社会科学文献出版社2013年版,第174页。

治民主和自治民主是"基础性民主",只有"基础性民主"得到了充分发展,才有可能实现稳定、有序和优质的"上层性民主"。①

中国的民主政治建设应该从概念和次序上吸取西方民主发展的有益经验,重视和优先发展"基础性民主",在此基础上积极推动"上层性民主"的稳步发展。过去 30 多年来,中国的自由民主、分权民主、法治民主、自治民主等"基础性民主"虽然已经取得了一定的发展,但是依然还有很大的提升空间。例如,在自由民主方面,公民自由的边界还有待确定,公共权力对个人自由的约束随意性较大,宪法所规定的某些政治自由还需要进一步落实;在分权民主方面,长期以来政府占有的社会资源过多,政府与市场、中央与地方、上级政府与下级政府的权限划分缺乏法治的保障;在法治民主方面,司法的行政化、地方化侵害了法律的国家性、权威性,立法机关对行政机关的监督和制约有待加强和完善,违宪审查制度仍然处于缺失状态;在自治民主方面,很多社会组织的行政化色彩较浓,政府对社会组织的管理模式还不够合理,社会自治的范围和领域还应该进一步拓展。因此,中国在完全实现"上层性民主"之前,仍然需要通过政治体制改革继续推动"基础性民主"的发展,充分发挥自由、分权、法治和自治在国家建设中的作用,从而确保选举民主稳步有序地开展。

---

① 关于"基础性民主"和"上层性民主"的区分,参见杨光斌《作为民主形式的分权:理论建构、历史比较与政策选择》,《中国人民大学学报》2012 年第 6 期。

不仅仅是民主:推进国家治理现代化

杨光斌[①]

◇ 一 序言:引领时代的话语权

中国这样一个巨型国家需要不需要自己的话语权? 这已经不是一个主观愿望和主观臆想问题,而是一个历史存在和现实政治问题。不管你在观念上属于什么派,不管你站在什么立场,思想者只能直面历史和现实,不能采取鸵鸟政策而回避历史和现实。至少,思想者应该如实地描述历史与现实。

在历史维度上,把世界分裂为两极的"冷战"其实就是意识形态之战,这已经是历史常识。在现实维度上,我们只不过处于"后冷战"时期,"和平与发展"依然是这个时代的主题,公正、法治、自由、民主等"公共之善"已经成为这个时代的普遍化信仰。但是世界并没有因此而彼此相安无事,在这些主题和信仰之下,意识形态之争、观念之争依然是我们这个时代最活跃的政治,甚至直接表现为国家之间的政治。从"阿拉伯之春"到"乌克兰事变"而导致的乌克兰分裂,观念的作用无处不在。从中我们看到民族主义之间的政治,教派之间的政治,代表有产者的自由与代表草根阶层的民粹主义之间的政治,等等。而且,这些观念政治很多时候就是在同

---

① 中国人民大学政治学教授。

一种"善"的名义下发生的,如自由民主、民族民主主义、伊斯兰民主主义、民粹民主主义之间的张力和冲突。

处于世界风口浪尖上的中国哪能免于世界多元性观念的影响？美国前驻华大使洪博培在美国国会听证会上,直言要以互联网来"扳倒中国",就是国家之间政治的生动写照。

敢说以互联网来"扳倒中国",当然是出于观念自信,因为美国曾经以观念打赢了一场没有硝烟的战争,不战而屈人之兵,偌大一个苏联在一夜之间轰然倒塌,还有什么样的战争比观念之战更廉价、更节约成本、看起来也更人性化？和国内政治的制度变迁一样,世界政治演变也有高度的路径依赖,美国当然还要复制另一场没有硝烟的战争,即以改变苏联的模式而改变中国,这是一个正常国家的正常逻辑思维。

其实,已经崛起的中国何尝不愿意这样做？否则,为什么花那么多钱到处建"中国孔子学院"（十年来,已经在123个国家建立了465个孔子学院,开设了713个孔子课堂）；否则,怎么会在"外宣"上不惜血本？否则,为什么要给那么多奖学金让南亚、南美、非洲的年轻人到中国留学？目的只有一个,而且和美国一样,以期以"软实力"来支撑自己的"硬实力",以使"硬实力"更强大、更结实。

也就是说,自冷战以来,就像工业革命之后世界经济进入标准化时代,比如ISO9000等各式各样的世界标准,国际政治也进入了"世界标准"时代。冷战时期的两大标准是由美国和苏联制定的,存在"美式世界标准"和"苏式世界标准"的大博弈。后冷战则成了美国的一家标准,即所谓流行一时的"历史的终结"。同时,围绕美国标准,诸多的国际非政府组织也都建立了五花八门的国际标准来衡量国家的好坏,比如按"自由之家"设定的仅仅由多党竞争和个人自由而构成的标准,印度的自由排名不但好过中国,也好过新加坡。问题是,印度百姓的"自由"真的好过中国吗？要知道,世界著名经济学家阿玛蒂亚·森就是印度人,他认为自由不但是传统上所说的财产权和言论自由，对大多数人而言是人的能力的实现程度问题，能不能享受应有的教育、就业、性别平等、社会平等、社会福利等要素所构成的"自由"。显然，观念化标准并不能真正体现一个国家的发展程度和治理现状。

经济学家对一个国家的发展往往是最敏锐的。当森说在发展人的能力上印度应该在很多方面学习中国时，世界也开始热议所谓的"G2"，而且IMF认为中国的经济规模已经超过美国。人们怎么看是一回事，其对世界史的意义无论如何估量都不为过，要知道近代以来第一个支配世界的国家即荷兰的人口是百万级，第二个霸权国家英国的人口规模是千万级，第三个霸权国家是1亿级，而中国是10亿级的体量。在经济学上，规模本身是一个很重要的变量，甚至可以说"规模使局面完全不一样"。那么，中国是否应该贡献自己的标准？或者说中国是否会心安理得地生活在单一的美式标准之下？

事情正在起变化。在中国国际关系学者看来，中国应该有自己的所谓"中国的国际关系理论"；在外国舆论看来，中国正在给世界制定标准，比如亚洲基础设施开发银行、金砖国家建设银行、上海合作组织等。不仅如此，哪怕是在中国人最不擅长的话语权方面，也开始提出自己的标准，如衡量民主的标准不是美式的"竞争性选举"，而是习近平在庆祝人民代表大会制度成立60周年讲话中提出的"八个标准"。提出标准是好的开端，但是不同于衡量国际治理这样的必然的多元化指标，对于民主这类的概念，但是列出太多的"标准"，亦如社会主义核心价值观的12个词24个字，太多了就混淆了核心，失去了重心，反而失去的划标准的意义，有违划标准的初衷。

时代变了，实践方式变了，但并不意味着人们的观念会自动地与时俱进，观念总是要滞后于时代和实践。而且，由于中国社会科学的滞后性以及由此而带来的理论相对于现实的滞后性以及观念与现实的落差，理论不自信及由此而带来的观念不自信，也就是自然而然的思想现状。为此，并非无的放矢的是，在中国共产党十八大政治报告中，明确提出了"三个自信"——理论自信、道路自信、制度自信。

"三个自信"之间的逻辑关系是什么样的？毫无疑问，理论来自对自己历史和制度的研究，因此理论自信是前提；而理论体系又表现为一个又一个看上去枯燥无味的概念，没有概念就没有理论以及由此而来的流行的观念，比如人们对西方代议制政治的偏好是通过"自由民主"这样的概念和理论而建构起来的。为此，中国迫切需要自己的"新概念新范畴新表述"，这是习近平主席在2013年8月19日全国宣传部长会议上传递出的一个重要信息。"国家治理现代化"这个新概念新表述又成了自上而下的产品——虽然这个新概念是以思想界大量的前期研究成果为基础。

在密切跟踪中国社会变迁现实的学者看来，"习近平总书记提出的国家治理体系和治理能力的现代化不仅对中国而言是首次，对世界而言也是首次。对中国学术界而言，中国领导人创意性的政治命题，则会给我们带来巨大的社会需求，需要我们不仅从历史视角、国际视角，还要从学术视角、理论视角回答这一命题"[1]。不仅如此，胡鞍钢教授以其一贯的斩钉截铁的语言风格给"国家治理现代化"这样定位：思想的深刻性、政治的正确性、理论的独创性、实践的指导性。[2] 国家行政学院研究部前主任许耀桐教授已经正式提出了"习近平的国家治理现代化思想"[3]。新中国之后最有原创性的思想家、哲学家李泽厚先生在访谈中表示，如果习近平能全面落实"改革60条"，我们再挑剔的话就没有道理了。有趣的是，一贯对公共政策抱

---

[1] 胡鞍钢等：《中国国家治理现代化》，中国人民大学出版社2014年版。

[2] 胡鞍钢：《中国国家治理现代化的特征与方向》，《国家行政学院学报》2014年第3期。

[3] 许耀桐：《习近平的国家治理现代化思想论析》，《上海行政学院学报》2014年第4期。

最为挑剔态度的北京大学法学院贺卫方教授也觉得全面深化改革的决定让他感到"欣喜"。① 显然，各路豪杰无不对以推进国家治理现代化为总目标的改革持肯定态度并抱以期待。

很自然地，中共中央党校、国家行政学院和求是杂志社的官方辅导读本很快出版。② 有趣的是，中国工科重镇清华大学也连续组织出版了两本国家治理现代化方面的读本。③ 此外还有中国言实出版社和中国友谊出版社的辅导读本。不到一年时间，读本达7本之多，相信还会有更多的研究性成果陆续出版。

改革开放近40年以来，大概没有哪一个官方概念像"国家治理现代化"一样能引起学术界如此强烈的呼应。回想当年，"新权威主义"大讨论更多是20世纪80年代"政治热"背景下一种民间自发地对中国战略走向的一种热望，而不是受到官方正式鼓励的概念。"国家治理现代化"一经十八届三中全会关于全面深化改革的决定提出，就引发中国思想界强烈回应和认同，学术界和实业界为此而举办的研讨会数不胜数，媒体报道更是铺天盖地。

百度一下"国家治理"，其频次居然和"民主"一样高——都是1亿次，要知道"民主"一直是中国官方文件、学术研究和媒体报道中出现率最高的词汇。"国家治理现代化"的提出不到一年的时间，出现的频次是139万。这且不论，还是让我们回到更严肃的学术资源库所提供的数据。

---

① 贺卫方：《中国法律评论》2014年创刊号。
② 徐海清：《国家治理体系和治理能力现代化》，中共中央党校出版社2014年版；国家行政学院编：《国家治理体系和治理能力现代化党政干部读本》，国家行政学院出版社2014年版；《完善和发展中国特色社会主义制度，推进国家治理体系和治理能力现代化》，红旗出版社2014年版。
③ 张小劲：《推进国家治理体系和治理能力现代化六讲》，人民出版社2014年版；胡鞍钢等：《中国国家治理现代化》，中国人民大学出版社2014年版。

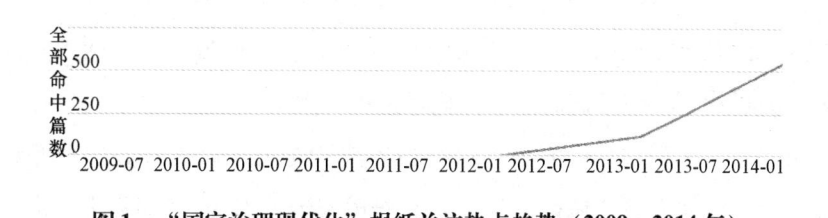

图1　"国家治理现代化"报纸关注热点趋势（2009—2014年）

说明：趋势图从最早有数据的年份开始显示。

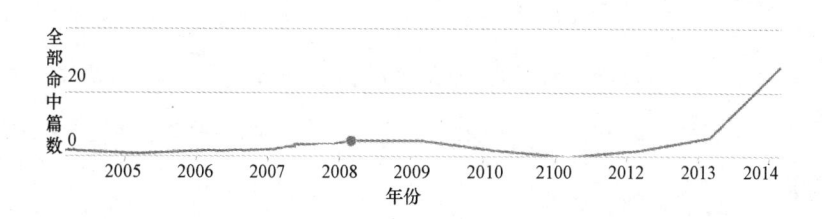

图2　"国家治理现代化"期刊学术发展趋势（2005—2014年）

说明：趋势图从最早有数据的年份开始显示。

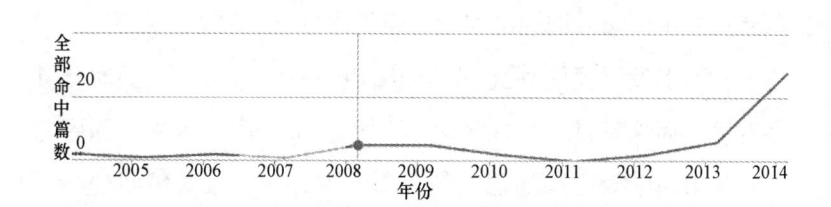

图3　"国家治理现代化"图书出版趋势（2005—2014年）

说明：趋势图从最早有数据的年份开始显示。

第一，研究机构。最值得关注的是，围绕国家治理现代化这个主题，竟然在很短的时间内出现了若干家专门研究机构，分别是：北京大学、复旦大学、吉林大学、中山大学成立了国家治理协同创新中心；清华大学国家治理研究院；中国人民大学国家治理研究院；中山大学国家治理研究院；

华中科技大学国家治理研究院。也就是说，中国最顶尖的大学都建立了专门的国家治理研究机构。所有顶尖高校围绕同一个主题不约而同地建立相应的研究机构，这在中国历史上大概还是头一次。

第二，学术刊物。目前看到的有中央编译局主办的《中国治理评论》、人民日报下属的人民论坛杂志社主办的《国家治理周刊》，即将出版的有中国人民大学国家治理研究主办的带有刊号的双月刊《国家治理研究》以及北京大学国家治理协同创新中心主办的一年两期的辑刊《国家治理现代化研究》。

可以预见，国家治理现代化研究将成为人文社会科学最具跨学科的一个最热门的研究话题和领域，在未来5年左右的时间会有大批更深度的研究成果涌现。

中国的"新动向"自然会传递到国际社会。美国的《外交政策》杂志开始讨论中国的"国家治理现代化"概念，现任世界银行副行长也专门到北京找中国专家咨询以更好地理解这个概念，诺贝尔经济学奖获得者斯提格利茨则专门向中国学者询问国家治理现代化与中国改革的关系。

官方的命题引发了民间如此积极的回应，应该看到这是国家与社会之间的良性互动，而这正是一个国家前行的最宝贵资源，是一个国家蓬勃向上的标志。如果民间对国家的倡议持冷漠态度，而国家对民间的声音置若罔闻，甚至相互之间传递负能量，这样的国家大概是在衰落之路上。

那么，在中国思想界引发热烈回响，又触动了国外精英心弦的"国家治理现代化"是怎么来的？或者说思想界有着怎么样的研究基础（坊间的说法）？而官方所说的新概念到底意味着什么（官方的说法）？更重要的是，中国政府又是怎么开启了国家治理现代化（怎么做）？怎么看待建设现代化的国家治理体系中的一些难以理解的现象比如以"领导小组体制"而展开的集权式治理？

因此，本报告的逻辑结构是：问题的提出、思想界前期研究基础、官方怎么说、官方怎么做、思想界怎么看。

◇二 国家治理现代化：国家与社会之间彼此传递的正能量

中国人习惯上所讲的"国家治理"，也就是世界上都讲的"治理国家"，这是古今中外都面临的一个共同性大难题，即如何让一个国家还过得去、控制得住或者实现良序，为此古今中外都有丰富的治理国家或治国理政的思想。西方一开始就有正宗的政体论即亚里士多德的《政治学》，而中国春秋战国时期的诸子百家几乎都是关于"致治"的思想。也正是在这个语境下，在讲到中国的国家治理时，美国著名的中国问题专家李侃如写了一本著名的《治理中国》，讲的是中国共产党如何治理国家。但是，由于世界的观念纷争，共同的治国难题或者说共同的研究议程，却演变成不同思想体系下的话语权之争，而话语权是以学术研究的形式出现的。

学术研究往往是政治思想的基础性资源，尤其是在近20年的时间里，成为官方意识形态或政策指南的政治思想首先离不开学术界的前瞻性研究、批评。也就是说，决策层越来越多地从学术研究中汲取思想养分，有的直接转化为治国理政的大政方针，甚至转化为时代性的思想，比如"三个代表"重要思想就是中国政治学最直接的贡献。同样，国家治理现代化不是从天上掉下来的，也是基于大量前期的学术资源。当明确提出"国家治理现代化"的时候，中国已经储备了相当丰厚的学术资源，关于国家治理、政府治理和社会治理的研究在过去几十年里多达三十几万篇（见图4）。

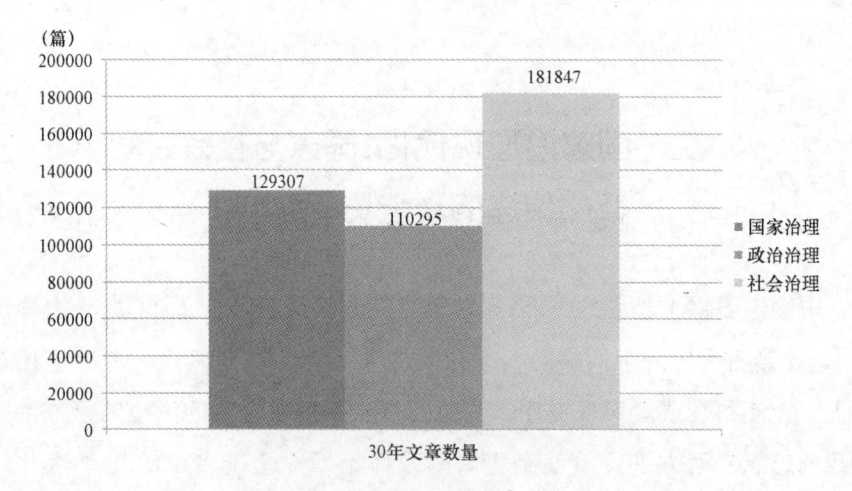

图 4　学术界关于治理研究的状况（1984—2014 年）

在数量庞大的学术资源中，按照思想脉络的路径，大致可以分为以社会为中心的社会治理研究和以国家为中心的国家治理与政府治理研究。

（一）社会中心主义的治理理论

中国虽然有极为丰富的治国之道，但近年来流行起来的"治理"理论则与中国传统的自上而下的治国理政思想具有完全不同的出发点，是以社会为中心的，是自下而上的治理国家理论。

虽如此，首先需要指出的是，社会中心主义脉络下的治理理论却是转型中国所急需的，进而也是对发展和丰富中国传统思想的一个重要贡献。要知道，中国是社会主义社会，即使处于"社会主义初级阶段"，社会权利也是社会主义的应有之义，而中国的社会权利的实现程度还只是处于"初级阶段"，因此当然需要借鉴旨在推进社会权利的理论。全球化并不只是停留在技术和经济层面，还包括多元性思想的对话与共融，这既是一种事实，也是国家治理离不开的原则。

1. 西方的研究

社会中心主义的"治理"是怎么来的？且不说中国的治国理政思想资源，就是在西方，早在 16 世纪就有《英格兰的治理》，其中的治理（governance）被解释为"统治者的统治权"（to rule over by right of the authority），和我们常说的"统治"没有区别。但世界银行的经济学家们认为自己发明了"治理"理论。

1989 年世界银行报告《南撒哈拉非洲：从危机走向可持续增长》中首次出现了"治理危机"一词。报告选取了圭亚那、加纳、利比里亚、尼日利亚、圣多美、津巴布韦等国家进行分析，作为晚近独立的后发国家，这些撒哈拉以南的非洲国家有着相似的特点和目标：国家兼任了经济建设中的计划制订者、规则制定者、实施者和监督者，但是撒哈拉以南的非洲在 20 世纪 80 年代出现十年的经济衰退，从中等收入国家倒退成为低收入国家。报告认为，根本原因在于，政府质量恶化，忽视了扶持民间组织发展。这种自上而下的统治方法难以激发对发展大有裨益的社会能量，公共管理和制度框架建设方面的缺陷也无法为经济发展提供良好的环境支持。报告提出，过去十年非洲的经济社会危机根源在于公共机构的失败，私营企业、市场机制要想良好发展，就离不开有效的公共服务、可靠的司法制度以及对公众负责的行政机关，而这些共同构成了"良好的治理"，即"善治"（good governance）。"在非洲发展问题的冗长陈述之下是治理的危机"，"治理意味着运用政治权力管理国家事务"[①]，若要实现善治，就需要在政府和社会之间实现良好的平衡。

自此之后，"治理"一词便被社会科学界大量使用。1992 年世界银行的年度报告标题就是"治理与发展"，其中进一步发展了这一观点："善治"是健全的经济政策所不可或缺的部分。报告提供了"善治"的四个方面，

---

① *Sub-Saharan Africa: From Crisis to Sustainable Growth: A Long-term Perspective Study*, World Bank, 1989, p. 60.

即公共管理、问责制、有利于发展的法律框架和信息透明度。而政府的作用只限于提供规则和对市场失灵适当的干预。①

除了世界银行的治理标准，联合国开发署（UN-DP）、经合组织（OECD）等也都较早地建构国家治理评估指标，一些大学、研究机构也先后建构了治理评估体系。据世界银行统计，目前经常使用的治理评估指标体系有140种左右。

就这样，"治理热"出现了。治理理论的主要创始人之一詹姆斯·罗西瑙在其代表作《没有政府统治的治理》当中将治理定义为一系列活动里的管理机制，与统治不同，治理的主体未必是政府，也无须依靠强制力量克服挑战而使别人服从。与统治相比，治理是一种内涵更为丰富的现象，既包括政府机制，也包含非政府、非正式的机制。他认为治理反映了"政府并非完全垄断一切合法权利"的一种观念，指的是任何社会系统都应承担而政府却没有管起来的那些职能，因此，治理是有效政府管理的基础，是有效管理的补充。②

除了学者们对治理的界定之外，联合国成立的全球治理委员会对治理的定义颇具有代表性和权威性。该委员会于1995年发表了一份题为《我们的全球伙伴关系》的研究报告，将治理定义为各种公共的或私人的个人和机构管理其共同事务的诸多方式的总和。它是使相互冲突的或不同的利益得以调和并且采取联合行动的持续的过程。③

综合各方的论述，可以归纳出典型的治理具备以下特征。首先，治理的主体未必是政府，治理虽然需要权威，但这一权威既可以是公共机构，

---

① *Governance and Development*, World Bank, 1992, p.6.
② ［美］詹姆斯·罗西瑙：《没有政府统治的治理》，江西人民出版社2001年版，第5页。
③ The Commission on Global Governance, *Our Global Neighborhood*: *The Report of Commission on Global Governance*, Oxford University Press, 1995.

也可以来自私人机构，或来自二者的合作。其次，治理强调国家与社会的合作，私人领域和公共领域之间的界限趋于模糊，国家与社会并非是二元对立的关系，而是相互依存。再次，治理是一个上下互动的权力运作过程，与统治的自上而下方式不同。最后，治理还意味着管理手段的多样化，而不仅仅依靠国家强制力。

在其自身的内涵及特征基础上，"治理"之前被冠以不同的形容词做出界定，广泛应用于各个领域，比如全球治理、公司治理、社区治理、社会治理、市场治理、国家治理、政府治理等。这就是为什么关于治理的论文在中国能多达几十万篇之多。因此，自20世纪90年代以来，世界上最流行的话语便是"民主"和"治理"，国际社会科学中的政治学、公共管理基本上围绕这两个概念而展开的学术研究。

世界政治事实上是新观念引领下的政治，联合国关于治理观念的倡导无疑值得肯定，毕竟这是一个人民主权的时代。但是，也不能忘记，世界文化毕竟是多元的，世界政治也是多样性的。以保护文化多样性为旗帜联合国恰恰违反了其宗旨，在治理指标上搞一刀切，推广"最佳模式"（one best way model），努力实现世界的标准化的国家治理模式，结果同样的治理形式产生天壤之别的效果，有的在天堂，有的在地狱。正如哈佛大学政府管理学院教授 Matt Andrews 的研究结论，"善治"意味着因国家而异的差异化实践，没有统一的标准。[1]

2. 中国的研究

已经融入世界的中国学术界也适时地加入了国际社会科学的行列。在1992年世行报告出版之后的几年中，年青一代的学者便捕捉到了"治理"这一新鲜概念，并结合中国语境和政治体制改革的需求对治理进行界定。1995年，刘军宁先生在系列丛书"共和译丛"中率先为中国读者介绍了治

---

[1] Matt Andrews：《善治意涵：因国制宜的差异化实践》，杨光斌主编《比较政治评论》2014年总第3辑。

理思想的文章。在这篇早期论文中,第一次提出将英文中的 governance 翻译成"治道",并将这一概念与诸如"政治""管理"等相关概念区分开来。他认为"治道"与其他概念的关键性区别是前者只涉及权力的应用,而后者包括了权力的获得、组织、制约、更迭及其相应的程序。与传统概念相比,"治道"一词更为优越,因为它更动态、更具体,也因此免受意识形态争论的困扰。在他看来,这个概念可以成为一个非常合适的技术工具,用来阐明世界银行对国家与市场关系的表述。

接着,毛寿龙教授在《西方政府的治道变革》中系统阐述了以去政府化为特征的新公共管理运动下的"治道"的概念。他认为,govern 既不是指统治,也不是指行政(administration)和管理(management),而是指政府对公共事务进行治理,它掌舵但不划桨,不直接介入公共事务,只介于负责统治的政治和负责具体事务的管理之间,因此可以译为"治理"。他强调,"治道"就是在市场经济条件下如何界定自己的角色,如何运用市场的方法管理公共事务的道理。毛寿龙的研究议题包含了一个更深层次的政治关怀:自 20 世纪 70 年代后期以降,行政改革呈现出一种新公共管理及自由主义原则的全球趋势。以哈耶克为代表的众多活跃的政治和经济学家在自由主义的复兴中扮演了重要的角色。尽管这些学者的论证各有不同,却有一个共同的基本观点,那就是自由的权利是个人和社会发展的最终动力,市场作为一种制度性的安排能够比政府更有效地保护自由的权利。基于上述信念,人类社会的发展不仅要求缩小政府的规模,而且需要根据市场机制来重塑政府及其公共政策。毛寿龙称赞这种思想的政治意义,并认为全球新公共管理运动的兴起正是对他们理论观点可行性的最佳说明。[1]

20 世纪 90 年代,中国社会科学界已经基本上熟悉并接受了治理的概

---

[1] 毛寿龙:《西方政府的治道变革》,中国人民大学出版社 1998 年版。

念，相关论文已经是批量生产出来。俞可平教授在梳理了多位西方学者对治理的界定之后，改良了治理概念，认为"善治"定义为：使公共利益最大化的社会管理过程。善治的本质特征就在于它是政府与公民对公共生活的合作管理，是政治国家与公民社会的一种新颖关系，是两者的最佳状态。综合各家观点，他提出善治的六个基本要素，即①合法性，指社会秩序和权威被自觉认可和服从的性质和状态；②透明性，指信息的公开性；③责任性，指的是人们应当对自己的行为负责；④法治，即法律作为公共政治管理的最高准则；⑤回应，基本意义是公共管理人员和管理机构必须对公民的要求做出及时的和负责的反应；⑥有效，即管理的效率。①

中国学术界不仅从事着与国际学术界同步的治理研究，也尝试制定治理标准。在联合国开发计划署和商务部中国国际经济技术交流中心的支持下，中央编译局比较政治与经济研究中心于2008年研制发布了"中国治理评估框架"，包括12个方面的基本内容和指标，即公民参与；人权与公民权；党内民主；法治；合法性；社会公正；社会稳定；政务公开；行政效益；政府责任；公共服务；廉洁。② 2012年，中央编译局与清华大学合作，在北京联合发布"中国社会治理评价指标体系"，包括1个一级指标即中国社会治理指数，6个二级指标即人类发展、社会公平、公共服务、社会保障、公共安全和社会参与，以及35项三级指标，其中，三级指标包括29个客观指标和6个主观指标。③

怎么评价中国的以社会中心主义为取向的治理研究？我们认为，中国

---

① 俞可平：《治理与善治引论》，《治理与善治》，社会科学文献出版社2000年版，第9—11页。
② 《"中国治理评估框架"12个标准发布推进中国善治》，人民网，2008年12月15日。
③ 《中国发布社会治理评价指标体系》，人民网，2012年6月29日。

学术界数以万计的学术论文及其成果,对于衡量国家治理能力现代化,无疑具有重要的学术参考价值。我们应该看到,即使是极力倡导公民权利的中国学者,事实上也有天然的国家主义情愫,即他们内心深处不可能像西方社会中心主义者一样主张去国家化的社会中心主义,他们只是主张应有的社会权利——虽然其研究中并没有把国家或政府的作用放在更显著的位置。因此,除了极端个个案,虽然中国的治理理论来自西方的社会中心主义脉络,中国语境下的公共治理研究者和新自由主义者的"三化运动"[即经济市场化(私有化)、政治民主化和治理社会化]则有着根本性质的区别。新自由主义"三化"的所有指向都是废掉政府的武功,结果不但西方国家自己陷于金融危机而难以自拔,更把国家力量本来就很弱的发展中国家推向深渊。要知道,发展中国家基本上经历了长期的殖民统治,这个过程中培育的是社会力量,而阉割的是能与殖民统治者较量的统一性的国家力量。也就是说,大多数发展中国家的国家本来就能力不足,或者说想作为也不可能,再对它们搞"三化",必然是雪上加霜。对此,西方社会科学已经有了大量的有影响力的研究成果。

但是,无论如何,既然是衡量国家的治理,必然需要国家与社会关系的平衡,综合地体现国家与社会关系中的平衡性因素。而以世界银行为代表的治理评价标准是以社会为中心而无视国家,对中国的适用性自然有问题。纠偏的、带有国家中心主义的国家治理理论和国家治理指标必然适时诞生。

(二)国家中心主义的治理理论

1. 西方的研究脉络

这个脉络下的治理国家理论就是中国人常说的自上而下的、带有传统思维方式即治国理政的"国家治理"。在思想脉络上,国家治理理论是对社会中心主义批判的产物，开先河者就是我们熟悉的战后最有影响力的社会科学家亨廷顿教授。"二战"之后，社会科学的主导范式是行为主义，其实也就是以社会为中心的研究，把社会、个人纳入传统社会科学，尤其是政治学的研究范畴。在这一方法论的指导下，伴随着现代化研究的乐观主义方程式即以社会为中心的经济发展就会带来政治民主、政治稳定。但经济发展的结果却是多重性的，既有政治稳定，而更多的发展中国家则陷于政治动荡。看到这种普遍性现象，年仅40岁的哈佛大学亨廷顿教授逆流而上，写下了动摇当时主流范式的《变革社会中的政治秩序》，书中的著名思想是：国家之间的差异重要的不是"统治形式"（forms of government，也译为"治理的形式"），而是统治程度（degree of government，也译为"治理的程度"），为此他给发展中国家开出的药方是"权威—秩序—发展"。亨廷顿因此被称为新保守主义者，也是"二战"后"新国家主义者"的代表人物。该书在20世纪80年代翻译到中国之后，立刻在政界和学术界产生深刻影响，因此才有名噪一时的"新权威主义"大讨论。

沿着亨廷顿的思路，借鉴马克斯·韦伯的国家理论和当时刚刚兴起的新马克思主义理论资源，在20世界70年代，在西方社会科学中形成了影响巨大的"回归国家学派"（the school of returning to the State），呼唤在以社会为一切的研究中"把国家带回来"（bring the State back in），形成了"相对的国家自主性"概念，即国家有能力超越各部门和利益团体而独立地代表全社会的意志。

回归国家学派将理论拓展到比较公共政策研究，形成了"国家能力"概念，即国家将自己的意志转化为现实的能力。一个重要的发现是，有自主性的国家不一定有国家能力，因为国家能力的实现受到官僚执行能力即公务员队伍建设、党派利益、地方利益和利益集团的羁绊。比如，印度中央政府历来是有自主性的，但历来也是能力不足的，因为印度政治高度碎片化；中国中央政府无疑是最有自主性的，但过去十年里为什么很多改革流产，关乎民营企业的新旧36条为什么推不动？就是因为部门利益的阻碍导致了国家能力的不足。

比较公共政策的发现是，以国家能力来衡量，从强到弱，依次为发展型国家的东亚、南美和依然具有封建世袭制特征的非洲乃至南亚诸国。也就是说，国家能力决定了一个后发国家能否跻身于发达国家的行列。面对比较公共政策海量的令人信服的研究成果，国际经济学界也开始尝试将国家能力纳入比较经济学。事实上，以国家能力为重点而做的比较政治经济学研究，早有丰富的产出。[①]

2. 中国的研究

以"国家能力"为核心的国家治理理论，在中国流行起来也有了20年的时光并对中国的公共政策产生过直接影响。这里不能不提王绍光和胡鞍钢1992年出版的《中国国家能力研究报告》，其中把国家能力界定为财政汲取能力、宏观调控能力、合法化能力和强制能力的组合性力量，认为分权是有底线的，不能伤及国家基本能力，尤其是国家财政汲取能力。要知道，当时财政包干制度导致了国家财政收入占GDP总量的比例和中央财政收入占全国财政收入的比例的大幅度下滑：在这种窘况之下，中央政府巧妇难为无米之炊。国家能力研究为中央决策提供了及时的理论支撑，于是便有了1993年开始试点、1994年全面推开的分税制改革。分税制实行的当年，中央财政收入占全国财政收入的比例一下子从过去的18%跃升到55%。一般认为，国家能力研究与当年的分税制改革具有直接的相关性。

在过去20年的时间里，和"社会治理"概念一样，在"国家治理现代化"这个概念提出来之前，"国家治理"已经是一个频率很高的词汇（见图4），很多政治学者都把国家治理作为其研究议程。如华中师范大学政治学徐勇教授在中国开拓了基层民主政治研究之后，转而回到自上而下的

[①] 参见北京大学朱天飚教授组织的在吉林出版集团最近出版的一系列比较政治经济学方面的译著。

路径研究现代国家建构，认为不研究上层的国家治理而只研究基层民主，基层民主难以进一步深入下去。徐勇教授的研究路径的转型意味深长。

原因很简单，全球化背景下的大多数国家，在社会经济发展进程中都面临着提升国家治理能力的巨大挑战，重新认识国家和国家治理自然成为社会科学，尤其是政治学研究关注的重要议题。一方面，全球化的负面效应导致了全球性问题的日益蔓延，并威胁到了人类的生存和发展；另一方面，各国在应对本国社会经济发展变化中深感国家治理能力的不足，推动国家基本制度的改革和完善步履艰难。在面临着共同的时代变迁的巨大挑战下，各国的国家治理能力也存在着巨大的差异。因此，中国政治学的成就并没有止于国家能力和国家治理，还明确系统地提出了"国家治理能力"概念，其中最有代表性的无疑是北京大学政府管理学院徐湘林的国家治理能力研究。

徐湘林教授认为，目前中国无疑存在危机，但这种危机是转型危机，而转型国家危机的本质性原因是经济社会结构性变化产生了经济社会政治关系的不确定性，而国家治理体制的功能性滞后削减了国家体制应对不确定性的能力。转型危机带来的能力不足即导致的治理危机是世界性的常态。在徐湘林教授那里，国家治理能力由六大体系性要素（见图5）构成：①在核心价值体系方面，创建和维系大众支持的意识形态和价值观体系；②在决策权威方面，提升和维护制定公共政策的政治能力；③在行政执行方面，保障政府依法行使行政职责的行政能力；④在国家社会互动方面，构建民主责任制，提升处理国家与社会关系冲突的政治协商能力；⑤在经济发展方面，提高经济政策的绩效和推动可持续经济发展的政策效能；⑥在社会保障体系方面，制定与经济发展水平相适应的公共服务和社会福利政策并保障体系的绩效，实施满足社会经济发展需要的社会政策及其效果的政策能力。

国家治理能力的强弱并不是在六个方面能力强度的相加。现代社会的国家治理应该是一个结构性体系，国家在上述六个方面的能力相生相克，既相互支持又彼此制约。例如，核心价值体系的变化和冲突会增加社会的政治参与和对抗，从而可能削弱国家的自主性和决策权威，增加公共决策的难度。因此，六项国家治理能力是一种互动而均衡的关系，用八卦图表示：

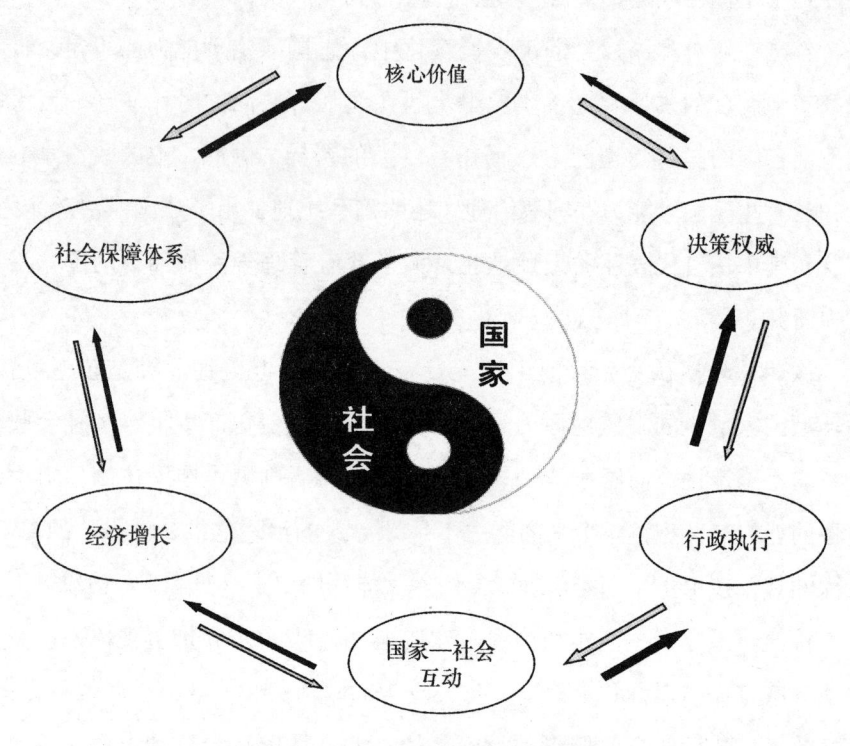

图5　国家治理的六大体系性要素

如果说转型危机带来的国家治理危机是一种常态，那么治理危机的程度则直接取决于国家治理能力。"国家治理危机与国家治理能力为负相关关系。国家治理能力越低国家治理危机就越严重，相反，国家治理能力越强国家治理危机程度就越低。"

徐湘林教授还区分了国家能力和国家治理能力两个重要概念。国家治理能力体现在对国家治理结构中六个方面的绩效表现，而国家能力则是指国家将自身意志转化为现实的实际作为，或者国家机构的行为影响公民的程度。国家治理能力概念在理论分析上所涉及的问题是国家治理结构性协调的能力（包含有愿望和技巧），其六个方面的绩效高低对国家治理能力的提升或削弱是一种复杂的互动关系，而国家能力概念在理论分析上所涉及的问题，是现代化和经济发展进程中国家对社会的统治和主导能力，强国家则意味着弱社会，而强社会则意味着弱国家。国家治理能力关注的是国家治理的结构性稳定和平衡，以及政治体系的延续和调整。而国家能力关注的则是国家在面对社会压力时如何将国家的意志或偏好转换为公共政策。[1]

至此，我们可以说，"国家治理体系与治理能力现代化"的提出，不但有政治学的以社会中心主义的治理理论基础，更有国家中心主义的以治理能力为视角的理论基础。而且，国家治理能力的视角，具有更大的包容性，其中包容了社会中心主义的很多诉求。

（三）国家治理现代化：走向平衡主义的国家治理理论

近代以来社会科学是以牛顿力学为基础的，思维模式简单化、绝对化、无时间因素，"简约论"是其总体特征。而在以批判牛顿力学为起点的系统论，尤其是新一代系统理论即复杂性理论看来，思维方式应该包括概念的多元化、质的多样性、视角的多样性、层次的多样性、时间的作用、信息的作用等方面。这样，在复杂性理论那里，过去的社会科学都是在盲人摸象，以为自己摸到的一块就是整个大象。在复杂性理论那里，看问题的角度变了，层次变了，再加上"时间性"（即事物发生的先后顺序）视野，得

---

[1] 徐湘林：《转型中国的结构性稳定与体制变革：以国家治理能力为视角》，2012年中国人民大学比较国家建设与民主学术研讨会。

出的结论就和简约论完全不一样。

不是吗,社会中心主义的治理理论看到的是个人权利和社会权利的重要性,而国家中心主义者承认这些权利固然重要,但实现这些权利离不开国家能力和国家治理能力。如前所述,阿玛蒂亚·森就认为作为人的能力的自由的实现离不开有治理能力的国家,靠社会自己是形成不了基本的平等的人的自由的能力的,他的祖国印度就是典型。我们认为,作为新一代自由主义经济学即福利经济学的代表,森事实上把社会中心主义和国家中心主义统一起来了。必须把二者统一起来,何况中国是"家—国—天下"体制和文化,和西方的二元对立化的国家—社会关系完全不同,因此应该一体化地看社会和国家的关系。

更不能把一些片面化的知识层面的东西当作宗教信仰。在简约论的社会科学中,每个人的知识都是碎片化的,而且这些知识甚至是没有整全性的经验为基础的。中国已经在革命的浪潮中度过了100年,在过去100年里,由于中国社会科学的滞后性,人们总是把好的概念等同于好的政治结局,事实上并不总是如此,为此人们不得不在极度的纠结中调整自己。今天,当我们想到好的公民社会的时候,比如托克维尔笔下的美国乡镇自治和社会自治,还有更多的哈佛大学普特南教授所说的"弱公民社会"即意大利南部的公民社会和整个印度的碎片化公民社会,而"弱公民社会"与好的民主治理南辕北辙。在中国,社会自治还处于初级阶段,需要大力发展和扶植,它本身就是一种"原生态民主"形式。但是,作为思想者,我们必须有历史的眼光,在很大程度上一个国家的历史决定一个国家的未来,也就是说未来的社会自治状况摆脱不了自己历史的文化积淀。在这个意义上,似乎又离不开国家这个最大的力量去平衡。

同样,因为一盘散沙而来的超级强大的国家组织在窒息了社会活力的时候,国家就应该做减法,有组织、有计划地放权以培育社会权利,在这个政治过程中就必须汲取社会中心主义的有益智识性资源。

我们的结论是，如果说社会中心主义的治理理论贡献的是"权利"以及由此而来的创新性制度，即围绕社会权利而形成的一种维度上的制度体系（相应地，还有其他维度的制度体系），那么国家中心主义的治理理论贡献的则是国家能力和国家治理能力，而后者正是制度体系形成和实施的前提和基础。在这个意义上，两大脉络的治理理论都功不可灭。而能够很好地、有效地融合二者之长的一个途径，便是政治家的理论创意和政策主张，因为治大国的政治家必须奉行的一个原则便是"混合至上"，当然这种"混合"并非没有政治价值导向。

如果说中国先贤追求的是治道上的中庸，而西方先贤则致力于政道即政体上的中庸，亚里士多德的基于中产阶级的混合政体思想最有代表性。我们认为，和治国理政的政治家一样，具有大关怀的学者必须怀有"混合"原则。国家治理现代化思想既汲取了社会中心主义的学术资源，更有国家中心主义的思想脉络，是一种典型的中庸式混合。

十八届三中全会关于全面深化改革的决定，提出了一个让人眼前一亮的说法和概念："完善和发展中国特色社会主义制度，推进国家治理体系和治理能力的现代化"。正如习近平2014年2月17日在中共中央党校的讲话中指出，"我们讲过很多现代化，包括农业现代化、工业现代化、科技现代化、国防现代化等，国家治理体系和治理能力现代化是第一次讲"。

一石激起千层浪，"国家治理现代化"立刻成为最热门的词汇。到底如何理解"国家治理现代化"，政治分析离不开官方的政治文本。习近平2014年2月17日在中共中央党校专门就"国家治理体系和治理能力现代化"做了讲话（本文以下称"党校2-17讲话"），为"国家治理现代化"定格定调。此后的一系列讲话，都和"党校2-17讲话"具有思想上的关联性。因此，我们是以进入中国政治"现场"的方式而非纯粹的观念想象或情绪表达，而理解官方的"国家治理现代化"思想的基本脉络。

在我们看来，官方所阐述的新概念应该包括以下几个方面：第一，治理体系和治理能力的统一性，其中实现机制是民主集中制。在"党校2–17讲话"中，习近平这样说，"治理国家，制度是起根本性、全局性和长远性作用的。然而，没有有效的治理能力，再好的制度也难以发挥作用"。"国家治理体系和治理能力现代化"是放在一起说的，一个制度的好坏，老百姓是否最终接受，说到底是这个制度的"制度执行能力"即我们常说的制度绩效所决定的，坊间流行的"好制度"如果不能有效治理，最终老百姓还是要用脚说话。

具体而言，这次改革要解决的国家治理体系的核心制度是什么？我们认为就是要解决一个平衡的政治与市场关系问题，实现"让市场在资源配置中起决定性作用"。这无疑是政治经济关系上的新制度目标，而过去都是让市场起基础性作用。要提升市场的地位，在现有环境下，政府无疑要做"减法"，事实上也就是要降低政府的作用，让政府发挥其该发挥的作用。

但是，如何让政府简政放权？大量的地方实践已经说明，让政府部门自己放权几乎是不可能的事，必须有一种更大的力量，这个力量就是习近平多次讲的共产党的民主集中制，他说"党的领导是社会主义制度的本质特征"，而党的组织原则和决策过程原则都是民主集中制。因此，在庆祝人大制度成立60周年的讲话中，最突出的一点是强调民主集中制对于国家治理的重要性。这无疑是值得注意的新重点。

也就是说，在中国共产党那里，把国家治理体系和国家治理能力连接起来的中介机制就是民主集中制。这是我们认识国家治理现代化的"文眼"，离开了民主集中制而按照自己的愿望去理解，都只不过是臆想或一厢情愿。民主集中制既是一种制度那排，也是治理能力的手段和本身。

第二，政治属性。习近平在"党校2–17讲话"和庆祝人大制度成立60周年的讲话中都反复重申，"党的十八届三中全会提出的全面深化改革总目标，是两句话组成的一个整体，即完善和发展中国特色社会主义制度、推进国家治理体系和治理能力现代化。前一句规定了根本方向，我们的方向就是中国特色社会主义道路，而不是其他什么道路。后一句规定了在根本方向指引下完善和发展中国特色社会主义制度的鲜明指向。两句话都讲，才是完整的"。

也就是说，"国家治理现代化"其实就是发展和完善中国特色社会主义制度。这是前提性的应有之义，"国家治理体系和治理能力的现代化"是为了完善中国特色社会主义制度，因而抽象的概念是有政治价值属性的，那就是社会主义。

第三，价值观。任何一种政治制度都不能没有相应的价值体系支撑，既然是社会主义的，作为一种制度建设，必然离不开价值观建设，因此国家治理体系当然包括社会主义核心价值观。在"党校2-17讲话"中，还明确把国家治理现代化与建设社会主义核心价值观直接联系起来，国家治理体系现代化包括价值体系。也就是说，国家治理现代化不但有社会主义的制度属性，还有社会主义的价值属性，其中首要价值原则是正义，习近平基本上都是在正义的维度上讲实社会主义核心价值观。这又是一个值得关注的观念。

第四，历史条件。2013年在曲阜孔子研究所的谈话中，习近平引用了毛泽东在中共六届六中全会上所做的《论新阶段》政治报告中的一句话："今天的中国是历史的中国的一个发展，我们马克思主义者，不应当割断历史。从孔夫子到孙中山，我们应当总结，继承一份珍贵遗产。"在访问欧洲的讲话中，指出要认识中国，不但要看看现实的中国，还要看5000年的中国、近代以来170年的中国，新中国成立以来60年的中国，以及改革开放以来的30年的中国；不仅把改革前后两个30年统一起来，还把当下中国视为5000年历史、170年历史的一个连续体。昨天是今天的历史，今天是明天的历史。

以儒家思想为核心的历史资源是中共新时期执政的重要思想资源乃至

合法性资源，因此习近平反复强调历史条件的重要性和一个国家政治制度的历史渊源，因为任何政体，哪怕是人们心目中所谓的"好制度""好政体"，脱离一个国家的历史条件即国情和民情即政治文化，所谓的"好制度"都会变成病害百姓的坏制度，因此，真正的好制度是基于自己历史条件基础上的"长期发展、渐进改革、内生性演化的结果"。

第五，适应性与包容性。适应性和包容性是中华民族的一个根本特征或者历史写照，所以作为坚持和完善中国特色社会主义制度的国家治理体系与治理能力的现代化的改革，必须在坚持制度自信的同时而不能故步自封，自信地进行自我变革，否则，"制度自信也不可能彻底、不可能久远"。

上述五大方面是总书记在中共中央党校开班式上的讲话所传递出的信息，而如何建设或者说将"国家治理体系"建设成什么模式，则具体体现在俗称的"改革60条"即中央关于全面深化改革的决定之中。

那么，作为一种思想体系的国家治理现代化如何落地？即从哪里出发开始建设国家治理现代化？在我们看来，如果说国家治理现代化还是极具中国文化特色的，是外国人可能并不是那么容易理解的话语和思想性表述，那么，中国共产党在过去两年内所做的则是外国人一听就明白的故事：建设一个"有效能的有限政府"。

◇四 重组治理体系，提升治理能力

"治理体系"也就是制度体系，制度体系包括政治制度、经济制度和社会制度，在中国语境下，其核心还是我们常说的党和国家领导体制。因此，国家治理体系现代化建设的关键性起点还是在党，在于如何治党。党之下是政府即政府体制的治理，而社会体制则是党和国家领导体制改革之后的一种自然的衍生品,很难想象在既定体制不变的情况下会有一个我们期许中的新的社会治理体制。因此,国家治理体系现代化的起点在党和国家领导制度。

要治党治国,首先弄清楚过去的遗产或遗留下来的问题有哪些。政治具有历史性。就观察中期政治而言,前任遗产至关重要,积极遗产要发扬光大,消极因素要加以克服,因而"钟摆"是任期制政治的常态。例如,胡锦涛的社会主义新农村和科学发展观的提法与政策,都是因为过去积累下来的"三农"问题以及长期以来以经济建设为中心而导致的负面效应。同样,当下的治国理政也离不开过去10年的政治议程和政治状况。过去10年的积极遗产是多方面的,中共宣传部门给予了很多也很好的总结,在此不必赘言。但是,留下的问题也是不少的,比如腐败猖獗、法治不彰、利益集团绑架国家,以及由这些因素而形成的社会更加不公正下的民怨和社会暴戾之气。而这一切都因吏治不力而带来了党风民风不古,因此改革的起点是正风肃纪。

(一) 肃纪正风:正官心以正民心

新人当有新风尚,但是如何开风气之先?以习近平为总书记的新一届领导集体上任伊始,就密集出台了关乎民心党心的"八项规定"和"反四风"。关于作风建设,党内已经有无数次的规定,但是作风问题越来越让百姓诟病,官僚主义、形式主义,尤其是奢靡之风和享乐主义却越演越烈。在"四风"盛行之时,中国这个并不富裕的国家绝对是世界上浪费最甚的国家,而且似乎已经是久病难医。为此,无论是官员,还是老百姓和海外中国观察家,像往常一样认为是走过场、一阵风。但是,不到一年的时间,很多官员因为违反八项规定和四风问题而丢掉乌纱帽,很多高档餐馆和私人会所关门大吉。两年来,全国已经有近7万人因违反"八项规定"和"反四风"而受到处分,但是依然有人旧习难改。

"新规"立起来了,"新风"树起来了,事情起了变化。"八项规定"和"反四风"的意义在于:第一,抓作风的效果可以立竿见影,迅速树立新人新政的风格和权威。相对于其他方面的举措,比如经济改革或法治建设的效果更有滞后性,作风建设的效果则更直接。执政者深谙治国理政之道。第二,作风本身是一种制度,作风建设是制度建设,是一种旨在约束官员的制度。制度有两种形式,一种是法律性的硬约束机制即正式制度,一种是道德、文化性质的软约束机制即非正式制度。而"八项规定"所约束的官员的行为无疑既是一种道德规范意义上的,也是法律规定性质的硬制度。

　　"八项规定"拉开了把权力关进制度的笼子里的序幕。如果说只能赢不能输的"八项规定"这场战役是管束官员当下行为的,紧跟而来的铁腕反腐则是对官员过去违法行为的深究。相对于"四风",官员大规模腐败而导致的社会不公正,对于制度存续和社会规范具有更大的杀伤力。因此,和"反四风"一样,反腐败将能"正官心"。中国自古就是"以吏为师",官心正了,民心随之而正。因此,反腐败起到道德建设、纯洁文化和净化空气的作用。

　　不仅如此,反腐败将为进一步全面深化改革扫清政治障碍,不铁腕反腐就谈不上改革。改革改的是什么?当然是既得特殊利益集团的利益,其中的官商同盟已经成为改革的最大绊脚石。早在20世纪90年代初,坊间就开始传闻当一个乡长花多少钱,当一个县里的局长花多少钱,一个县委书记光一年的过节费就收多少多少。在本轮的反腐斗争中,盖子终于揭开了,那就是发生在山西的扭曲的政治生态即非法官商同盟。不只是山西,周永康案牵扯出来的四川系、中石油系、政法系、发改委系,以及徐才厚案暴露出来的军队内部的腐败,都是不良政治生态的结果。十八大以来,已经有50多名省部级以上官员落马,其中包括前政治局常委,以及军队高层,反腐形成了"新常态",不再是"刑不上常委"了。据统计,此前5年中查处省部级官员32人,平均两个月左右落马一人。而十八大之后,这个速率明显提升。在23个月里,已有50多人落马,每两个月,落马5人。在山西省，省委常委有近一半被查。见图6。

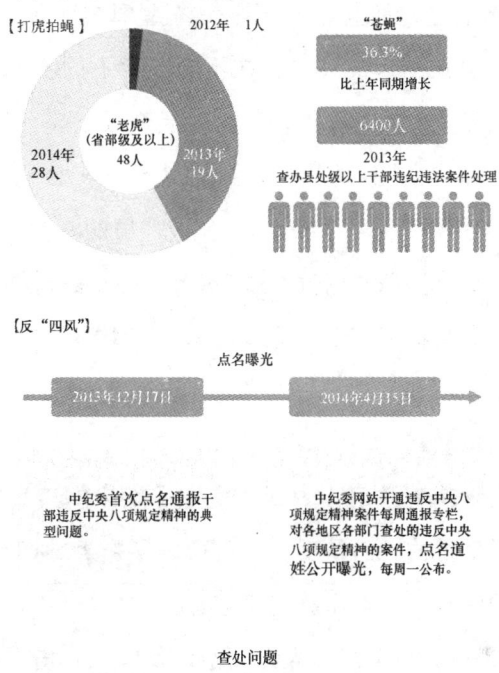

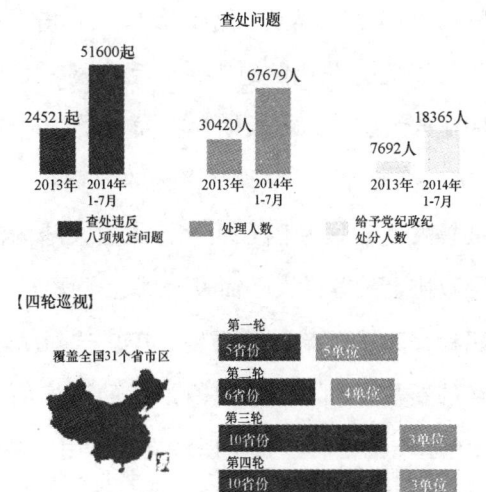

十八大以来反腐成绩单

【打虎拍蝇】
2012年 1人
2013年 19人
2014年 48人（省部级及以上"老虎"）
2014年 28人

"苍蝇"
36.3% 比上年同期增长
6400人
2013年查办县处级以上干部违纪违法案件处理

【反"四风"】
点名曝光
2013年12月17日 中纪委首次点名通报干部违反中央八项规定精神的典型问题。
2014年4月15日 中纪委网站开通违反中央八项规定精神案件每周通报专栏，对各地区各部门查处的违反中央八项规定精神的案件，点名道姓公开曝光，每周一公布。

查处问题
查处违反八项规定问题：2013年 24521起；2014年1-7月 51600起
处理人数：2013年 30420人；2014年1-7月 67679人
给予党纪政纪处分人数：2013年 7692人；2014年1-7月 18365人

【四轮巡视】
覆盖全国31个省市区
第一轮 5省份 5单位
第二轮 6省份 4单位
第三轮 10省份 3单位
第四轮 10省份 3单位

新京报制图/师春雷

图6　十八大以来反腐成绩单

在这种"新常态"下，制度的笼子会越扎越紧，权力的法外空间将越来越小。

一切行为都有法度，何愁官心不正？考虑到东亚社会的反腐败成就，我们对此抱有信心。在不远的过去，在不同制度下的不同地区和国家，都是腐败猖獗，但是在短短的时间内都使得官员变成了模范公民。在20世纪80年代的日本，官商勾结而导致的腐败无处不在，公司公然送官员"干股"，吃吃喝喝更是平常之事。但是，90年代严厉的吏治改革法的施行彻底改变了日本的政治经济生态，用时不过10年！日本是这样，政治制度上不同于日本的中国香港和新加坡也是这样，都是在10年之内成为世界上最清廉的政治体。

中国历来是国家和社会不分家的文明体和命运共同体，官心影响着民心，而社会也直接影响着政府，中国历史上那么多的造反起家的绿林好汉并不都是反贪官反皇帝的，而是反自己身边的土豪劣绅即社会力量。因此，在快速转型时期的中国，不但需要"正官心"，也需要"正民心"。

在全球60亿人中，能有几个人专门干以伤害人、击毁社会道德为职业的？"秦火火们"就是以此为职业的组织，而互联网就是他们的组织化平台。这种以败德为职业的组织居然能长期存在而不受法律制裁，"秦火火"居然可以造谣3000次，可见中国的法律是多么的"宽容"，多么形同儿戏。与中国香港、新加坡等发达地区和国家相比，中国大陆的法律几乎形同虚设，对此成龙在全国政协上拍案说大陆简直是"无法无天"。想想香港的法律，多带出去一盒奶粉，除了罚款，还要坐大牢。这对大陆人而言简直是闻所未闻，但是现在的新加坡和日本都是靠严苛的法律而塑造出来的文明生态。因此，"依法治国"的法不能只是痒痒挠的作用，必须变成所有人生活中不敢触碰的红线。因为法律的"仁慈"，过去很多中国人不但敢酒驾，还敢醉驾！

严厉的法律正在起作用。但是，和正官心一样，"正民心"的任务还任重道远，要知道在过去若干年里，不知道出现了多少以新闻敲诈为生的"21世纪网们"，财经类新闻媒体几乎全都涉足绑架企业，尤其是民营企业的勾当。要知道，基于市场机制的媒体可是一种社会力量，而这种社会力量的作为则是抑制另一种社会力量即新兴的民营企业。所以，西方的很多理论不但不能解释中国历史，更不能解释中国的现实，表达社会良心的新闻工作者怎么收起了"保护费"？这和黑社会有什么区别？

如果说让官"不敢贪"的正心之治至少要持续5年，那么"正民心"也不会是一种短期工程。

（二）固本革新：重组国家治理体系的政治学

在中国共产党的国家治理现代化思想中，改革是为了固本，是为了发展、完善而不是改变中国特色社会主义制度，而中国社会主义制度的最本质特征是中国共产党的领导。习近平直言："不能笼统地说中国改革在某个方面滞后。早某些方面、某个时期，快一点、慢一点是有的，但总体上不存在中国改革哪些方面改了，哪些方面没有改。问题的实质是改什么、不改什么，有些不能改的，再过多长时间也不能改……我们的方向就是不断推动社会主义制度自我完善和发展，而不是对社会主义制度改弦更张。"因此，改革与固本的关系说到底是如何完善党和国家领导体制问题。在过去一年里，在制度建设上，既有设立改革机构的新举措，还有固本的大动作。

1. 固本革新的新机构

固本之作是因为深感威胁。21世纪以来，执政者大概最能感受到的直接威胁不是军事安全上的，而是政治安全上的。威胁中国共产党政治安全的力量主要来自两个方面，一是以暴恐为形式的分裂势力的恐怖主义，二是互联网所导致的观念革命。为此，中共先后建立了中央国家安全委员会、中央网络安全和信息化领导小组。

（1）中央国家安全委员会。中国共产党十八届三中全会公报宣布，设立国家安全委员会，完善国家安全体制和国家安全战略等方面，确保国家安全。中央国家安全委员会作为中共中央关于国家安全工作的决策和议事协调机构，向中央政治局、中央政治局常务委员会负责，统筹协调涉及国家安全的重大事项和重要工作。组成人员包括：主席习近平，副主席李克强和德江，其他人员包括委员和委员若干名。组成机构来自国家安全领导小组、中央军委、公安部、国防部、国家安全部。2014 年 4 月 15 日第一次会议的要内容：准确把握国家安全形势变化新特点、新趋势，坚持总体国家安全观，走出一条中国特色国家安全道路。

在中央国家安全委员会亮相之前，很多人认为其功能相当于美国的总统国家安全事务委员会，主要负责国家对外安全政策。但是，中国的国家安全委员会组成机构不包括外交部、新华社等涉外部门，而是以军队、公安部和国家安全部为基本班底，这就意味着其目前的功能主要集中于国内政治安全，如应对国家分裂主义、暴力恐怖主义、社会稳定等。

（2）中央网络安全和信息化领导小组。这是中共以高规格、大力度、远立意来统筹指导中国网络强国的发展战略，着眼国家安全和长远发展，统筹协调涉及经济、政治、文化、社会及军事等各个领域的网络安全和信息化重大问题，研究制定网络安全和信息化发展战略、宏观规划和重大政策，推动国家网络安全和信息化法治建设，不断增强安全保障能力。组成人员：组长为习近平，副组长为李克强和刘云山，其他 9 人除央行行长周小川外，均为政治局委员或国务委员：马凯（政治局委员、国务院副总理）、王沪宁（政治局委员、中央政策研究室主任）、刘奇葆（政治局委员，中宣部部长）、范长龙（政治局委员，中央军委副主席）、孟建柱（政治局委员、中央政法委书记）、栗战书（政治局委员、中央办公厅主任）、郭声琨（国务委员、公安部部长）、周小川（全国政协副主席、央行行长）、杨晶（政治局委员、中央书记处书记、国务委员兼秘书长）。

其规格之高，不亚于中央国家安全委员会，也不低于中央全面深化改革领导小组，只不过规模小于深改组。中国共产党对网络政治安全之重视，由此可见一斑。

（3）中央全面深化改革领导小组。中国共产党第十八届中央委员会第三次全体会议公报指出，中央成立全面深化改革领导小组，负责改革总体设计、统筹协调、整体推进、督促落实。各级党委要切实履行对改革的领导责任。组成人员除组长习近平，副组长李克强、刘云山、张高丽外，其他成员可以划分为4个层次：第一层次成员是10位政治局委员，第二层次成员是9位副国级人员，第三层次成员是各关键部门一把手10人，第四层次成员是关键部门的正、副职即操刀手10人。[①]

上述4个层次的成员分别归属6个专项工作小组：经济体制和生态文明体制改革专项小组、民主法制领域改革专项小组、文化体制改革专项小组、社会体制改革专项小组、党的建设制度改革专项小组、纪律检查体制改革专项小组。

深改组的工作规则有《中央全面深化改革领导小组工作规则》《中央全

[①] 第一层次成员是10位政治局委员：马凯、王沪宁、刘延东、刘奇葆、许其亮、李建国、汪洋、孟建柱、赵乐际、栗战书；第二层次成员是9位副国级人员：杜青林（中央书记处书记、全国政协排名第一的副主席）、赵洪祝（中央书记处书记、中纪委排名第一的副书记）、王晨（全国人大常委会副委员长兼秘书长）、郭声琨（国务委员、公安部部长）、周强（最高人民法院院长）、曹建明（最高人民检察院检察长）、张庆黎（全国政协副主席兼秘书长）、王正伟（全国政协副主席、国家民委主任）、周小川（全国政协副主席、人民银行行长）。第三层次成员是各关键部门一把手10人：徐绍史（发改委主任）、袁贵仁（教育部部长）、王志刚（科技部党组书记）、苗圩（工信部部长）、楼继伟（财政部部长）、尹蔚民（人社部部长）、韩长赋（农业部部长）、周生贤（环保部部长）、高虎城（商务部部长）、李斌（卫计委主任）；第四层次成员是关键部门的正、副职即操刀手10人：黄树贤（中纪委副书记、监察部部长）、李玉赋（中纪委副书记）、张军（中纪委副书记）、陈文清（中纪委副书记）、雒树刚（中宣部常务副部长）、刘鹤（中央财办主任、发改委副主任）、陈锡文（中央财办副主任、中央农村办主任）、张毅（国资委主任）、穆虹（发改委副主任）、潘盛洲（中央政策研究室副主任）等。

面深化改革领导小组专项小组工作规则》《中央全面深化改革领导小组办公室工作细则》。

深改组成立以来已经举行 5 次会议,[①] 其中社会最为关注的议程包括司法体制改革、财税体制改革、户籍改革、国企高管收入改革、招生制度改革、公平化教育资源改革、农民土地流转改革等。

从深改组的规格、规模、工作规则以及 5 次会议情况,可以看出改革号

---

① 第一次会议(2014 年 1 月 22 日)审议通过了《中央全面深化改革领导小组工作规则》《中央全面深化改革领导小组专项小组工作规则》《中央全面深化改革领导小组办公室工作细则》;审议通过了中央全面深化改革领导小组下设 6 个专项小组名单;审议通过了《中央有关部门贯彻落实党的十八届三中全会〈决定〉重要举措分工方案》;听取了各地区各部门贯彻落实党的十八届三中全会精神进展情况,研究了领导小组近期工作。

第二次会议(2014 年 2 月 28 日)审议通过了《中央全面深化改革领导小组 2014 年工作要点》,审议通过了《关于十八届三中全会〈决定〉提出的立法工作方面要求和任务的研究意见》《关于经济体制和生态文明体制改革专项小组重大改革的汇报》《深化文化体制改革实施方案》《关于深化司法体制和社会体制改革的意见及贯彻实施分工方案》,听取了关于中央全面深化改革领导小组第一次会议以来各地区各部门改革工作进展情况汇报。

第三次会议(2014 年 6 月 6 日)审议了《深化财税体制改革总体方案》和《关于进一步推进户籍制度改革的意见》,建议根据会议讨论情况进一步修改完善后按程序报批实施。会议审议通过了《关于司法体制改革试点若干问题的框架意见》《上海市司法改革试点工作方案》和《关于设立知识产权法院的方案》。

第四次会议(2014 年 8 月 18 日)审议了《中央管理企业主要负责人薪酬制度改革方案》《关于合理确定并严格规范中央企业负责人履职待遇、业务支出的意见》《关于深化考试招生制度改革的实施意见》,建议根据会议讨论情况进一步修改完善后按程序报批实施。会议审议通过了《关于推动传统媒体和新兴媒体融合发展的指导意见》《党的十八届三中全会重要改革举措实施规划(2014—2020 年)》《关于上半年全面深化改革工作进展情况的报告》。

第五次会议(2014 年 9 月 29 日)审议了《关于引导农村土地承包经营权有序流转发展农业适度规模经营的意见》《积极发展农民股份合作赋予集体资产股份权能改革试点方案》《关于深化中央财政科技计划(专项、基金等)管理改革的方案》,建议根据会议讨论情况进一步修改完善后按程序报批实施。

巨型已经起航。

2. 新机构与党政关系新态势

新机构意味着新变化，其中最主要的则是党政关系走向，以及其中的党的归口管理体制的变化。党政关系将向何处去？我们知道，党的领导方式是政治领导、组织领导和思想领导，组织领导和思想领导分别指组织部门的党管干部和宣传部门的意识形态工作，而政治领导则一般是指由党来制定大政方针，曾如毛泽东在1958年所说的大政方针在政治局，布置权在书记处，执行权在国务院。事实上，改革开放以来的历史上，也基本上是按照这样的政治领导来处理党政关系的。执行改革开放者先是1980年设立的国务院体制改革办公室，接着是1982年成立的国家体制改革委员会，当然，20世纪80年代的大部分时期的体改委主任都是由政治局常务、国务院总理亲自担任，因此1984年《中共中央关于经济体制改革的决定》其实是国家体改委推动的。同样，1987年党的十三大关于政治体制等领域改革无疑是党的政治决定，起草决定的具体机构是事实上对邓小平负责的中央政治体制改革办公室，但执行决定者主要是国务院。而到了20世纪90年代，若干重大改革，比如分税制、金融体制、加入WTO的外贸体制、行政体制大改革，规划者和推动者甚至直接是国务院本身，当然有需要得到政治局常委会批准，这一点在《朱镕基讲话实录》和《江泽民传》中可以知道。到了21世纪的头10年，既得利益集团形成了，大家对"改革"一词也疲惫了，于是乎改革成了说辞而已。比如2003年中共十六届三中全会做出的《关于完善社会主义市场经济体制的决定》得不到执行，结果，积累了方方面面的问题和矛盾，使改革看上去更难了。

也正因为如此，党的十八届三中全会决定成立一个超级改革领导机构即中央全面深化改革领导小组，组长是总书记，副组长是总理和另外两位政治局常委。如《中共中央关于全面深化改革若干重大问题的决定》所言，小组的任务是设计、协调、推动和监督改革的实行。

全社会对于这样的超级机构都给予高度评价，这是改革决心的彰显。因为是全面改革，涉及政治体制乃至军事体制，确实需要这样一个设立在党中央的超级机构。同时，一个值得记录下来的事实是，这也意味着党政关系有了新变化，是一种权力转移，即过去由国务院去执行的事直接由党中央去决策去执行。我们认为，目前不宜对这种新变化做出价值上的评判，因为在党和国家同构化的体制中，权力是在党还是在政府，有时并不是十分清晰。对此，我们只能从时间进程中看效果。如果这种权力的转移最终有利于分权和自治，比如取消事业单位的行政化，能够推动社会组织更加自主，能够推动协商民主体制的形成，能够让市场在资源分配中发挥决定性作用而压缩政府的权力边界，能够管住地方政府，那么这种权力转移最终是积极的，因此倒也不必依据过去的党政分开改革思维而看待这次的权力转移。过去的分权化改革是行政性而市场化的，结果使得部门和地方政府占有了更多的资源，获得了更多的权力。面对这种格局，只有更有权威的部门才能破解特殊利益集团。从这个角度看，更大的集权恰恰是为了合理地分权和制约权力。对此，我们乐观其成。

如果说中央全面深化改革领导小组是一种党政关系上的权力转移，更大的权力转移还体现在刚刚成立的中央国家安全委员会上。它首先是党的机构，而不是流行的一般意义的国家安全委员会，直接对政治局负责，主席是总书记，副主席分别是国务院总理和人大常委会委员长，由此可以被视为党、政、人大的"三大班子"的"三合一"机构（过去我们习惯上说四大班子，但在省一级，政协主席都退出了党委常委会）。由此观之，它的权力和地位远远高于只对总统负责的美国国家安全委员会，或者说美国总统特别安全事务助理根本没有资格和我们的国安会一把手对话。"三大班子"一体化的机构，在新中国历史上确属罕见。至少在形式上，它是对处理党、政府和人大三者关系的新尝试。

中央国家安全委员会的设立还意味着党的归口领导体制的新变化。自毛泽东设立党的领导小组制度以来，党主席无疑是董事长，其他常委则是分管总经理，分别管理传统上的六大领导小组——财经、组织人事、宣传教育、政法、纪检。由于分管政法的常委周永康犯案，已经不再设专门管理政法口的常委一职，而政法职能又是重中之重，怎么办？新设的中央国家安全委员会无疑兼顾并履行着中央政法委的某些职能。也就是说，如此敏感的而又如此关键的强力部门现在归总书记直接负责。

中央全面深化改革领导小组，尤其是中央国家安全委员会的设置意味着，在党管国家的体制中，不但党政分开是不可能的，更要在党政同构的基础上强化党政合一，党政合一的超级机构不但要进行政治领导即做决定，还要具体执行。具体运行中的党政关系到底是什么样式？我们还不得而知，但至少从目前的形式上看，是一种加强版的党政合一关系，是一种比1958年毛泽东讲的党政关系更加强化的新型党政关系，或者说新中国历史上前所未有的加强版的党政合一机构，在某种意义上也是"议行合一"原则的再现。

这两大机构的设立无疑是一种制度创新，作为中国政治的观察者，我们当然期盼这样的制度创新能做到：第一，集权化的中央全面深化改革领导小组最终能破解特殊利益集团并分解被行政部门和地方政府过分垄断的资源，最终有利于公正社会的形成；第二，"三合一"的中央国家安全委员会最终能让党政关系更顺畅、更合理、更制度化，把原来归口管理体制下的众多领导小组的权力统一到这个超级机构。果真如此，超级机构倒也没有什么可担心的。新制度的绩效到底如何，只能让时间告诉未来。

（三）政府做"减法"，实现市场配置资源的决定性作用

答案从寻找问题开始。改革者面对的主要问题是什么？在当下中国，

人们都能感受到社会的不满，而不满的原因来自社会不公正，而社会不公正则根源于官商结合下的权力垄断所导致的社会结构的利益集团化、集团利益的制度化。基于市场和权力结盟的强势利益集团的形成，标志着中国的社会结构已经利益集团化，或"利益集团化的社会结构"。权力和市场结盟而形成的社会结构必然是封闭性的。这是因为，第一，一个人要进入权力阶层就离不开财富，同样一个人迈入财富的门槛（比如大型国有企业）也离不开权力；第二，权力和市场的结盟还形成排他性垄断，即好处只能归强势利益集团，其他人不得或没有机会进入被垄断的产业。这样，个人很难以自己的天赋或才干而改变自己的命运，只能生活在父辈所处的结构之中。

由此导致的社会矛盾是：民营企业难以进入法定的垄断部门从而使营商环境更加恶化；公务员考试空前热门，从 2003 年的不到 10 万人报考到这几年的 140 多万人报考，不到十年增长了十几倍；出身草根的大学生没有进取的机会，或就业无门从而形成了一个强大的体制外不满力量。这是中国最当务之急。如果这个判断准确的话，用什么样的办法去解决这个难题？

人们的不满还因为生活中无处不在的腐败，而产生于腐败的不满无疑直接侵蚀着政治合法性。在中国，腐败的最重要的原因是国家可掌控的资源太多，寻租的空间太大。从报道出来的腐败案看，各级、各种规模的腐败基本上产生于行政审批和工程项目，大到刘志军这样的高铁案，小到一个县的腐败案，莫不如此。由此，才出现了审批权越多越大，寻租概率越高的政治生态，从而导致国家发改委能源局和价格司几乎全军覆没（见表1）。

表1　　　　　　　　　　国家发改委寻租案

姓名	曾任职	落马时间
刘铁男	发改委原副主任	2013.5
曹长庆	发改委价格司原司长	2014.8
刘振秋	发改委价格司原司长	2014.9
周望军	发改委价格司原副司长	2014.9
李才华	发改委价格司原副司长	2014.9
郭剑英	发改委价格司原副巡视员	2014.9
张东生	发改委财金司原司长	2014.8
熊必琳	发改委工业司原副司长	2013.5
许永盛	能源局原副局长	2014.5
梁波	能源局电力司原副司长	2014.6
魏鹏远	能源局煤炭司原副司长	2014.5
郝卫平	能源局核电司原司长	2014.4
王骏	能源局新能源司原司长	2014.5
姚木根	多年任江西发改委主任	2014.3
刘学库	河北发改委原主任	2014.1
祝作利	曾任陕西发改委主任	2014.2
令政策	曾任山西发改委主任	2014.6

国家发改委"惨案"只有一个原因，政府职能与市场经济严重不对称，政府依靠其法定职权而垄断太多的资源。如果说改革开放之初的"总病根"是邓小平所说的权力过分集中，特别是书记这个一把手，而改革开放30多年后的中国的"总病根"则是市场化积聚的庞大资源又被国家所垄断，即政府资源垄断，否则很难想象怎么会有那么多的人如过江之鲫争当人民的"仆人"。为此，我们必须而且最好就政府资源垄断问题而寻求问题的解决之道。

目前政府职能依然具有计划经济特征，其恶果便是利用公权力而设置进入市场的门槛并"寻租"，大大增加市场的交易费用。因此，必须从源头上截断权力。

十八届三中全会出台的"改革60条"规定："进一步简政放权，深化行政审批制度改革，最大限度减少中央政府对微观事务的管理，市场机制能有效调节的经济活动，一律取消审批，对保留的行政审批事项要规范管理、提高效率；直接面向基层、量大面广、由地方管理更方便有效的经济社会事项，一律下放地方和基层管理。政府要加强发展战略、规划、政策、标准等制定和实施，加强市场活动监管，加强各类公共服务提供。"

事实上，李克强上任伊始，就强调行政审批制度改革是此次国务院机构职能转变的突破口和抓手。2013年3月17日，李克强就任总理后在全国人大记者招待会上提出，本届政府要下决心把现有1700多项行政审批事项再削减1/3以上。据统计，在过去7个月之内的23次国务院常务会议，18次提到简政放权。在过去1年时间里先后分5次，决定取消和下放管理层级的审批项目共计479项。①

国务院的放权必然促使地方政府放权。在天津滨海新区，李克强总理亲自见证了封存108颗印章的仪式。这样，过去18个办事部门的216项审批职责，如今一颗印章全部敲定，18个部门400多名干部与审批权说再见。

在上海自贸区，凡是市场能调节、社会能够管理、行业能够自律、企业能够自主的，政府均有序地放权。自贸区从账册备案到核销的企业操作环节由34项减为10项，取消了报关企业注册登记许可等7项行政许可，将预归类、保税核查、稽查验证等5项事权让渡给市场。

根据国家工商总局规划，上海自贸区涉及工商行政管理的放权举措，不同程度以已经、正在或逐步在全国推广复制。

制度使局面完全不一样。企业数量以几何级数增长，1年内，上海自贸

---

① 艾琳、王刚：《行政审批制度改革的理性思考》，人民网理论频道，http://theory.people.com.cn/n/2014/0819/c40531-25495811.html。

区新增企业1.1万家，大大超过挂牌前10年总和。不仅如此，企业效率大大提高。美药典标准研发技术服务（上海）公司可进入自贸区后，美药典的化学样品通关时间由原来的两周缩减到5个工作日，其营业收入是上一年同期的3倍。

在一些地方，"两资"（资格资质）去行政化改革正在进行。除少数涉及公共安全、国计民生等必须由政府掌握的特殊职业、行业外，其他资格资质认证一律与行政脱离，下放给社会组织和市场主体。即便是政府保留的资格资质事项，也通过政府购买服务的方式，推进相应资格资质的培训和考试。

政府手中掌握的资格资质认证有多少？在原劳动和社会保障部颁布的专项职业能力考核规范名录中，《陕西面皮制作专项职业能力考核规范》赫然在册。这意味着，想要从事陕西面皮经营活动的人，就必须通过考试，获得《陕西面皮专项职业能力证书》，才具有卖陕西面皮的资格。就这样，一个具有悠久历史传承的几乎人人都会的日常生活中的手艺，转眼就变成了政府的"特权"，即只有通过政府认证才能从事这个行当。这个看似可笑的故事告诉我们，在市场经济建设中，如果不伴随着政府职能的改革，利益的驱动就会使政府的手越伸越长，不但市场经济越来越难，人民的生活成本也越来越高。

陕西面皮资格资质考试鉴定并不是个案。据统计，在过去20年，我国目前共有90个工种实行就业准入制度、38个专项职业能力考核项目，从车钳刨铣磨到西安肉夹馍，囊括14大项100多种子类行业几乎全都需要相应的资质证书才能入行开办企业，而不同资质的企业需要的职业资格条件又是五花八门，所需的资格资质认证事项数不胜数。就这样，很多传统的日常生活的技能都变成了政府的"特许权"，这与社会主义市场经济背道而驰。

问题总是在改革中产生，也只能靠改革的办法解决改革衍生的问题。

在理论上，政府简政放权必然同时推动市场成长、社会发育。这种放权会刺激社会组织成长吗？

"两资"去行政化改革所面临的问题之一就是社会组织承接力不足，需求与供给之间存在张力。更不容乐观的是，这些社会组织组织化程度不高、专业水平较低、缺乏创新性和竞争意识，导致行业自律缺失。进一步地，即使地方的行业组织建立起来，由于人才、体量、影响力等一些因素的制约，也不具备制定行业标准的能力。这已超出了管县市的能力范围，必须从国家、省级层面培养、壮大行业组织。

在自主性社会组织发育不到位的情况下，政府的权力下放到哪里？与部门主管有密切裙带关系的行业协会即"二政府"就出现了。调查显示，目前我国全国性行业协会多数都是政府所创办，无论组织、领导还是经费、政策，都与行政主管单位有千丝万缕的联系。这些"二政府"如果仍然保留与政府之间的血脉联系，就会成为隐藏的潜在腐败区域，破坏市场环境、损坏政府公信力。具体来说，通过"审批"变"核准"、转移敛财职能、政府市场两头吃、任职者非亲即贵、坐拥特权等方式来延伸公权力的腐败空间。全国政协委员朱征夫引用一段俗语来概括："戴市场的帽子，拿政府的鞭子，坐行业的轿子，收企业的票子，供官员兼职的位子。"①

三中全会专门指出，要限期实现行业协会商会与行政机关真正脱钩，但是这并不意味着自主性而且具有高度自律性的社会中间组织就会自动诞生。也就是说，我们没有盲目乐观的理由。制度变迁的规律之一就是因正因而生变果，非预期结果总是在预期行动中产生，"顶层设计"的改革也不能避免结果的非预期性。

为了推进国家治理现代化，在过去1年中，中国的治理体系已经在重组和完善之中。以"正心"为目的的肃纪正风是一种非正式制度的治理体系

---

① 李柯勇、王昆、孙铁翔：《行政审批权异化》，新华网，2013年3月4日，http://news.xinhuanet.com/2013lh/2013-03/04/c_114878316.htm。

建设，其重要性并不亚于正式制度的重组。一个国家如果没有良好的道德约束机制，即所谓的"软约束"，就不可能有正式制度所要实现的良序。中外历史和现实已经告诫我们，实现良序的正途就是"有效能的有限政府"。无论是以党的权力为核心的治理体系重构，还是旨在让市场发挥决定作用的简政放权，都取向于建设一个"有效能的有效政府"。

五 "有效能的有限政府"：评价国家治理现代化的总标准

尽管国家治理现代化是一种引领时代的治国理政思想，但说到底还是中国人的一种专业话语表达，普通中国人，更别说外国人并不一定能清楚中国政府（这里必然是党治国家意义上的政府）到底要以什么样的政府形式去实现好的国家治理。其实，政府在过去所做的，"改革60条"所规定的，就是一个规范性政治经济学概念上的"有效能的有限政府"，即权力有效能＋权力有边界＋权力受约束，这是一个全世界都能明白的、可以量化的政体性概念。

更重要的是，话语权其实就是"世界标准"。如本报告前面所述，关于治理有形形色色的中外标准。我们相信，"有效能的有限政府"是一个政体性的，因而必然是指导性的、框架性的"世界标准"，没有指导性和框架性的政体标准，再多的标准都是技术意义上的，因而在实践中甚至也是难以达到的。比如，建议民主转型的失败或大量无效民主国家的出现，以推广民主为使命的斯坦福大学戴蒙德教授提出了"好民主"即高质量民主政府的八大标准，诸如自由、民主、法治、责任等，但问题是，怎么来"到达北欧"？这些标准事实上是结果即目前的"北欧"，而没有告诉发展中国家如何"到达北欧"。

在这里，我们首先提出一个衡量国家治理现代化的总体性标准，进而就如何实现国家治理现代化做一些基于比较研究的分析，试图发现问题的真相。

（一）中国的"有效能的有限政府"雏形

《中共中央关于全面深化改革若干重大问题的决定》（以下称"改革60条"）已经出台1年了。按照时间表和路线图，"改革60条"将在2020年完成。在过去1年左右的时间里，最吸引眼球的莫过于超预期的强力反腐和一系列超级权力机构的横空出世，还有打破常规的"新常态"即将法治作为中共中央全会主题的十八届四中全会；同时，为了让市场在资源配置中起决定性作用，国务院强力推行简政放权并超额完成了李克强总理上任时的承诺。所有这一切的目标，无疑都在推进国家治理体系与治理能力现代化，而这些行动的内在逻辑主题则是建设一个"有效能的有限政府"。具体有如下三方面。

第一，国家有能力。所谓"国家能力"就是权力中枢超越社会利益集团和部门政治的约束而将自己意志变为现实的能力。国家能力的实现首先要有一个强有力的没有部门利益的决策机关，其次是政府在市场经济中的合理作用。相比较过去十年只有改革愿望而无改革顶层设计机关而导致的种种改革的流产，比如红十字会社会化改革、新旧非公36条，"改革60条"中决定成立的中央全面深化改革领导小组，是一个比20世纪80年代的国家体制改革委员会更没有部门利益色彩的超级改革机构。

非常重要的一点是，"改革60条"在强调市场的决定性作用的同时，没有忘记政府这只"看得见的手"，因为市场失灵屡见不鲜，最近的失灵就是2008年开始的金融危机，因此需要政府有作为。在随后我们将会看到，对于发展中国家而言，仅有市场而无国家能力和政府作为的国家正是其发展陷阱的根本原因。

第二，权力有边界。与前几次以机构调整为主的改革相比，本轮改革的最大亮点是围绕政府职能转变，由此将形成权力有边界、权力受约束的有限政府。"改革60条"大多数条款属于压缩政府的权力边界。让市场在资源分配中发挥决定性作用就意味着政府退出相应的领域，比如上海自贸区的负面清单制度、统一市场监管、城乡统一的建设用地市场、打破行政主导和部门分割而建设市场主导的科研经费分配体制、投资体制中减少政府审批、放宽投资准入、社会组织成立由审批制改为登记制，等等，所有这些都是事实上压缩了政府权力边界尤其是清理—减少地方政府对经济活动的干预。可以想见，压缩政府权力边界在客观上就激发了市场主体的活力。比如，如果改革了传统的由部门分割的科研经费分配体制，相关的政府主管部门就不再是一个利益主体，由市场来决定的科研经费的分配会更加公平，不再因为认为的等级身份比如所谓的"985学校""211学校"而获得不平等的资源，也不能因为部属、地方管理的身份不同而区别对待。再比如，如果真的能统一城乡建设用地市场，乡政府、县政府和市政府等地方政府就不能再轻易地侵害农民的土地权益，因为征用农民土地的成本也非常高，农民甚至因此和城市居民一样盼望被拆迁。因此，压缩政府权力边界的收益是难以估量的。

第三，权力受约束。过去十年地方一把手成为腐败重灾区，这是因为他们既管人事资源又管经济资源，权力空前增大而又不受约束。有鉴于此，如何约束和监督权力就成为"改革60条"的一个重点。约束权力的首要力量是法治，而法律必须能体现国家意志并统一执行。在过去，司法体制依附于行政体制而导致的地方化，完全背离了现代国家的基本特征。"改革60条"规定，省以下法院实行垂直管理，上级纪委提名下级纪委书记。法权集中化无疑是为了约束地方政府的权力，使得司法机关能真正做到独立审判，独立执法。但是，我们认为，这样改革还是过渡性的，应该像改革人民银行体制一样改革所有的司法和行政执法体制，让执法系统真正地代表国家意志而不受制于地方。

"改革60条"规定如加强地方人大的财政监督权和人事决定权，加上司法体制的改革无疑是从纵横两方面加大对地方一把手的约束。"改革60条"的其他规定如"事业单位去行政化"，既是压缩政府的权力边界，也是制约政府权力。过去若干年内很多事业单位问题重重，比如大学自主招生中的腐败，教育行政化难辞其咎；再则把大学区分为副部级的"985学校"和正局级的"211学校"，本身就是很荒唐而且是人为制造不平等的伤害千千万万大学生利益的教育行政化的产物，为此"改革60条"决定事业单位去行政化。"建立公开透明的预算制度"意味着，每一分钱到哪里、怎么花，都有了明确的规定，而预算不再是一笔糊涂账。预算公开透明，事实上就向有限政府迈出了一大步。道理很简单，怎么挣钱（税）怎么花钱（预算）就是一个国家最大的政治。

以上三个方面，即国家有能力政府有作为、权力有边界、权力受约束，用一个概念表述就是"有效能的有限政府"。当然，按照我们的改革路线图和时间表，这是一个到2020年才能到达的目标，所以，我们只能说"有效能的有限政府"在目前还是雏形。

在此需要纠正的一个观念是，有效能的权力不等于"新权威主义"。人们用"新权威主义"来形容习近平的强力改革。这种说法混淆了两种完全不同的语境、不同的意义，一种是转型学意义上的，一种是国家治理意义上的。

在第一种语境中，"新权威主义"是一种过渡式说到底还是"转型学"的阶段论，即专制主义或极权主义——威权主义或新权威主义——自由民主。把威权主义看成一种过渡阶段曾经很流行。但是，西方已经有大量的研究表明，很多转型国家进入了并非过渡性的混合政体，其中有自由、法治、民主和威权的东西，因此美国思想界已经呼吁放弃"转型学"。具体到中国政治研究上，权威主义理论也有各种变种，比如新权威主义、分权化威权主义、柔性威权主义、后威权主义、资本主义化的威权主义等，在一个词前加那么意义不同的前缀，还有什么意义呢？给毛泽东时期的中国、邓小平时期的中国、今天的中国政治，都贴上威权主义的标签，只能说明这个词已经没有解释力了，要知道中国政治的结构性关系包括国家—社会关系、政府—市场关系和中央—地方关系等，都发生了重大变革，自由、民主、法治、市场都是其主要组成部分。对此，贴标签者如美国哥伦比亚大学的黎安友只能妥协，说中国的"弹性威权主义"依然有巨大的空间。

在第二种语境上，"新威权主义"其实是想说国家治理中的强力手段问题。因为中国社会科学落后，没有自己的话语，总是拿一些西方的概念乱用。20世纪80年代末中国关于"新威权主义"的大讨论就是概念乱用的典型，意指改革需要权威。但是，改革即国家治理需要权威并不等于国家要变成一个"转型学"意义上的威权主义国家，威权主义是一种意识形态化的政体理论，而权威是一种常见的治理必需品，任何国家都需要权威，因为任何国家都有关乎国家向何处去的"关键时刻"，此时此刻，没有权威就没有方向，改革性政策就会流产。这是中外历史和现实给予我们的绕不开的智慧。

（二）"有效能的有限政府"为什么是一种良序？

比较政治经济学的研究发现，只有有限政府而无效能权力，只能是无效民主下的无效治理，或者说有限政府并不能自动实现良序。

比较研究必须确定"可比较性"前提，这是一个极为严肃的、科学的方法论问题。首先，在国家规模上，不能拿一个不过千万人的城市国家与一个十几亿人口体量的巨型国家进行比较。其次，不能把不同发展阶段的国家放在一起加以比较，即不能把发展中国家的今天与发达国家的今天进行比较，只能把今天的发展中国家与早发达国家的相应的历史阶段进行比较。一些早发达国家今天看起来治理得还不错，是长期曲折的、血腥的历史过程的一个终端性结果，比如《马关条约》中国对日本的4万万两白银的"战争赔款"相当于日本两年国民生产总值，1905年日俄战争之后便在朝鲜半岛和中国东三省掠夺资源。对于早发达国家而言，大众民主是很晚近的事，比如美国直到建国以后近200年即1964年才基本保障黑人的政治权利，英国在1688年"光荣革命"之后150年中产阶级才有选举权、230年之后才实行男女平等的选举权，法国在大革命之后的170年即1958年第五共和国才实现政治稳定。因此，不能把结果当作原因而颠倒了因果关系。

所谓"可比较"，就是把中国与发展中国家进行比较，而且都是历史悠久、经历过殖民地半殖民地的历史、人口规模相当的超大规模发展中国家。

世界上有12个人口过亿的国家，其中除了美国、日本和俄罗斯属于早工业化国家，其他的9个（包括中国、印度、印度尼西亚、巴基斯坦、孟加拉国、尼日利亚、菲律宾、墨西哥和巴西）都是大型发展中国家，中国和印度是超大规模发展中国家。在9个人口过亿的发展中国家，除了中国，政府类型均是有限政府，但基本上都是无效能的有限政府，结果如何呢？

菲律宾被称为"3G国家"（英文中的"goon"代表流氓当道、"gun"代表暴力泛滥、"gold"代表金钱政治）。巴基斯坦政治内乱不止，恐怖主义势力渗透到军队和政府内部，以至于国家主席习近平不得不取消原定于2014年9月对该国的访问。印度尼西亚和孟加拉国则是无效治理，两国的人类发展指数分别排名第108位和第142位，清廉指数排名第114位和第136位，国际贫困线人口分别是16.2%和43.2%。所有这些治理性指标，都遥遥落后于中国。

亚洲之外的发展中大国如何？墨西哥的墨西哥城的贫民窟是世界上最壮观的，而且现在最发达的产业是防弹汽车，可见其国内秩序的一般现状，墨西哥每10万人中杀人犯罪数是23.7，在全世界是最高的。巴西还是大地主制，75%以上的巴西人认为司法制度和警察是用来保护富人的，每 10 万人中杀人犯罪数是 21.8。非洲的尼日利亚因为实行选举民主而时有种族和宗教冲突，每 10 万人中杀人犯罪数是 12.2，在世界上排名第 3，而且近 70% 的国人还处于国际贫困线之下。每 10 万人杀人犯数在中国是 1，印度是 3.5，巴基斯坦是 7.8，俄罗斯则是 9.7。

中国和印度比较，中外很多经济学家都在预测印度何时超越中国。①人类发展指数。根据联合国开发署人类发展指数报告（2014），几乎在所有指标上印度都远远落后于中国，综合排名 2001 年印度是第 121 位，中国是第 101 位，而 2014 年中国是第 91 位，印度则是第 137 位，差距不是越来越小，而是越来越大。②贫困人口指数，中国低于国际贫困线的人口是 11.8%，印度是 32.68%。印度自进行反贫困斗争的 20 多年的时间里，贫困人口不减反增，目前仍然高达 4.2 亿人，是非洲人口的总和。③其他的如清廉指数，中国排名第 80 位，印度是第 96 位；营商便利程度，中国是第 90 位，印度是第 134 位；2103 年人均 GDP，中国人均 6629 美元，印度是 1592 美元，相差 4 倍还多，比 20 年前的差距更大。

即使这样，还有很多人期盼印度有一天超越中国，认为印度的企业活力比中国强。这是真相还是想象？印度 IT 业发达，但印度有没有华为、腾讯、阿里巴巴这样私有的超级国际企业。即便是印度企业的活力真的好于中国企业，企业不是生活在真空里的，企业本身就是一种制度，而企业组织更是被其他制度所包围，其下有社会结构这样的大制度环境，其上有国家能力这样的大制度安排，这些都直接影响着企业的生命力和竞争力。但是，新古典经济学既不会计算社会结构变量，也不会计算国家和政府体制变量。要知道，印度的社会结构还是千年历史的封建制的，而上面的国家结构倒是现代性的，但却是由 2000 个政党构成的政党政治即无效的政府。面对如此的制度环境，被世界舆论寄予厚望的印度新总理莫迪又能如何？参考奥巴马总统的任职情况就大概知道了莫迪政府的治理情况。当年才华横溢、口若悬河的奥巴马被当作美国的新希望，但在"否决型政体"中，奥巴马总统却在医改等提案上接连失败。

简单的可比较国家的事实告诉我们，仅有有限政府，国家是没办法发展的，人们的福祉也不会因为政府权力被约束而自动实现。进一步的问题是，这些超大规模发展中国家为什么没有出现一个有权威的政府？难道它们不想要？让历史告诉未来吧。

"二战"后殖民体系的解体催生了一系列新兴国家，这些国家在形式上基本都建立起了现代化的构架和组织，从官僚系统到市场组织，再到卫生教育机构，都具备了现代国家的形态，并对民众的生活质量和价值规范产生了深刻的影响；然而，如果检验这些机构的实际绩效，却又发现国与国之间的运行效果相去甚远，很多国家都出现了绩效与初衷背离的情形。亨廷顿的学生、美国著名政治学家米格代尔发现，第三世界很多国家的"国家的外壳可能相像，但内在的东西却惊人的不同"[1]。是什么造成了第三世界国家的分殊？

米格代尔的研究还原了问题真相。"如果我们不首先理解社会结构——国家仅仅是其组成部分——的话，我们将无法理解第三世界国家的国家能力。"[2] 而这个"社会结构"正是长期殖民化的产物。"殖民者们能将分配资源、机会和奖赏的权力在国内不同群体之间进行分配；而这反过来又能改变农民和工人们的生存策略。……权利的分配既可以有利于一个单一的、集权的群体，从而巩固其社会控制，也能向众多的其他社会组织倾斜，而造成社会控制的碎片化和冲突的环境。……无论殖民地国家最终将成为网状还是金字塔形社会，都不仅仅是旧有的社会结构的产物；社会控制的新

---

[1] [美] 乔尔·S. 米格代尔：《强社会与弱国家：第三世界的国家社会关系及国家能力》，江苏人民出版社2012年版，中译版序言第8页。

[2] 同上书，第35页。

分布同样源自西方列强的行为及其和本土势力之间的联盟。"①

米格代尔的发现是,第三世界国家历史遗留下来的碎片化的网状社会,使强人分割着权威和社会控制权,从而给国家能力造成了极大困难。他以埃及领袖纳赛尔20世纪50—60年代的土地改革、建造国家机构、建立单一政党的努力却最终失败的故事为例,展示了国家在改造社会时的无奈。因此,我们看到第三世界的国家在成长的过程中,"碎片化的社会控制影响了国家的特征,反过来说,国家特征也加强了社会的碎片化"②。

国家从社会之中来,而社会结构的碎片化无疑使追求国家能力的努力最终都成为"光荣的梦想"。在这些作为殖民化后果的碎片化社会结构中,"有限政府"在客观上是对既定社会结构的事后确认,即有分散的碎片化的权力而无统一的作为国家意志的国家能力。

那么,该如何建立既是有限政府又是有效能的政治?

(三) 如何建立良序政治?

很多人欢呼有限政府,但对于有效能的强势政府则持怀疑态度,认为二者之间存在紧张关系。本文将指出,基于比较政治研究的发现,没有有效能的权力建立起来有限政府就是一种奢望。"良序"无疑是一种"历史综合",这里的焦点就是集权与分权的关系。

此轮改革以"减法"为主,即大力压缩政府的职能,培育市场的主体化地位。但是,很多人似乎在疑惑,在政府做减法的同时,在政治上做了"加法",建立了集权化的中共中央领导小组,那么,更多的中央集权如何能建立分权的改革?中央集权如何能推动旨在保护社会自由和个人自由的

---

① [美] 乔尔·S. 米格代尔:《强社会与弱国家:第三世界的国家社会关系及国家能力》,江苏人民出版社2012年版,第107—108页。
② 同上书,第96页。

改革？这是被问及的一个问题，也经常听到这样的担忧。在很多人看来，就形成了所谓的集权的同时搞分权的悖论，似乎难以搞分权化改革。那么，真相到底是什么呢？

（四）在利益集团化社会结构中，无效能权力则无有限政府

20世纪80年代西方学者研究苏联—东欧改革时提出行政性分权与市场性分权概念，我们认为对认识中国的分权改革依然有帮助。所谓行政性分权就是上级向下级让渡、下放管理权和事权。这样，行政性分权既包括中央政府向行政主管部门分权，更多的是指中央政府向地方政府分权。行政性分权的问题是，收放自如，约束性不大，既可以分权又可以随时集权。中国从20世纪50年代、60年代和80年代的改革属于行政性分权，结果形成了"收放循环"，一放就乱，一收就死。

市场性分权是指改变权力性质的分权，更多的是所有权和产权意义上的改革，即从国家所有或国家所有制一元化改变为多种经济成分共存或多种所有制平等的产权变革。相对于行政性分权，市场性分权更具有根本性和不可逆转性，因为任何正常的国家都不会随意侵害非国有的产权和权益。很明显，"改革60条"围绕让市场在资源分配中发挥决定性作用就是一种市场性分权。

行政性分权与市场性分权的关系。行政性分权和市场性分权的概念很好理解，分权的性质和范围也很好界定，这里的关键是二者的关系。中央政府或国家把权力下放给行政部门和地方政府，并不必然意味着有利于市场经济的发育，因为行政主管部门和地方政府都有自己的利益，为了自己的利益就有可能挤压市场的边界。因此，行政性分权和市场性分权之间事实上具有内在的冲突性，而且这种冲突性关系在现实中处处可见。比如，教育行政化意味着教育主管部门与公立大学—民营大学之间的权力博弈，

形成了大学对政府严重的传统的身份依附关系。经济主管部门构成的"审批制"搞乱了能源市场,从钢产品严重过剩到光伏企业大批倒闭,都是主管部门"为了控制产量"而审批的产物。审批制同样使得社会组织发育不良,使得大量的社会组织因得不到"批准"而事实上形成了"非法存在合法运营"的格局。

严酷的现实告诉我们,同样是分权改革,要看什么样的分权,是行政性分权还是市场性分权。在中国,通过分权改革而获得大量审批权的行政主管部门和地方政府,严重压制着市场和社会的活力。怎么办?

中央集权—行政性分权—市场性分权的关系。既然行政性分权和市场性分权存在利益上的冲突,那么如何培育市场性分权? 这就需要借助于中央的权力(国家能力),依靠有能力的国家去破除行政部门的特权(垄断利益)和地方政府的特权,因此有能力的中央集权反而有助于推动市场性分权。要做到这一点,关键看国家的观念和定位,是倾向于政府部门和地方政府,还是倾向于保护市场。这样,中央集权与行政性分权存在两种可能性关系:共谋与压力。在分权问题上,中央行政部门与地方政府的共谋就意味着市场的萎缩,中央行政部门对地方政府的压力就意味着市场的活力。由此带来的是中央集权与市场性分权的二重关系:紧张与和谐。

我们已经看到,本次改革就是中央政府鼓励市场性分权,也是上下的合力改变中间的权力,即以国家与社会—市场的合力来改变来自中间的阻力。在十八届三中全会前的政治局会议决定,改革的主题是地方政府职能转变、上海自贸区和反腐与廉政建设;"改革60条"更是力主发挥市场的决定性作用。所有这些,都是中央政府改革行政部门—地方政府职能而培育市场的举措。如前所述,上海自贸区本身和社会组织登记制改革就是要彻底改变"审批制",统一市场监管、城乡一体化建设用地市场、司法权的上收等,事实上就是压缩地方政府的权力边界。

这样,当我们把分权区分为行政性分权和市场性分权并具体剖析二者之间的冲突性关系后，我们发现，原来强力权力有助于削减和压缩行政权力，有助于市场化改革而形成的"有限政府"。

（五）以法权的国家性（集权）保护治权的地方性（分权）

中国的改革以分权为出发点，但并不意味越分权越好，该分权的分权，该集权的集权，该放的放，该收的收。那么到底什么权力该放、什么权力该收呢？这就需要区分权力的属性。

1. 该集中的法权

法学界鼓吹的法律的权利主义只是立法的一个方面，其实任何法律首先都是工具主义的，即实现国家意志（且不说统治阶级意志）。也就是说，法律首先具有国家性，是国家意志的代表和实现。也正因为法权的国家性，法权必须是高度集中化的，或者说是统一化的。由此意味着，作为法权载体的司法机关，也必须是国家性的集权。要更好地理解这一道理，需要理解美国政治。美国开国之父在《联邦党人文集》（事实上就是美国的宪法文本）说得很明白，为了避免地方政治影响全国，须建立超越地方政治的司法体制，以把地方政治限定在地方范围内。为此，设计了超越地方政治的联邦最高法院和联邦巡回法院。这就很有意思了，美国的政体是联邦制即分权化，而司法体制则是国家性的即集权制。美国开国之父深谙治国之道。后来，美国政治观察家托克维尔在《论美国的民主》中指出，高度地方自治的美国能自治而不至于混乱，关键就是地方化的行政权力受制于"政府集权"[①]。托克维尔主张政府集权，反对行政集权。

对比而言，中国的政体是中央集权制的，但是司法体制却是地方化的，即依附于地方政府，这样司法地方保护主义就在所难免，有的地方党政大

---

① 国家性集权在托克维尔那里表述为政府集权。

员如薄熙来甚至在重庆滥用司法权"打黑"。因此，过去太多的教训告诉我们，司法权必须上收。如前，"改革60条"中有法院体制和纪检体制的集中化。

我们认为，在条件成熟时，还需要进一步改革，像人民银行（央行）体制一样，做到司法权力的国家性管理。

2. 该分权的治权

治权就是过去常说的政府的行政管理权，必须是分权化的。实践已经告诉我们，任何计划式的中央集权管理都不可能管理好形形色色的地方事务、部门政治与老百姓的生活，地方的事只能让地方去管，百姓的式只能让百姓自己去管，否则政府管不好百姓也有意见，社会也没了活力和动力。这是说的传统的分权思想。今天，治权的分权不但是中央向地方政府放权，还意味着中央与地方政府向社会分权，实现官民互动式治理。"国家治理"概念和思想的提出，本身就是一种新型的治权的分权，即从中央向地方政府分权转变为治权的官民共享。这里首先是社会自治问题，如"改革60条"规定社会组织成立的审批制改为登记制，以及事业单位的去行政化；其次是官民共治，比如市场和政府的平衡作用。应该看到，如果真能做到社会自治以及官民共治，合法性结构会发生重大变化，过去总是老百姓问政府的权力合法性问题，而在社会自治和官民共治的情况下，社会和市场本身对治权的合法性负有责任。这也是治权分权的好处，共担风险。

3. 法权之下的治权

我们强调治权分权的合理性，但无论治权如何分散和分权，都必须在统一的法权之下进行，尤其是在中央—地方关系维度上的治权的分权。如前，即使在一个联邦制的美国，自治的地方政治都服从统一的法律。这一点对一个已经习惯于地方分权的国家而言尤其重要。而要更好地做到这一点，需要进一步改革我国的司法体制，即司法体制、行政执法体制应该更体现国家性，应该更集权化，否则环保执法等行政执法就会被地方利益绑架,司法地方主义化程度不一。

(六)比较改革历史发现,无效能权力则无成功改革

制度变迁分为关键时刻(即关键点)和常规时期,其中关键时刻所形成的制度与规则决定着常规时期的基本走向;而决定关键时刻成败的是观念和关键人物的权威大小。[①]这当然是根据中国历史以及很多其他国家历史的基本经验而总结出来的。

19世纪60年代,中国、美国、日本、德国、俄国5个重要国家同时启动现代化议程,但最后的大输家为什么单单是中国,而其他国家都更成功或基本成功?这就是关键时刻的观念与关键时刻的"玩家"(players)有没有权威以及权威大小。别国且不说,就中国的"同治中兴"及随后的洋务运动而言,当最需要有权威的中央政府去推动现代化的时候,这一时期的清政府却因为太平天国运动而政权滑落到地方大员那里,而且慈禧太后根本没有意识到"三千年之大变局"的挑战。相反,无论是日本的"明治维新"所强化的天皇,还是德国1862年宪政危机后出现的一代枭雄俾斯麦,甚至是在废除农奴制中的沙皇尼古拉二世,都有与时俱进的观念和大变革所需要的权威。这里似乎特别值得一提的是美国。美国建国是"谈"出来的,但"谈"是为了一个强大的国家,看看《联邦党人文集》中汉密尔顿的论证就知道了;而美国走向现代化的转折点无疑是"打",即1861年开始的南北内战,"打"出一个既维护国家统一又保障民主秩序的现代化美国。

如果说中国曾经因为落后的观念和缺失权威政府而失去了第一次现代化的机遇,而20世纪80年代开始的中国改革的成功以及苏联改革的失败同

[①] 杨光斌:《制度的形式与国家的兴衰:比较政治发展的理论与经验》,北京大学出版社2005年版。

样证明了观念以及权威的重要性。首先，改革本身就是与时俱进的观念的体现，这没问题。其次，中苏改革的差异在于，邓小平多次说可以试错，不行就收回来。关键时能收得回来，这就是权威的最好证明。而戈尔巴乔夫的改革一乱就收不回来了，他本人没有应有的权威。

比较历史告诉了我们，制度变迁中的"关键时刻"需要权威，只有权威才能把握得住关键时刻，摆平各方利益；而且在关键时刻的威权和集权所塑造制度和规则恰恰可能是分权化的，成为常规时期的制度遗产。这是世界的历史，也是中国改革历史经验的写照。到目前为止，中国改革已经进行了36年，可以分为三波次，即20世纪80年代的改革、20世纪90年代开始的改革以及十八届三中全会所启动的第三波改革。前两波改革为什么能取得巨大成就？比如在20世纪90年代的改革中，无论是把中国与世界彻底联系起来的制度安排比如开放互联网和加入WTO，还是国内以社会主义市场经济为取向的分税制，金融体制改革所形成的今天超越于地方利益的人民银行体制，军队与商业脱钩，1998年国务院机构大改革，都是在新观念即社会主义市场经济的指导下硬碰硬、真刀真枪的改革，最终基本上建成了社会主义经济体制。通过改革而破除旧体制并建成了新体制，实在是人类改革史的创举。成功的密码就是观念与权威。

事情回到原点，即只有拥有威权式改革才能破除行政性分权所导致的社会结构的利益集团化。中国第二波次改革的一个意外后果是，由于进行的是以机构改革为主而不是政府职能转变，结果权力在市场化中更加重要，政府垄断的资源更多了。为此，2003年只有不到10万人参加公务员考试，今天则有140多万人，这个数字本身就意味着畸形的就业倾向，而这个选择的背后则是政府垄断资源所带来的诱惑。另外，国家行政权力保护下的行业垄断使得国有垄断企业成为重要的利益集团。这样，无论是触动政府的利益即压缩政府的权力边界还是制约政府的权力，以及破解垄断性利益，非威权性权力所不及。

我们可以得到"发现"产生于比较的结论。比较中国改革史、比较中外改革史、比较政治发展，都还原了一个常识性大道理：分权化治理寓于集权之中。为什么中外历史上有很多成功的革命而少有成功的改革？为什么说改革比革命更难？就在于，改革是自己和自己战斗，和自己战斗远比与外部敌人战斗艰难。人们都在抱怨说改革进入深水区，改革越来越难，改革的动力不足。这恰恰不是改革不前的原因，而是改革不力的结果。而这种结果是因为在自己和自己的战斗中，缺少一种摆平各利益攸关方的权威，但是很多人似乎不愿意看到必要的集权。

把分权与集权的关系简单地对立化，是因为中国社会科学深受二元对立思维的影响，从而也把集权与分权二元对立化。这是政治学的责任，即对集权、分权等基础概念的研究或介绍不到位，对基础概念研究的缺失又是因为对国家权力结构的共性研究不够。因此，人们喜欢"有限政府"，但不喜欢有效能的政府。真相是，无效能权力则无好的有限政府，甚至连有限政府都做不到。

我们当然理解对不受约束权力的恐惧和担忧，这也是对历史的一种条件性反应。为此，再强大的权力和权威都应该被置于制度的笼子里。以"新常态"面目出现的十八届四中全会以依法治国为主题，无疑也是个人、组织学习能力的一种写照，把法治置于国家治理现代化的核心地位，法治是"现代化"的命门，这当然让中国人充满期许和热望。